REGIÃO METROPOLITANA DE JOÃO PESSOA-PB

MUDANÇAS NOS SETORES ECONÔMICOS E NO EMPREGO

Catalogação na Fonte
Elaborado por: Dayanne Leal Souza
Bibliotecária CRB 9/2162

L732r
2024

Lima, Jurandir dos Santos
Região Metropolitana de João Pessoa-PB: mudanças nos setores econômicos e no emprego / Jurandir dos Santos Lima. – 3. ed. – Curitiba: Appris, 2024.
291 p. : il. color. ; 23 cm. – (Coleção Ciências Sociais).

Inclui referências.
ISBN 978-65-250-6717-9

1. João Pessoa - Região metropolitana de (PB). 2. História. 3. Economia. 4. Emprego. I. Lima, Jurandir dos Santos. II. Título. III. Série.

CDD – 981.33

Livro de acordo com a normalização técnica da ABNT

Editora e Livraria Appris Ltda.
Av. Manoel Ribas, 2265 – Mercês
Curitiba/PR – CEP: 80810-002
Tel. (41) 3156 - 4731
www.editoraappris.com.br

Printed in Brazil
Impresso no Brasil

Jurandir dos Santos Lima

REGIÃO METROPOLITANA DE JOÃO PESSOA-PB

MUDANÇAS NOS SETORES ECONÔMICOS E NO EMPREGO

3ª EDIÇÃO

Appris editora

Curitiba, PR
2024

Aos meus pais Alcir Sucupira Lima e Iracema dos Santos Lima (in memoriam).

AGRADECIMENTOS

Agradeço a Deus e às pessoas que estudam e/ou trabalham para melhorar a vida na Terra. E às pessoas que estudam e/ou trabalham em sua luta diária pela vida.

Agradeço a minha esposa Maria do Rosário de Araújo Lima, aos meus filhos Alcir de Araújo Lima, Ana Luísa de Araújo Lima e Aline Maria de Araújo Lima Zenaide, bem como aos meus netos Gustavo, Davi, Sofia e Bento.

À minha família de origem: à Jamenson (Neném), Jacson (Leo), Alcira, Fátima e Wilma; todos eles, meus irmãos. A seus filhos (meus sobrinhos) e a seus netos (meus sobrinhos netos).

À Diogo José Silva Pontes (meu genro) e à Deyse Trigueiro de Albuquerque Lima (minha nora).

Agradeço ao geógrafo Leonardo Barbosa da Costa pela elaboração dos mapas geográficos da Região Metropolitana de João Pessoa-PB, constantes neste livro.

Agradeço a Mateus Zenaide Henriques (meu genro), pelo seu trabalho especial de organizar os dados pesquisados e transformá-los em tabelas e gráficos, para as devidas análises. Na época, o então estudante de economia, Erick Lúcio Bezerra e Silva, a quem registro meus agradecimentos, foi o responsável pela realização das demandas de pesquisas.

Assumo toda a responsabilidade pelas falhas, mas também a felicidade, pelos acertos que existem nesta obra.

Agradeço profundamente a Deus que, dentre outras coisas, me deu a oportunidade de concluir este livro, em sua terceira edição.

O grande momento de um pesquisador empírico não é quando ele confirma o que já sabia, mas quando ele se surpreende com o que não sabia.

(Marcelo Neri)

Quanto mais fundo voltamos na história, mais o indivíduo, e por isso também o indivíduo que produz, aparece como dependente, como membro de um todo maior. [...] Somente no século XVIII, com a "sociedade burguesa", as diversas formas de conexão social confrontam o indivíduo como simples meio para seus fins privados, como necessidade exterior. [...] O ser humano é, no sentido mais literal, um animal político/ser social, não apenas um animal social, mas também um animal que somente pode isolar-se em sociedade. [...] Por isso, quando se fala de produção, sempre se está falando de produção em um determinado estágio de desenvolvimento social – da produção de indivíduos sociais. [...] Se não há produção em geral, também não há igualmente produção universal. A produção é sempre um ramo particular da produção – por exemplo, agricultura, pecuária, manufatura etc. – ou uma totalidade. Mas a economia política não é tecnologia.

(Karl Marx)

PREFÁCIO DA 1ª EDIÇÃO

É muito bom que o economista e mestre em Geografia Jurandir dos Santos Lima tenha resolvido publicar a obra *Região Metropolitana de João Pessoa-PB: mudanças nos setores econômicos e no emprego*. Este estudo, derivado de sua evolução acadêmica, no Programa de Pós-Graduação em Geografia da UFPB, ganhou mais musculatura, três anos depois da sua defesa e, também, mais pertinência analítica, o que o faz merecedor de ser lido mais de uma vez.

Jurandir, desde que eu o conheço, a mais de dezoito anos, sempre procurou, com a calma necessária, executar as atividades de pesquisa no âmbito do então Laboratório de Geografia Aplicada com muito rigor científico. Trabalhar com dados censitários sempre pode nos reservar surpresas desagradáveis, caso não se tenha o cuidado com a aferição, com os cálculos. Eu sempre lhe disse e ele sempre escutou: por detrás dos números existem almas. As almas são de fato o que se quer analisar, os números são apenas evidências daquilo que queremos descortinar. Jurandir compreendeu de chofre que, ao escrevermos a expressão número de trabalhadores, estamos, na verdade, lidando com trabalhadores em números, o que se reveste de uma característica sociológica não simplesmente de semântica.

A comunidade brasileira que guarda interesse sobre as questões de trabalho e emprego sempre espera com entusiasmo novos estudos sobre o tema. Este trabalho, por se dedicar a uma área periférica da estrutura produtiva brasileira, chama mais atenção, uma vez que, a particularidade, ao denotar uma realidade histórica subjacente a um determinado lugar, em um determinado tempo, vai permitir, e assim se espera, que seja replicado em outros lugares, para, então, ter o conhecimento do todo.

Esta obra segue uma estrutura clássica. Para os dias atuais é quase um pecado, uma heresia. Aqueles, aos quais, não conseguem alcançar o entendimento da dinâmica do sistema capitalista, sem passar pela obra seminal de Marx e seus seguidores, não entenderão o porquê se fez necessário iniciar este livro com um breve histórico sobre o sistema capitalista de produção e a ação desse sistema na América Latina. A América Latina, enquanto substrato material concreto de transformação do sistema capitalista tardio, segue a lógica da divisão territorial do trabalho, que trouxe, no seu bojo, as reestruturações do capital, com suas mudanças de paradigmas, como elo para a sobrevivência do sistema.

Refletir sobre a dinâmica do capital, contextualizando as especificidades das estruturas produtiva e de mercado de trabalho na Região Metropolitana de João Pessoa, em um período temporal muito contundente na história política do Brasil, é trazer à baila um acerto institucional. É revelar, através de pesquisa séria e contundente, que no período intercensitário de 2000 a 2010, o Brasil, quando governado por forças políticas de esquerda, diga-se com todas as letras, por um presidente operário, cujo nome: Luiz Inácio Lula da Silva, a história não apagará, privilegiava o país em detrimento de grupos, pois que consumava a inserção da classe trabalhadora nas riquezas da nação.

Devo concluir essas observações com uma confissão: a leitura desse livro foi para mim uma experiência confirmadora da trágica subordinação da classe trabalhadora ao capital. Não a do período em si analisado, mas das conclusões percebidas em períodos anteriores e posteriores. É muito triste perceber que a classe trabalhadora continua a tolerar um sistema tão destrutivo da felicidade do ser humano.

Estou convencido de que este livro nos liberta da névoa que nos quer escurecer. Mesmo baixinho e acreditando que dias melhores virão, vou declamando versos de um compositor pernambucano de nome Lourenço da Fonseca Barbosa, mais conhecido como Capiba.

♪♪ E se aqui estamos, cantando esta canção

Viemos defender a nossa tradição

E dizer bem alto que a injustiça dói

Nós somos madeira de lei que cupim não rói. ♪♪

Sérgio Fernandes Alonso
Professor doutor do Departamento de Geociências
Universidade Federal da Paraíba

PREFÁCIO DA 2ª EDIÇÃO

Ao receber o honroso convite do autor Jurandir dos Santos Lima para prefaciar a segunda edição de seu valiosíssimo livro sobre as mudanças nos setores econômicos e no emprego na região metropolitana de João Pessoa na primeira década deste turbulento século, que, por sua vez, já ingressa na sua terceira e tormentosa década. Iniciada com uma pandemia mundial e abalada por mudanças de porte ainda não completamente explicáveis pela nossa condição analítica, além de assombrado pelas ameaças autoritárias de todo o porte, indaguei-me: que poderia um historiador trazer de contribuição para estimular um leitor a percorrer tal obra? Considerando-se, inclusive, não ser esse historiador um especialista em História mais contemporânea ou não lidar habitualmente com os refinados e indispensáveis instrumentais da geografia, da economia e da história econômica? Não seria mais prudente passar essa tarefa para mãos mais hábeis como as do apresentador e prefaciador da primeira edição?

A única saída honrosa seria uma leitura responsável e uma busca por deslindar as análises do autor, confessando depois o fracasso e sugerindo a transmissão dessa tarefa para mãos mais qualificadas. Mas eis que a leitura foi revelando um ponto central: a importância de que um público semileigo (no qual me enquadraria) ou totalmente leigo nessas áreas tome contato com um estudo substancioso, sério e bem escrito, que se debruça sobre uma questão central para entender o nosso tempo — e, por que não, todos os tempos? — qual seja, as transformações vivenciadas no mundo do trabalho e da produção, e como elas impactam a vida concreta de todas as pessoas, seja diretamente naqueles que labutam de sol a sol nas ocupações mais estafantes e menos bem remuneradas, seja naqueles que se imaginam viver abstraídos do mundo do trabalho, mas que estão ligados a ele de maneiras mais diversas, tal e como os atores de televisão, que parecem comer lautas refeições, repletas dos mais deliciosos acepipes e cujo jogo de cena faz parecer que tudo aquilo ali veio à tela como obra de uma mágica, como se não estivesse associado a uma complexa teia de produção e reprodução da vida concreta de todos e de cada um.

Dessa maneira, o autor inicia seu percurso fazendo um amplo e percuciente balanço da formação do sistema capitalista na América Latina, englobando a formação colonial, a condição periférica e as transformações na organização do trabalho ao longo do século XX, entre a rigidez fordista e a acumulação flexível pós-fordista. Estriba-se na intensa desregulamentação das relações de trabalho e seus rebates em intensa despolitização da classe trabalhadora, a crise de organização e representação sindical, entre outros fenômenos que parecem estabelecer a guerra de todos contra todos.

Avança para uma detida investigação desses fenômenos mais recentes na região metropolitana de João Pessoa na primeira década do século XXI, trazendo importante contribuição para a percepção de processos mais gerais e de larga escala analisados no âmbito local, de forma a fazer incidir luzes sobre os processos mais recentes de subordinação do trabalho à lógica do capital. Mesmo numa conjuntura de um governo de raízes populares no Brasil e que preconizava políticas de caráter social ao longo de boa parte do período estudado, pode-se perceber uma mitigação dos fatores mais nocivos dessa subordinação, mas que não chegaram a reverter a lógica mais ampla que assola impiedosamente as condições de vida da maior parte daqueles que labutam duramente pela vida, não mais apenas de sol a sol, mas sem dia nem hora para venderem precariamente sua força de trabalho.

Um bom trabalho traz bons questionamentos, sugere algumas respostas e avança para novas indagações, assim se faz ciência. A presente obra carrega esses traços fortes e sugere ao autor ou a outros interessados o prosseguimento desse verdadeiro programa investigativo, especialmente considerando a completa reversão das políticas populares nos últimos anos e como isso acentua ainda mais dramaticamente as condições de vida dos trabalhadores. Eis os desafios lançados por uma obra instigante e pelo debate candente que ela provoca.

Findo o percurso, fica a certeza que talvez tenha sido melhor sugerir um prefaciador menos habilitado nas lides da economia e da geografia, porque isso ressalta a importância de se fazer circular a dita obra num público mais amplo e menos habituado a essas áreas, fazendo ver a importância das discussões aqui apresentadas e das polêmicas eventualmente daqui desdobradas — porque uma obra forte convida sempre ao debate —, reforçando a premissa de que esse é um livro que merece ser lido por muitos daqueles que se preocupam em usar suas mentes para procurar de forma inteligente a detecção de problemas e a busca de alternativas para a sua solução. E essa solução não virá de malabarismos de cena, de ações brutais ou de jogos de falsidades, virá de trabalho e reflexões sérias e qualificadas, tal e qual aqui se apresentam.

Ângelo Emílio da Silva Pessoa
Professor doutor do Departamento de História
Universidade Federal da Paraíba

PREFÁCIO À 3ª EDIÇÃO

Em 2021 recebi de Jurandir Lima a responsabilidade de prefaciar a segunda edição de seu livro sobre a *Região Metropolitana de João Pessoa*. Num primeiro instante argumentei com ele que a minha formação alheia à Economia não daria a devida consistência a esse prefácio, sendo mais adequado o convite a um profissional mais afeito a essa área. O autor disse que era exatamente isso que ele queria: alguém "de fora", que trouxesse uma visão do "não-especialista" que sinalizasse a ampliação do leque de leitores além dos especialistas.

Pus-me, então, à leitura e da obra, que tem foco nos importantes processos de transformação do mundo do trabalho e da produção e como essas mudanças impactam a vida concreta das pessoas, desafiam suas forças, alimentam os seus sonhos ou aguçam os seus medos. Em última instância, para além dos dados quantitativos da ciência, é da vida de pessoas de carne e osso que falamos. E não das pessoas em qualquer lugar, mas num lugar preciso em tempo e espaço, a região metropolitana de João Pessoa nas décadas mais recentes, numa visão articulada aos processos mais gerais em escala nacional e global.

Ainda naquela ocasião, me perguntei: "como essa história continua?", ou seja, como aqueles processos e dados se manifestavam após 2010, considerando, inclusive, as reverberações da crise econômica após 2008 e o aguçamento da crise política após 2013? Como isso apareceria no cenário tormentoso que atravessamos desde então? O próprio autor ou alguém colocaria as mãos à obra para investigar essas questões?

Jurandir Lima se debruçou sobre esse período, produzindo uma importante atualização da obra, permitindo ao leitor seguir esse processo e ter acesso a reflexões sistematizadas sobre essas questões para o período mais recente.

Ao nos debruçarmos sobre a nova leitura, constatamos que não apenas houve uma substancial atualização no capítulo 4, onde consta a adição dos novos dados levantados e sistematizados para esse período recente, quanto nos capítulos anteriores o autor adensou algumas análises e realizou alguns acréscimos, manifestando o cuidado em aprimorar pontos ou permitir uma melhor fluência da leitura e aprofundamento dos argumentos.

No que tange ao período mais recente, o autor se debruça sobre um período no qual o cenário anterior, de relativo otimismo, é substituído por outro de sensação de crise, de pessimismo e, por fim, de uma ruptura institucional (que denominaremos ao nosso talante de golpe midiático-parlamentar) que ameaça mesmo a possibilidade da manutenção das franquias democráticas no país, com evidentes conexões com o cenário mundial, com avanço de governos de teor fascista ou de cariz autoritário. Aqui falamos em cenário, lembrando que, por trás do proscênio de cada peça, existe uma miríade de atividades, fora da visão dos expectadores, para que tudo aconteça. Trazendo essa metáfora para o campo no qual o autor investiga, falamos do mundo do trabalho, no qual carpinteiros, iluminadores, faxineiros, bilheteiros e outros labutam para que os atores encenem.

Entre os processos em curso no mundo da produção e do trabalho discutidos, um deles nos chama especial atenção: o avanço pontual das condições laborais e de renda de alguns setores de trabalhadores da base da pirâmide social, que atinge segmentos médios dessa mesma pirâmide, que passam a pagar mais caro por serviços que antes não tinham tanto peso em seu orçamento, eram quase "miudezas". Remetemos, de passagem, ao marcante filme "Que horas ela volta?" (Anna Muylaert, 2015), no qual é nítido o desconforto de uma família de classe média paulistana, relativamente abastada, que tem de lidar com as mudanças de condição de sua empregada doméstica "quase da família", que recebe sua filha do interior de Pernambuco para prestar o ENEM e que acaba concorrendo com o filho dos patrões, revelando um choque social oculto e um mal estar crescente na trama. Talvez a arte tenha intuído o que se passa no cenário da vida material, como o faz Jurandir Lima para o caso pessoense e sugere os inúmeros embates que acirraram o ambiente político e as relações interpessoais nos anos mais recentes. A raiva e o ódio têm algumas de suas raízes bem fincadas no mundo do trabalho.

O que se vê, desde então, com reverberações na nossa área metropolitana e ressalvadas as peculiaridades locais, é uma avalanche de políticas neoliberais, que concentram renda e precarizam o trabalho, agravando as condições sociais da base da pirâmide, aumentando o desemprego e provocando um estado de penúria crônica e insegurança alimentar para muitos. É possível reverter esse "cenário"? Bom, o jogo está em andamento e a história que Jurandir nos conta é parte mesmo da tentativa de entender o que se passa diante dos nossos olhos. Eis uma contribuição para a história do "tempo presente", que construímos com nossos acertos e erros. Quiçá consigamos fazer as melhores escolhas.

Ângelo Emílio da Silva Pessoa

Professor doutor do Departamento de História

Universidade Federal da Paraíba

APRESENTAÇÃO

Esta obra traz a público um interessante trabalho acadêmico de análise lógico-histórica das mudanças econômicas da Região Metropolitana de João Pessoa (RMJP), na primeira década do Século XXI. Trata-se da parte territorial mais desenvolvida da Paraíba, concentrando cerca de um terço da população e metade do PIB desse estado.

O objeto investigado é concebido à luz das transformações do capitalismo no tempo, com ênfase nos efeitos advindos das Revoluções Industriais. Nesse contexto, destacam-se importantes aspectos da integração da América Latina, especialmente em relação ao Brasil.

O período analisado da RMJP envolve os anos de auge da economia mundial, 2000 – 2007, e propagação da sua segunda maior crise histórica sistêmica, de 2008 a 2010. Até esse último ano, o Brasil não havia sofrido os maiores impactos dessa crise. Daí a importância de se compreender esse comportamento no âmbito regional de uma de suas menores economias estaduais.

A RMJP prestou-se muito bem a essa compreensão, por ser a região paraibana mais tipicamente capitalista e ter uma estrutura econômica de composição moderna, com elevados pesos dos setores: industrial (25%) e de serviços (72%). Tornou-se, assim, possível, uma fundamentada apreensão da dinâmica desse modo de produção, espacialmente definido, com base no desenvolvimento das forças produtivas.

Os dados organizados e analisados demonstram que, no decênio 2000 – 2010, o PIB real da RMJP teve um crescimento excepcional, da ordem de 7% a.a., possibilitando um ritmo expansivo de 3,5% a.a. do total de pessoas ocupadas. Esses resultados superaram em muito os do Brasil, que foram de, respectivamente, 3,5% a.a. e 2,8 % a.a., e da Paraíba, 4,3% a.a. e 2,1% a.a.

Esse alto crescimento do PIB e do emprego da RMJP deu-se com incremento de 2,1% a.a. da produtividade média das pessoas ocupadas, para o que contribuiu o aumento do nível de educação formal desses trabalhadores. Destoando desse desempenho socioeconômico favorável, o contingente dos empregados sem carteiras de trabalho assinadas manteve-se muito além do razoável, em torno de 23% da ocupação total.

As análises revelam uma discreta melhoria da distribuição da renda da população ocupada da RMJP, em benefício dos estratos inferiores de rendimento. Essa constatação é coerente com a redução da desigualdade expressa no Índice de Gini para essa distribuição, de 0,604, em 2000, para 0,580, em 2010. Houve forte influência da política nacional de valorização do salário mínimo real, que aumentou 77,9%, nesse decênio.

Esses resultados da RMJP dizem muito do capitalismo brasileiro e mundial, nas suas melhores fases, neste Século XXI: a) mesmo com alto crescimento do PIB, emprego e produtividade, consegue-se apenas atenuar a concentração da renda intraclasse trabalhadora; e b) a distribuição funcional da renda, entre os rendimentos do capital e do trabalho, mantém tendência concentradora crescente em desfavor dos trabalhadores.

Enfim, a obra é uma contribuição relevante ao entendimento da realidade capitalista atual, a partir de um dos estados mais pobres do Brasil, enquanto economia emergente no mundo da globalização. Além do seu conteúdo explicativo, o livro oferece aos estudiosos e leitores uma bem elaborada base de dados socioeconômicos da RMJP, Paraíba, Nordeste e Brasil, sobre a problemática investigada.

Rômulo Soares Polari
Reitor da UFPB: 2004–2012

ATUALIZAÇÕES NESTE LIVRO

O livro escrito por mim, nesta terceira edição, passa por modificações importantes em seu conteúdo geral, dando-lhe uma consistência de aprofundamento em sua visão crítica, na proposição que escolhi para minhas pesquisas: "Região Metropolitana de João Pessoa-PB: – mudanças nos setores econômicos e no emprego".

As mudanças investigadas passam por imbricações relevantes que podem ocorrer no interior de visões capitalistas distintas, quando se reportam sobre o capital e/ou capitalismo, importantes elementos econômicos, logo no início do primeiro capítulo, e por todo o seu percurso. Essas análises compreendem uma visão histórica das economias coloniais da América Latina em direção a economias de exportação e, as passagens de uma economia fordista para um capitalismo flexível e seu amadurecimento; enquanto fator que estivesse renovando continuamente, o sistema de produção e trocas de mercadorias e serviços, no século XX.

No segundo capítulo existem mudanças pontuais que perseguem um aprofundamento das ideias, no que concerne aos assuntos apresentados em seu conteúdo.

Com o acréscimo do quarto capítulo, a localização geográfica do espaço territorial examinado neste livro, tem a sua composição atualizada, segundo critérios do IBGE. No referenciado capítulo, apresentamos um exame do PIB na região metropolitana de João Pessoa-PB, entre os anos 2002-2021. Destacamos sua dinâmica e a participação relativa dos setores econômicos em sua formação. Realizamos também um estudo comparativo daquela variável econômica, entre sua forma característica a preços correntes (PIB nominal), e a que não sofre influência da inflação (PIB real). Esse estudo considera o período em que governaram o Brasil, os presidentes Lula (2003-2010), Dilma (2011-2014 e 2015-2016), Temer (2016-2018) e Bolsonaro (2019-2022). No entanto, observa-se que o ano de 2022 está fora dessa análise, em virtude da não divulgação oficial pelo IBGE, das informações específicas sobre o PIB; até a data em que foi concluída a presente obra.

O espaço temporal considerado entre 2002-2021, envolve períodos de bonança e períodos de retrocesso, na economia e na dinâmica do PIB real da unidade regional em foco. Os primeiros podem ser delimitados entre 2004 e 2014, na altura em que se atinge o ponto máximo do PIB real. Após essa marca em 2014, com um prolongamento até o final da investigação (2021), essa variável econômica não logra atingir os níveis alcançados em tempos de crescimento da referida economia, no período considerado.

Jurandir dos Santos Lima
Economista da UFPB

LISTA DE ABREVIATURAS E SIGLAS

Caged	-	Cadastro Geral de Empregados e Desempregados
Cepal	-	Comissão Econômica para América Latina
CLT	-	Consolidação das Leis do Trabalho
Dieese	-	Departamento Intersindical de Estatística e Estudos Socioeconômicos
Fain	-	Fundo de Apoio ao Desenvolvimento Industrial da Paraíba
IBGE	-	Fundação Instituto Brasileiro de Geografia e Estatísticas
ICMS	-	Imposto sobre Circulação de Mercadorias e Serviços
IDH	-	Índice de Desenvolvimento Humano
Ipea	-	Instituto de Pesquisa Econômica Aplicada
OAMS&P	-	Operação, Administração, Manutenção e Provisionamento
PEA	-	População Economicamente Ativa
PIA	-	População em Idade Ativa
PIB	-	Produto Interno Bruto
PO	-	População Ocupada
Rais	-	Relação Anual de Informações Sociais
RMJP-PB	-	Região Metropolitana de João Pessoa na Paraíba
Suframa	-	Superintendência da Zona Franca de Manaus
TGCA	-	Taxa Geométrica de Crescimento Médio Anual
UFCG	-	Universidade Federal de Campina Grande

SUMÁRIO

INTRODUÇÃO

A presente obra pretende analisar as transformações na estrutura produtiva e no emprego formal ou organizado, da Região Metropolitana de João Pessoa na Paraíba, entre os anos de 2000 e 2010.

No primeiro decênio do século XXI, mais precisamente no ano 2002, foi eleito pela primeira vez no Brasil um operário nordestino para a Presidência da República. Esse fato político pressupunha em si mesmo a probabilidade de mudanças relacionadas ao planejamento de políticas sociais e de geração de emprego e renda no país, e pesou consideravelmente para a escolha do recorte temporal, nas questões que ora convidamos os leitores para uma reflexão.

Este livro organiza-se obedecendo à seguinte forma: esta introdução, sequenciada pelos capítulos um, dois, três e quatro e, por suas considerações finais.

No primeiro capítulo, os estudos evidenciam breves notas referentes às origens do capitalismo, além de um registro sobre as economias coloniais na América Latina e a sua transição para o modo de produção das economias exportadoras, com a presença do trabalho assalariado e a consequente inserção no capitalismo industrial global. Esse processo, ao longo de um tempo histórico, reflete o caráter da divisão internacional do trabalho. São examinados os aspectos do fordismo, com a produção e o consumo de massas, e sua passagem para o regime da produção flexível, que apresenta características contrárias à rigidez do fordismo. Nessa fase de reestruturação produtiva do capital ocorrem novos métodos de organização da produção de bens e serviços e/ou de contratação e gerenciamento do trabalho humano. O destaque vai para a nova ideologia da competitividade global e da despolitização do trabalhador, ao contrário do que ocorre no fordismo, em que esse trabalhador é politizado e possui considerável cidadania.

No segundo capítulo inicia-se a compreensão sobre o objeto de estudo, em seu aspecto geográfico, e percebe-se que a formação da Região Metropolitana de João Pessoa-PB é estabelecida pelas leis complementares estaduais n.º 59, de 30 de dezembro de 2003, e n.º 90, de 18 de agosto de 2009. A unidade territorial em exame compõe-se de 12 municípios e está inserida na mesorregião da Mata Paraibana. A distribuição desses municípios, por microrregião, estrutura-se da seguinte forma: Cabedelo, João Pessoa, Bayeux,

Santa Rita, Conde e Lucena (microrregião de João Pessoa); Cruz do Espírito Santo (microrregião de Sapé); Mamanguape e Rio Tinto (microrregião do Litoral Norte); Alhandra, Caaporã e Pitimbu (microrregião do Litoral Sul). Portanto examinam-se as transformações na estrutura produtiva dessa unidade metropolitana, enfatizando-se as respectivas participações dos setores econômicos no valor do seu PIB total, bem como – em níveis de detalhamento, distintos dos apresentados, no primeiro capítulo – as formas de produção e organização do trabalho nos sistemas taylorista, fordista e na produção flexível, no processo de reestruturação do capital. São analisados também a dinâmica do salário mínimo real nos anos 1990, indicadores de atividade no mercado de trabalho e o desemprego, a população ocupada segundo algumas características básicas, níveis de qualificação dos trabalhadores e a dinâmica do salário mínimo nos 10 anos iniciais deste século XXI.

No terceiro capítulo analisa-se a estrutura do emprego formal ou organizado, caracterizando-se as mudanças ocorridas, em fases distintas no período em tela. Inicialmente, entre os anos selecionados de 2000 e 2010. Na sequência examinada , consideram-se os destaques para os anos de 2003, 2007 e 2010. Em sua terceira fase, assinalam-se as mudanças na variável em discussão, ocorridas ano a ano, para o mesmo subintervalo temporal, agora sob os extremos de 2003 a 2010.

No quarto capítulo, a localização geográfica do espaço territorial examinado neste livro, tem a sua composição atualizada, segundo o IBGE. Apresenta-se também um exame do PIB na região metropolitana de João Pessoa-PB, entre os anos 2002-2021. Destacamos sua dinâmica, participação relativa dos setores econômicos em sua formação, bem como realizamos um estudo comparativo na evolução dessa variável econômica, em sua forma característica a preços correntes (PIB nominal), e sem a influência da inflação (PIB real). Esse estudo considera o período em que governaram o Brasil, os presidentes Lula (2003-2010), Dilma (2011-2014 e 2015-2016), Temer (2016-2018) e Bolsonaro (2019-2022). Nos anos selecionados de 2011 e 2019, é feito um exame sobre as mudanças ocorridas, nos setores econômicos e na indústria de transformação da RMJP-PB. Na conclusão deste trabalho, apresentam-se as considerações finais.

CAPÍTULO I

A DINÂMICA DO EMPREGO NO CONTEXTO DA CRISE/REESTRUTURAÇÃO DO CAPITAL E SEUS REFLEXOS PERIFÉRICOS

Neste capítulo, na seção 1.1, procede-se a um breve histórico do sistema capitalista, destacando-se o aspecto da divisão territorial do trabalho na América Latina. Na seção 1.2 são postas em relevo algumas características do modo de produção fordista, bem como examinadas as transformações da estrutura do trabalho/emprego e dos processos produtivos do referido sistema para um regime de acumulação flexível.

1.1 UM BREVE HISTÓRICO SOBRE O SISTEMA CAPITALISTA DE PRODUÇÃO E UMA ANÁLISE REFERENTE À TRANSIÇÃO DAS ECONOMIAS COLONIAIS PARA ECONOMIAS EXPORTADORAS NA AMÉRICA LATINA

Ao se considerar as crises e reestruturações do capital, sem embargo, ter-se-á que convergir o olhar para um movimento (des)ordenado e desigual, posto à história do homem. Por isso, tenhamos em mente, desde já, o que pode ocorrer no interior de visões capitalistas distintas, quando se reportam sobre esse importante elemento econômico, em destaque nesta pesquisa. Assim, podemos escrever como segue:

> [...] o capital é definido como **o conjunto de ativos não humanos que podem ser adquiridos, vendidos e comprados em algum mercado**. [...] compreende o conjunto formado pelo capital imobiliário (imóveis, casas), utilizado para moradia, e pelo capital financeiro e profissional (edifícios e infraestrutura, equipamentos, máquinas, patentes etc.), usado pelas empresas e administração pública (PIKETTY, 2014, p. 51-52, grifos meus).

De acordo com outro ponto vista, pode-se afirmar que:

> [...] o capital provém inicialmente da circulação, na verdade, do dinheiro como seu ponto de partida. [...] D-M-M-D; quer dizer, **o dinheiro é trocado por mercadoria e a mercadoria por dinheiro**; esse movimento de comprar para vender, que **constitui a determinação formal do comércio, o capital como capital comercial**, verifica-se nas condições mais incipientes do desenvolvimento econômico; é o primeiro movimento em que o valor de troca enquanto tal forma o conteúdo, em que não **é apenas forma, mas seu próprio conteúdo.** [...] a forma M-D-D-M, na qual o dinheiro e a circulação em geral aparecem como simples meio para a mercadoria circulante, que, por sua vez, sai novamente da circulação e satisfaz diretamente a necessidade, **essa própria circulação é o pressuposto desse aparecimento originário do capital comercial.** [...], a mercadoria circulante, [...] que assume a forma de outra mercadoria que sai da circulação e satisfaz necessidades imediatas, aparece da mesma maneira como primeira forma do capital, que é essencialmente capital mercadoria. Por outro lado, é igualmente claro que o **movimento simples dos valores de troca, tal como existe na circulação pura**, jamais pode realizar capital (MARX, 2011, p. 195, grifos meus).

Nessa discussão estabelecida em período secular, é de grande relevância apontarmos que, as diferentes ideias têm um lugar específico, no confronto que se nos apresenta. Veja-se como exemplo, a importância do trabalho, portanto do conjunto de valores humanos –que, de forma ininterrupta--, se imbrica no cerne profundo da produção, organizada sistematicamente, pelas sociedades que habitam o planeta Terra. Assim,

> Contra os sofismas dos economistas burgueses, **que embelezam o capital ao pretenderem reduzi-lo à pura troca**, é por isso reformulada a exigência oposta, igualmente sofística, não obstante legítima no que diz respeito a eles, de reduzir efetivamente o capital à pura troca, **com o que o capital desapareceria como poder e seria destruído seja na forma de mercadoria, seja na de dinheiro.** Assim como o valor de troca, i.e., todas as relações das mercadorias como valores de troca, aparece no dinheiro, como coisa, **no capital aparecem como coisa todas as determinações da atividade criadora dos valores de troca, o trabalho** (MARX, 2011, p. 196, grifos meus).

Portanto, no engendramento da produção econômica e observando o diapasão envolvido nesses elementos, o capital possui um desenvolvimento que segue apenas a sua lógica de acumular, assemelhando-se a um fator de produção que não possui alma. Em um sistema que se propõe a gerar riquezas, ele é complementar ao trabalho e à terra, outros fatores produtivos da economia. E a sua principal característica é produzir e reproduzir-se, – de forma contínua – e em grandes quantidades. Assim, para se compreender o capital enquanto um dos elementos essenciais do capitalismo, necessariamente, há que se refletir também, sobre a origem desse sistema de produção. E, sua gênese, remonta à modernidade da história do homem, do desenvolvimento da técnica e da ciência. O moderno capitalismo não surge de um momento para outro, como um fenômeno instantâneo. Ele passa por etapas – outros modos de sistemas produtivos – e demanda muito tempo para se consolidar. Dessa forma, Vilar (1975, p. 35-36 *apud* ANDERY, 2007, p. 163) observa que:

> Não podemos falar de verdadeira passagem ao capitalismo senão quando regiões suficientemente extensas vivem sob um regime social completamente novo. A passagem somente é decisiva quando as revoluções políticas sancionam juridicamente as mudanças de estrutura, e quando novas classes dominam o Estado. Por isso a evolução dura vários séculos.

Nesse sentido, Andery (2007, p. 170) observa também que o início da indústria moderna foi possível graças à presença de duas condições: a existência de capital acumulado[1] e a existência de uma classe trabalhadora livre e sem propriedades.

Assim, por meio de determinados processos e após as diversas transformações por que passaram os regimes de produção – e, com elas, o próprio espaço e a sociedade – são lançadas as luzes para o aparecimento do capitalismo puro, moderno. E, de modo semelhante, para o capitalismo contemporâneo[2]. É no surgir e ressurgir de modos de produção diferentes.

---

[1] Antes da introdução do capitalismo, acumulava-se capital, principalmente, por meio da troca de mercadorias. Entretanto, essa não foi a única forma: pirataria, saque, conquistas e exploração em diferentes níveis tiveram importante papel na acumulação primitiva de capital, que serviu de base para a grande expansão industrial dos séculos XVII e XVIII (ANDERY, 2007, p. 170).

[2] Após a eclosão da crise econômica mundial (1929/1930), a Teoria Geral do Emprego dos Juros e da Moeda (publicada em 1936), de autoria do economista John Maynard Keynes, serviu de orientação a governos com diferentes ideologias, principalmente quando os fins das políticas públicas empregadas diziam respeito ao bem-estar social; estabelecendo concretamente sua supremacia, na maior parte do século XX. As ideias de sua tese sustentavam que os fenômenos então ocorridos seriam por causa de insuficiência da demanda agregada. A essência de seu pensamento econômico, ainda hoje, serve de referência para os estudiosos e de relevância prática para quaisquer governos que se utilizem de suas ferramentas teóricas, na condução econômica de seus territórios nacionais.

Ou das maneiras específicas como se relacionam as sociedades no seu próprio tempo, na história. Na invenção de novos produtos para o consumo de massa, por meio da inteligência e da ação do homem. É nessa simbiose, plena de desenvolvimento e contradições, que surge e renova-se constantemente o sistema capitalista de produção. Nesse redemoinho evolutivo, quando o foco é puramente econômico, os fatores produtivos (a terra, o trabalho e o capital), combinam-se em proporções variadas – sempre esperando um retorno de lucros –, a engendrar coisas novas, para a satisfação das necessidades humanas. E a inventá-las ou criar para si, um outro formato, por meio da técnica e da ciência.

Desse modo, pode-se compreender a longa transformação ocorrida entre o período das primeiras ferramentas – pertencentes inicialmente ao trabalhador – e o advento da máquina, com a efetiva divisão do trabalho e a incorporação dessas ferramentas a um processo de produção que já atingiu o aumento continuado de sua demanda total. Nesse estágio do atinente processo de produção, estamos alcançando uma expansão do capitalismo, agora comandado por ela, a senhora máquina. Essa invenção do capitalismo moderno, que pode ser vista como uma espécie de nobreza sem espírito, nesse mundo tangível; quando apenas sói multiplicar e consumir --de forma desmesurada--, as coisas materiais ou imateriais. Muito diferente daquele que serve –de fato--, para atender as necessidades humanas; seja quando se está produzindo e/ou consumindo as coisas, materiais ou imateriais. No transcorrer do tempo, essa máquina sofreu transformações por meio de novas tecnologias e conseguiu até inventar outras máquinas e/ou bens de capital. Essas mudanças permitiram que o sistema de produção considerado, pudesse agora, realizar grandes produções, nunca experimentadas em tempos anteriores. É nesse ponto de inflexão, com o surgimento da máquina enquanto elemento hegemônico do processo produtivo, que o capitalismo, enfim, liberta-se do limite humano, orgânico, de produzir. Ou seja, quem orienta, de fato, os ditames do regime é o próprio capital.

No entanto, como assinala Andery (2007, p. 174), restringindo-se puramente aos fundamentos econômicos, não se obtém uma visão plena do processo produtivo. Assim, respaldando-se em Vilar (1975, p. 47), ele observa que:

> A cada modo de produção corresponde não somente um sistema de relações de produção, como também um sistema de direito, de instituições e de formas de pensamento. Um regime social em decadência serve-se precisamente deste direito, dessas instituições e desses pensamentos já adquiri-

> dos, para opor-se com todas as suas forças às inovações que ameaçam sua existência. Isto provoca a luta das novas classes, das classes ascendentes, contra as classes dirigentes que ainda se acham no poder e determina o caráter revolucionário da ação e do pensamento que animam estas lutas.

Nessa linha de pensamento, as colocações de Vilar complementam a análise, orientando-a, de maneira solene, para o seguinte aspecto:

> Na luta entre camadas sociais pelo poder político, as ideias, os pensamentos e o conhecimento já produzidos também serão utilizados pelas camadas dirigentes como instrumentos para manter o estado de coisas que lhes traz vantagens, ou deter eventuais avanços da camada ascendente. Na medida em que o regime social entra em processo de decadência, **há a tendência de substituição das ideias a ele relacionadas por outras mais condizentes com o momento então vivido** (ANDERY, 2007, p. 174, grifo meu).

Como já observado anteriormente, no que se refere ao estabelecimento do capitalismo enquanto um sistema de produção que possui o lucro como objetivo principal, o capital e o trabalho humano revelam-se como elementos essenciais, largamente empregados nos diversos processos desenvolvidos por tal sistema. Embora – na maioria das vezes – , seguindo por caminhos desiguais e contraditórios, na consecução de seus objetivos programados. Produzindo em grandes quantidades, por meio de funções de produção, torna-se ao longo do tempo, um regime de produção em massa, destinado ao consumo em larga escala, ou simplesmente ao consumo de massa. Sobre esse assunto, voltaremos nossa atenção em seus desdobramentos, na seção 1.2 e, posteriormente, no capítulo dois, seção 2.2.2.

Enxergando a análise por um ângulo específico, Mello (2009), ao considerar questões que se indicam precursoras e relativas a etapas do desenvolvimento do capitalismo, sob o olhar da Comissão Econômica para América Latina (Cepal); tende a caracterizá-las criticamente, da seguinte maneira:

> Ter-se-ia inaugurado, de acordo com o paradigma cepalino, nas duas últimas décadas do século XIX, uma nova etapa do processo de desenvolvimento latino-americano com a constituição das economias primário-exportadoras. O caráter primário-exportador não decorre simplesmente da forma material da produção predominante, alimentos e matérias-primas, e da localização do mercado em que se realiza, o externo. Ao contrário, advém, fundamentalmente, de que **as**

> **exportações representam o único componente autônomo de crescimento de renda**, [...] o setor externo surge como centro dinâmico da economia. **É o modo de crescimento, crescimento para fora, que, em última análise, torna as economias latino-americanas conformes ao "modelo primário-exportador"**. A esta maneira de crescer corresponde uma determinada estrutura produtiva, caracterizada por uma nítida especialização entre dois setores: de um lado, o setor externo, fonte de todo o dinamismo; de outro o setor interno dele dependente, integrado por indústrias, pela agricultura mercantil de alimentos e matérias-primas e por atividades de subsistência (MELLO, 2009, p. 27-28, grifos meus).

Nessas considerações históricas, que, sem embargo, caracterizam o que ocorre na dinâmica econômica dos países latino-americanos, está representado o que se pode entender sobre as relações econômicas prevalecentes à época, entre os países centrais e as chamadas economias periféricas. Nesse sentido, é importante observar que a relação estrutural das economias periféricas, interligadas às economias centrais, precisava renascer e soltar-se das amarras que seguravam suas liberdades econômicas. Ou seja, para encontrar fundamentos, as economias latino-americanas deveriam pensar e agir, encaminhando prioritariamente, suas forças econômicas para a produção e consumo internos. E esse detalhe, parecia se configurar como o principal dilema daquelas economias, à mercê das ideias distributivas externas e, em percurso para criar suas próprias estruturas[3] . Furtado (1983, p. 142-143, grifos meus) observa que:

> [...] Raúl Prebisch, estudando a base histórica do desenvolvimento da economia moderna, **parte da análise da propagação da tecnologia moderna e da repartição dos frutos do progresso técnico**. A criação de um primeiro núcleo

[3] A experiência brasileira surge como um caso especial, no qual se conjugam o controle por grupos nacionais da produção exportável, a abundância de recursos naturais e as dimensões relativamente grandes do mercado interno em formação. [...] **A diferença, com respeito à experiência centro-americana, estava em que, havendo oferta elástica de fatores, os lucros** –demais de serem utilizados para modernizar as formas de consumo dos grupos de altas rendas– **puderam ser reinvertidos**. E essas volumosas inversões efetuadas no setor cafeicultor –mesmo quando a sua rentabilidade real era relativamente baixa– provocaram a absorção da economia de subsistência preexistente e financiaram a imigração européia, promovendo assim a expansão do setor monetário e dando origem à formação de um mercado interno de dimensões relativamente grandes, **o que abriria caminho aos investimentos industriais**. [...] Passam a coexistir, então, três setores, dentro da economia: no primeiro, predominam as atividades de subsistência e é reduzido o fluxo monetário; no segundo, estão as atividades diretamente ligadas ao comércio exterior; no terceiro, finalmente, as que se prendem ao mercado interno de produtos manufaturados de consumo geral. **Trata-se, portanto, de um tipo de estrutura econômica subdesenvolvida bem mais complexo** que o da simples coexistência de empresas estrangeiras com remanescentes de um sistema pré-capitalista (FURTADO, 1983, p. 192-193, grifos meus).

> industrial na Grã-Bretanha, de nível técnico relativamente elevado para a época, deu origem a um processo de irradiação da tecnologia moderna em escala mundial. Durante o primeiro século da Revolução Industrial, o núcleo de irradiação se ampliou substancialmente, **mas a característica principal da economia contemporânea é a coexistência de um centro, que comanda o desenvolvimento tecnológico, e uma vasta e heterogênea periferia. O centro**, que tampouco é homogêneo, **está formado por subconjuntos de importância desigual**. Sempre existe, entretanto, uma economia que desempenha o papel de centro principal. **Até a primeira Guerra Mundial** coube à Grã-Bretanha esse papel, que a partir de então foi desempenhado pelos Estados Unidos da América. **Ao fato de que** na economia deste último país **o comércio exterior ocupe uma importância relativamente secundária, atribui Prebisch a maior instabilidade da economia mundial neste século**. O tipo de relações que existe entre o centro e a periferia estaria na base de concentração da renda em escala mundial, **que se realiza principalmente por meio da deterioração persistente dos termos de intercâmbio dos países periféricos**. A análise das economias contemporâneas, de um ângulo dinâmico, indicaria que não existe tendência à passagem automática de uma fase qualquer a outra superior. **Ao contrário, a única tendência visível é para que os países subdesenvolvidos continuem a sê-lo**.

Portanto, a estrutura desse tipo de análise, de acordo com o que ressalta Furtado (1983), concentra as ideias básicas que permeavam o pensamento do economista argentino Raúl Prebisch, levadas a efeito, ao estudar maneiras de como escapar desses entraves, nas relações econômicas com os países de economias centrais. Ou seja, garantir tanto o crescimento como o desenvolvimento econômico para as sociedades latino-americanas, desde que apoiadas em primeiro plano, no interior das suas próprias forças produtivas. Somente após isso as relações com o resto do mundo poderiam aparecer em processos econômicos mais igualitários. Conquanto seja historicamente reconhecida a importância dos esforços da Cepal, tendo à frente de seus projetos e ideais, estudiosos como Raúl Prebisch, Celso Furtado, Aníbal Pinto, Maria da Conceição Tavares, dentre outros; os questionamentos encontrados em Mello (2009, p. 28-29, grifos meus) perpassam por inquietações de que:

> Em nenhum momento se indaga da natureza capitalista ou pré-capitalista das economias primário-exportadoras. E,

> com isso, se dá um imenso passo atrás em relação tanto aos primeiros trabalhos cepalinos, quanto a algumas análises concretas que, bem ou mal, não puderam se desembaraçar do problema. **Nem poderia deixar de ser assim, pois se parte de um conceito de capital tomado como fator de produção, identificado a instrumentos de trabalho, que se combina com recursos naturais e mão de obra,** [...], **definindo uma função de produção**. Inversamente aspira-se a construir, a partir das macrofunções de produção dos diversos setores exportadores, uma tipologia das economias primário-exportadoras e então deduzir para cada tipo as correspondentes estruturas setoriais, espaciais e até sociais. [...] **Nesta perspectiva**, onde residiria a *differentia specifica* entre a economia primário-exportadora e a economia colonial? Indiscutivelmente, **no modo de inserção das economias nacionais latino-americanas na nova divisão internacional do trabalho que vai se estruturando a partir da Revolução Industrial**. Antes, colônia, produtora de metais preciosos e produtos agrícolas coloniais, porque assim o determinavam os interesses da burguesia mercantil metropolitana, [...]. Depois, Estado-Nação em produção reflexa de alimentos e matérias-primas para os países industriais, economia porque atrelada aos tempos e contratempos da demanda externa. [...] Qualquer esforço para definir uma nova problemática deve se iniciar com a rejeição do formalismo contido no paradigma cepalino, que aparece claramente quando se pretende aplicá-lo ao "caso do Brasil": **há, mesmo, duas e não uma economia primário-exportadora, a apoiada no trabalho escravo e a organizada com trabalho assalariado**. Formalismo, que é mera decorrência do conceito de capital de que se parte: **não há capital, isto é, instrumentos de trabalho, e mão de obra, quer dizer homens, tanto numa quanto noutra**? E há de prosseguir com o reconhecimento de que a diferença fundamental entre economia colonial e economia primário-exportadora encontra-se, exatamente, **nas distintas relações sociais básicas que lhes são subjacentes: trabalho compulsório, servil ou escravo, de um lado, e trabalho assalariado de outro.** [...] **o surgimento das economias exportadoras organizadas com trabalho assalariado deve ser entendido como o nascimento do capitalismo na América Latina**.

As nuances implícitas nessas ponderações envolvem o conceito de capital escolhido para se unir com os recursos naturais e a mão de obra em funções de produção. Ou, em outra perspectiva, necessitando que sejam definidas macrofunções de produção nos diversos setores de exportação, com a finalidade específica de se representar os possíveis tipos de economias primário-exportadoras existentes. A partir de então, seriam deduzidas as diversas configurações setoriais, espaciais e sociais. Envolvem também, segundo a fonte referenciada, uma compreensão de que esses países reconhecidamente periféricos, sobretudo os de economia colonial, se ressentem da ausência do modo especificamente capitalista de produção. Ou seja: "Desde que (**ainda**) não se constituem, simultaneamente, forças produtivas capitalistas, isto é, desde que a reprodução das relações sociais de produção capitalistas não está assegurada endogenamente, quer dizer, **no âmbito das próprias economias latino-americanas**" (MELLO, 2009, p. 29, grifos meus).

Com essas ideias e esses questionamentos, entre outras características a serem analisadas, o referido autor enfatiza a necessidade de trabalhos a respeito da essência de relações sociais nas economias primário-exportadoras. Sejam elas de aspecto capitalistas e/ou pré-capitalistas, pois, em seu pensamento, essas investigações estão ausentes nos estudos cepalinos. Com isso, as análises desenvolvidas por Mello (2009) também implicam, inicialmente, aprofundar esclarecimentos referentes à distinção entre economia colonial e economia primário-exportadora. Mais do que isso, pretende-se reconstruir o conceito de Economia Colonial.

Assim, pode-se observar em Mello (2009, p. 33), que:

> A economia colonial define-se, portanto, como altamente especializada e complementar à economia metropolitana. Esta complementaridade se traduz num determinado padrão de comércio: exportam-se produtos coloniais e se importam produtos manufaturados e, no caso de economias fundadas na escravidão negra, escravos. Por outro lado, a articulação economia metropolitana-economia colonial a isto não se resume, porque este padrão de comércio se efetiva através do monopólio de comércio exercido pela burguesia comercial metropolitana, do exclusivo metropolitano, como então era chamado.

Esse era o modo como se comportava a dinâmica das atividades na economia colonial. Atividades "estabelecidas" – pode-se afirmar- pelas economias metropolitanas, uma vez que tinham a supremacia nesses processos de relações econômicas frente às economias periféricas. Orientando-se por um caminho, com esse conjunto de procedimentos político-econômicos, conseguiam atrair para seus territórios, matérias-primas e metais preciosos e, simultaneamente, ampliar seus mercados. Segundo Mello (2009, p. 33-34, grifos meus):

> Se quisermos ir além das aparências, [...] começa-se por reconhecer que a Colonização Moderna integra um processo mais amplo, o de constituição do modo de produção capitalista, e por explicitar o seu caráter comercial e capitalista. [...] A economia colonial organiza-se, pois, para cumprir uma função: **a de instrumento de acumulação primitiva de capital. Dever-se-iam estabelecer**, portanto, mecanismos capazes de ajustar a economia colonial à sua razão de ser, **mecanismos de exploração** que permitissem: (1) produzisse a economia colonial um excedente que se transformava em lucros ao se comercializar a produção no mercado internacional; (2) a criação de mercados coloniais à produção metropolitana; e (3) que o lucro gerado na colônia fosse apropriado quase que integralmente pela burguesia metropolitana.

Assim, a produção colonial, assentando-se nos referidos mecanismos de exploração, possui, de um lado, o trabalho escravo e, de outro, a abundância de terras; esses fatores produtivos operando em conjunto – além da inteligência atuante à época, nas referidas empreitadas – para atingir seus objetivos econômicos. O tráfico de negros de então representa avanços no comércio colonial e elevação na acumulação de capitais. Por isso, o trabalho escravo se encaixava como uma luva aos anseios da economia colonial. E as terras vazias, em grande quantidade, serviam para a produção da economia de subsistência, levada a efeito pelos colonos.

De acordo com Mello (2009, p. 35), a existência dos referidos colonos, já em contingentes consideráveis para trabalharem em troca de salários, confrontados com o preço do trabalho escravo, implicava um custo superior. Desse modo, a opção pelo trabalho escravo tornava-se a alternativa econômica escolhida para a produção colonial.

Ao acompanhar essas reflexões, nesse processo da economia colonial dos tempos modernos, verificam-se aspectos de seu pensamento, relacionados a demonstrar suas características concretas (da economia colonial) encaminhadas na direção do capitalismo industrial. Aquele capitalismo que se pretende constituir por completo, em terras da América Latina. Assim, anotemos desde já, as características de subordinação que serviram de elo nas transformações necessárias à finalidade mencionada. No referido processo, tínhamos efetivamente:

> Produção mercantil e trabalho servil, sim, como em várias épocas da Idade Média ou na "segunda servidão"; produção mercantil e trabalho escravo, como na Antiguidade. Porém, produção mercantil e trabalho escravo "reinventados" para estimular a transição do feudalismo para o capitalismo. O capital comercial na América Latina [...] **desdobrou o âmbito da circulação que lhe é próprio e invadiu a esfera da produção**, constituindo a economia colonial. Imprimiu-lhe, desde logo, **seu caráter mercantil, assegurando-lhe a realização da produção no mercado mundial. Para subjugá-la**, pois se tratava de colonizar para o capitalismo, **"reinventou" o trabalho servil e o trabalho escravo e, no caso da escravidão, assegurou a reprodução das relações sociais, com o tráfico, setor do comércio colonial e mola de acumulação.** Em suma, o tipo de desenvolvimento das forças produtivas e as correspondentes relações sociais de produção são instauradas pelo capital comercial em seu proveito (MELLO, 2009, p. 36, grifos meus).

Como se vê pelo pensamento do autor, nessas "filigranas de construções acadêmico-científicas" por demais interessantes – e legítimas obviamente –, nessas "bandas de cá", onde se localizam as terras latino-americanas (tanto ao norte, quanto ao sul da linha imaginária do Equador), percebe-se o quanto elas são tratadas como objetos de exploração, no transcurso da economia colonial à economia primário-exportadora. As economias periféricas são compelidas por forças históricas, à submissão político-econômica, imposta pelo conjunto de países centrais, de economias avançadas. Portanto, os passos dados em direção ao capitalismo industrial, apresentam essa configuração. E, situações de menor ou maior intensidade em seus níveis de exploração – de fato –, ocorrem na história econômica dos países da América Latina. Assim,

> **O caráter subordinado das contradições internas das economias e sociedades coloniais e o caráter determinante, para seu movimento**, das contradições que não **se definem no** seu **espaço**, mas no **das economias metropolitanas, e** mais especificamente **no espaço das relações entre uma e outras.** Em última análise, **o movimento próprio da economia colonial foi-lhe retirado pela impossibilidade de acumular autonomamente ao se estabelecerem a**

> **apropriação e o controle do excedente pela burguesia comercial metropolitana** (MELLO, 2009, p. 36, grifos meus).

A concretude das explorações históricas das economias latino-americanas, por parte das economias desenvolvidas, sobretudo a economia da Inglaterra que, entre as demais, tornara-se a mais avançada em tempos de Revolução Industrial, constituía-se em um fenômeno real. Essa característica era – sem embargo – bastante acentuada. A ponto de se verificar que as economias periféricas não apresentavam forças produtivas endógenas, capazes de atingir um nível de acumulação próprio, em direção ao desenvolvimento econômico, tal qual existente nas chamadas economias centrais. Entretanto, Mello (2009) assegura que não é possível conceber a transição do feudalismo para o capitalismo, abstraindo o papel desempenhado pelas economias coloniais. Dessa forma

> **Tanto a acumulação de capital e sua concentração nas mãos da burguesia comercial metropolitana quanto à criação de mercados coloniais foram fatores essenciais** (digo essenciais, não únicos ou mais importantes) **à constituição do capitalismo**. O que há, portanto, é uma única totalidade, ou melhor, **um único processo, em que o "sentido" e os rumos são determinados pelas contradições que animam as economias metropolitanas**. Se economia colonial e economia metropolitana são faces da mesma moeda, empresa colonial e manufatura (tomada como a estrutura produtiva que apanha o "sentido" da marcha rumo ao "capitalismo industrial") também o são. Na metrópole, a libertação do trabalho, o trabalho assalariado; na colônia, a "reinvenção" de formas de relações sociais pré-capitalistas. Progresso e, ao mesmo tempo, aparente retrocesso – aparente porque ingrediente indispensável ao progresso (MELLO, 2009, p. 37, grifos meus).

De um modo geral, com as referidas considerações, o que se percebe nesse período histórico, é que a constituição e o funcionamento do capitalismo engendrado se complementam em um mesmo curso, assemelhando-se a uma totalidade. Assim, com as economias centrais e seus subconjuntos de um lado e a economia colonial de outro – as características de ambas servem de combustível para "queima e iluminação" em suas diversas etapas – possibilitando, a formação cotidiana e periódica de seus produtos, bem como, a gerência no seu caminhar. Ainda que presentes, os conhecidos movimentos de auges e declínios, nessa busca incessante de uma forma a ser implementada, no processo econômico. Nesse sentido é interessante ressaltar que:

> Há capitalismo, formalmente, **porque o capital comercial invadiu a órbita da produção, estabelecendo a empresa colonial.** Indo muito além do simples domínio direto da produção, **o capital subordina o trabalho** e esta subordinação é formal, **porque seu domínio exige formas de trabalho compulsório. Fica claro**, enfim, **que o decisivo são as articulações entre capitalismo e colonização, o caráter de instrumento de acumulação primitiva da economia colonial** (MELLO, 2009, p. 38, grifos meus).

Como essas inter-relações e esses movimentos não são estanques – ao contrário, refletem um dinamismo concreto e permanente, embora contraditório –, os avanços continuados do capitalismo no tempo, atingem as fases da Revolução Industrial. Dessa maneira,

> [...] se existe unidade entre desenvolvimento do capitalismo e economia colonial, se a economia colonial representara um estímulo fundamental ao capitalismo no "período manufatureiro", o movimento leva à Revolução Industrial, **ao nascimento do modo especificamente capitalista de produção.** A acumulação, doravante, poderá "andar sobre seus próprios pés", deixará de necessitar de apoios externos com o surgimento de forças produtivas capitalistas. [...] **a passagem ao "capitalismo industrial", propõe e estimula a liquidação da economia colonial.** O que era solidariedade se transforma em oposição, o que era estímulo se converte em grilhão. Economia Colonial e Capitalismo passam a guardar, de agora em diante, **relações contraditórias** (MELLO, 2009, p. 38, grifos meus).

Portanto, nessa nova fase de transição, em que se requer a extinção da economia colonial como existia antes, denotam-se contradições entre esses polos, que são elementos de uma economia global. Essas contradições, segundo Mello (2009), revelam-se, por exemplo, nas necessidades emergentes de uma produção de produtos primários de exportação, porque se exigia, na periferia, trabalho assalariado, mercados mais amplos e produção mercantil complementar em massa. Essa era uma condição exigida, posto que se demandava a remoção do monopólio do mercado colonial, para que, assim, fosse engendrada uma produção livre de restrições e de preços fixados por meio de monopólios.

Desse modo, configura-se enquanto objetivo primordial renovado, para as economias centrais em suas relações econômicas junto às referidas economias periféricas, o que a seguir está assinalado:

> O capitalismo industrial "propõe" a formação de **uma periferia produtora, em massa**, de produtos primários de exportação, **organizando-se a produção em bases capitalistas**, quer dizer, **mediante trabalho assalariado**. Desta periferia **deveriam** fazer parte **as economias latino-americanas**, conjuntamente **às demais economias pré-capitalistas** (MELLO, 2009, p. 39, grifos meus).

Segundo o entendimento percorrido até esse ponto, pode-se claramente perceber que as economias periféricas, ao contrário das que possuem uma dinâmica mais homogênea, ou seja, as economias centrais, apresentam especificidades em suas relações sociais de produção, distintas dessas últimas. Elas, as economias centrais, irradiam seus movimentos específicos em direção às dinâmicas encontradas nas economias periféricas. Ademais, o capitalismo puro as quer produzindo por meio do trabalho assalariado. Convém lembrar neste ponto, como o faz Mello (2009, p. 39), que a Revolução Industrial, com a sua fome de mercados, promoveu a crise das "economias pré-capitalistas milenares" com as quais entrou em contato. Assim:

> O tear à mão e o torno de fiar, origens de um exército incontável de tecelões e fiadores, eram os *pivots* centrais da estrutura social da Índia [...]. O invasor britânico acabou com o tear à mão e destroçou o torno de fiar. A Inglaterra começou por desalojar os tecidos de algodão dos mercados europeus [...] e terminou por invadir a pátria do algodão com tecidos de algodão [...]. A decadência das cidades da Índia, que haviam se tornado célebres por seus tecidos, não pode ser considerada a pior consequência da dominação inglesa. O vapor e a ciência britânicas destruíram, em todo o Indostão, a união entre a agricultura e a indústria artesanal (MARX, 1973, p. 27 *apud* MELLO, 2009, p. 39-40).

Como se vê, há uma desestruturação no funcionamento de relações sociais de produção das economias pré-capitalistas, resultante de seu contato com o capitalismo industrial avançado, no que tange aos padrões da época. Nesse sentido, é pertinente assinalar o que Furtado (1983, p. 187, grifos meus) considera como o percurso da primeira linha de expansão industrial europeia, no ocidente. Assim, essa referida curva de evolução na indústria materializa-se ainda, no âmbito de seus próprios limites geográficos.

> [...] (ele) marca a linha de desenvolvimento, dentro da própria Europa Ocidental, no quadro das divisões políticas que se haviam cristalizado na época mercantilista. Neste caso **o desenvolvimento assumiu a forma de desorganização da economia artesanal pré-capitalista e de progressiva absorção dos fatores liberados, a um nível mais alto de produtividade.** [...] identificam-se duas fases nesse processo; na primeira, a liberação de mão de obra era mais rápida que a absorção, o que tornava a oferta desse fator totalmente elástica; na segunda, a oferta da mão de obra, **resultante da desarticulação da economia pré-capitalista**, tende a esgotar-se. **Caberá**, então, **ao progresso técnico dar flexibilidade ao sistema econômico, assegurando que os fatores se combinem, em proporções compatíveis com a oferta de bens de capital.** [...] o desenvolvimento da técnica passa a ser cada vez mais condicionado pela disponibilidade relativa de fatores nos centros industriais.

Por certo, deve-se atentar que, nessa fase de transição econômica em exame na América Latina, há uma sutileza de configuração nas relações de engendramento entre o capitalismo industrial e as economias coloniais. Observa-se nessas relações, as características históricas de exploração já assinaladas anteriormente e, nos primeiros períodos existenciais de trabalho assalariado, o surgimento inicial das crises capitalistas, nas próprias economias coloniais. Assim, em uma primeira fase,

> O capitalismo industrial traz consigo o início da crise das economias coloniais: não se destrói o seu fundamento último, o trabalho compulsório, mas, tão somente, se estimula decisivamente a ruptura do Pacto Colonial e a constituição dos Estados Nacionais. Não se liquida o trabalho compulsório, em primeiro lugar, porque a ele em nada afetava a entrada dos produtos industriais ingleses e, em segundo lugar, porque a transformação do trabalho compulsório em trabalho livre era, agora, uma decisão nacional (MELLO, 2009, p. 40).

Em um segundo momento, ainda de acordo com Mello (2009), com a emergência e a concretude do trabalho assalariado nessa mesma América Latina, o capitalismo industrial inglês não possui a intenção de apresentar o poder que estabeleceu na Índia, nem um maior interesse na reorganização das economias nacionais. Para esse comportamento da maior economia do planeta à época, as razões são justificadas e, podemos sintetizá-las, com as seguintes palavras:

> Não tem o mesmo poder **porque estava diante de Estados Nacionais**, por mais fracos que fossem, e não de suas colônias; não tem maior interesse **porque não surgem por aqui oportunidades de inversão de capitais** suficientemente atrativas, isto é, **capazes de concorrer tanto com as Colônias inglesas, quanto**, e principalmente, **com os países que atravessam vigorosos processos de industrialização** (Estados Unidos etc). [...] O fraco "poder de difusão" do capitalismo exercido sobre as nações latino-americanas há de ser explicado, em última análise, não pela ausência ou frouxidão da demanda externa, mas pelas dificuldades internas de organização de economias exportadoras vigorosas (MELLO, 2009, p. 41, grifos meus).

Vê-se então que essas economias nacionais, embora nesse período, já com o trabalho assalariado, possuem suas dificuldades internas, suas especificidades. Dificuldades essas que economias exportadoras vigorosas[4] não apresentariam. Nesse aspecto das especificidades apresentadas pelas economias coloniais de relações de produções pré-capitalistas e considerando a sua passagem para economias exportadoras assalariadas, lembramos o que Furtado (1983) considera como uma "terceira linha de expansão da economia industrial europeia" e igualmente, o trajeto percorrido por ela,[5] para além de seus limites territoriais, em busca de criar e desenvolver mercados novos, garantindo também em suas perspectivas nesse novo mundo, a produção de matérias-primas para o consumo particular nos centros industriais, onde se multiplicava a procura.

> [...] **(ela)** foi em direção às regiões já ocupadas, algumas delas densamente povoadas, com sistemas econômicos seculares, de variados tipos, **mas todos de natureza pré-capitalista.** O contato das vigorosas economias capitalistas com essas regiões dotadas de velhas estruturas sociais não se fez de maneira uniforme. Em alguns casos, o interesse limitou-se à abertura

[4] De acordo com Mello (2009, p. 41), no Brasil, um país com fortes capacidades internas de organização, foi possível, em certo sentido, criar a própria demanda, e as importações de capitais desempenharam um papel crucial na passagem da economia colonial à economia exportadora capitalista, ainda que não tão "visível" ao observador. Para esclarecimento detalhado sobre o tema, ver, por exemplo, *O capitalismo tardio* (MELLO, 2009) e *Formação econômica do Brasil* (FURTADO, 1982).

[5] A segunda linha de desenvolvimento da economia industrial europeia consistiu numa deslocação para além de suas fronteiras de mão de obra, capital e técnica, onde quer que houvesse terras ainda desocupadas e de características similares às da própria Europa (FURTADO, 1983, p. 188).

> de linhas de comércio. **Em outros houve, desde o início, o desejo de fomentar a produção de matérias-primas, cuja procura crescia nos centros industriais.** O efeito do impacto da expansão capitalista sobre essas estruturas variou de região para região, ao sabor de circunstâncias locais, do tipo de penetração capitalista e da intensidade desta. Contudo, **a resultante foi quase sempre a criação de estruturas dualistas, uma parte das quais tendia a organizar-se à base de maximização do lucro e da adoção de formas modernas de consumo, conservando-se a outra parte dentro de formas pré-capitalistas de produção.** Esse tipo de estrutura socioeconômica dualista está na origem do fenômeno do subdesenvolvimento contemporâneo. **O subdesenvolvimento é,** portanto, **um processo histórico autônomo, e não uma etapa pela qual tenham, necessariamente, passado as economias que já alcançaram grau superior de desenvolvimento.** Para captar a natureza das atuais economias subdesenvolvidas, necessário se torna levar em conta essa peculiaridade (FURTADO, 1983, p. 188-189, grifos meus).

Diante dessas considerações, é preciso refletir mais apuradamente, quando se busca entender o processo de transição em análise. Refiro-me à passagem das economias coloniais para o estágio de economias exportadoras, enfatizando a presença do trabalho assalariado nessas últimas. Assim, reportando-nos ao impacto resultante do encontro entre as economias centrais e as coloniais sob o manejo do capitalismo, pode-se afirmar que, se nas economias de grau mais elevado não houve necessariamente, um caminho por onde elas devessem galgar estágios classificados em subdesenvolvimento, o mesmo sentido lógico pode ser aplicado em relação a outras economias, às que não sejam vistas como desenvolvidas. Isso, porque elas estão inseridas — de um modo ou de outro —, no mesmo sistema capitalista que as economias avançadas. Sendo assim, de acordo com essas inferências, pretende-se observar que: naturalmente, essa denominada condição de subdesenvolvimento não representa um determinado ponto no percurso de tais economias coloniais, para convergirem às características pertencentes ao desenvolvimento econômico especial, aquele mesmo que as economias centrais lograram alcançar. No interior de uma visão histórica, necessário faz-se assinalar:

> O subdesenvolvimento não constitui uma etapa necessária do processo de formação das economias capitalistas. **Significa**, em si, uma situação particular, resultante da expansão das economias capitalistas, visando a utilizar recursos naturais

> e de mão de obra de áreas de economia pré-capitalista (FURTADO, 1983, p. 195, grifo meu).

Dessa forma, é relevante compreender nessa mudança, as especificidades históricas desses dois polos (o periférico e o central) e as suas relações político-econômicas recíprocas. Embora anunciando a face concreta do capitalismo, as consequências advindas para as economias de relações sociais pré-capitalistas na geografia terrestre, após seus primeiros contatos com as economias avançadas, não foram de todo benéficas. Como vimos, na imbricação com essas "novas formas" de produzir, ocorre uma desarticulação também, nas economias coloniais da América Latina. Mesmo ocorrendo essa ruptura em características de sua gênese econômica, assinale-se que, a partir da existência de uma massa de salários reais destinada aos trabalhadores locais, estrutura-se uma correspondente demanda, no contexto de sua procura global. Mas, em sentido contrário, a maior parte dos lucros e as principais inversões capitalistas subsequentes, tendiam a convergir para as economias que possuíssem o capital investido. Portanto, esse capitalismo inicial, que se apresentava dependente das flutuações econômicas externas e que fora experimentado pelo referido processo histórico, é simbolicamente reconhecido pela alcunha de "capitalismo bastardo"; imposto às entranhas daquelas economias coloniais. De fato, sob essa condição de dependência das economias exteriores, é de singular importância que tenhamos em mente, nos modos descritos a seguir, uma confirmação perene, do que estamos a explicar:

> [...]. O consumo da classe capitalista é determinado por fatores institucionais e, praticamente, independente das flutuações, a curto prazo, no nível da renda global. Por outro lado, o consumo dos assalariados tem a determiná-lo o nível global de emprego, cabendo-lhe um papel ancilar no processo de desenvolvimento. Assim sendo, o que instila dinamismo à economia capitalista é a forma como se utiliza a massa de renda que reverte aos capitalistas e que estes transformam em poupanças. Ora, trata-se de uma parcela que não se vincula à região onde está localizada a empresa; sua utilização depende, quase exclusivamente, das condições prevalecentes na economia a que pertence o capital. [...], **sempre que o núcleo capitalista existiu como uma cunha controlada de fora, pouco se modificaram as estruturas**. Caberia falar, neste caso, de **capitalismo bastardo, no qual inexistem as características marcantes do tipo puro**. [...] Contudo, apesar dessa melhora de condições de vida, **não se registrava uma modificação estrutural no sistema econômico, isto**

> **é, não se dava o passo fundamental exigido para criação de sistema econômico autônomo** (FURTADO, 1983, p. 190-191, grifos meus).

1.2 O FORDISMO E A CRISE DE REESTRUTURAÇÃO DO CAPITAL: MUDANÇA PARA UM NOVO PARADIGMA?

Assinalamos que a materialização de uma produção em massa originou-se por meio do pensamento de Henry Ford, também criador e estrategista de um consumo de massa. O fordismo – como veio a se tornar conhecido - influenciou o modus vivendi capitalista nos Estados Unidos da América e em boa parte do mundo. Salientamos que o sistema fordista de produção em massa funcionou com eficiência durante um longo período no século XX. Segundo Harvey (2003), esse referido sistema que utiliza o emprego da força de trabalho e da produção em massa emerge historicamente em 1914. Dessa forma, é interessante observar que:

> Henry Ford introduziu seu dia de oito horas e cinco dólares como recompensa para os trabalhadores da linha automática de montagem de carros que ele estabelecera no ano anterior em Dearbon, Michigan. [...] **Ford racionalizou velhas tecnologias e uma detalhada divisão do trabalho preexistente**, e, efetivamente, **ao fazer o trabalho chegar ao trabalhador numa posição fixa, ele consegue dramáticos ganhos de produtividade**. [...] O que havia de especial em Ford (e que, em última análise, distingue o fordismo do taylorismo) era a sua visão, seu reconhecimento explícito de que produção de massa significava consumo de massa, **um novo sistema de reprodução da força de trabalho, uma nova política de controle e gerência do trabalho,** uma nova estética e **uma nova psicologia,** em suma, **um novo tipo de sociedade** democrática, **racionalizada,** modernista e populista (HARVEY, 2003, p. 121, grifos meus).

A amplitude no olhar de um homem de negócios distingue-o, então, dos demais homens de sua época, até dos que se dedicam integralmente aos conhecimentos científicos. As atitudes de Ford, concretamente, representam medidas inteligentes, racionais, dos pontos de vista econômico e social. No entanto, elas são apenas a parte de quem organiza os processos de produção e do trabalho. A outra parte, a do consumo que se pretende racional, pertence aos trabalhadores e/ou à sociedade como um todo, e relaciona-se diretamente com a renda e os hábitos coletivos das pessoas ou apenas de uma proporção dessas pessoas, no interior de uma sociedade qualquer.

No seio da economia capitalista, o sistema de produção em massa ou fordismo apresenta o consumo das famílias, no interior da demanda agregada, como um forte componente dentre os demais. Os outros elementos de inter-relações econômicas são os investimentos das empresas (que objetivam lucros), os gastos do governo (que podem expandir a demanda agregada) e as relações comerciais com o resto do mundo, sendo o resultado dessas relações comerciais uma consequência das exportações líquidas de importações. É relevante observar que, o saldo entre as exportações e as importações de um país, em um determinado período, pode apresentar-se como positivo (superávit) ou negativo (déficit). No caso de um superávit no confronto entre as variáveis mencionadas, com um saldo positivo das exportações no balanço de pagamentos do país, ocorre uma contribuição para o aumento de sua demanda agregada.

Os seres humanos, com sua força de trabalho, são fatores produtivos relevantes, enquanto agentes do sistema capitalista. Tendo seus interesses representados pelos sindicatos, em uma interação permanente; atuam com os outros elementos na consecução de um produto global da economia. Assim, há para a força de trabalho existente, um forte aspecto de cidadania, o que, além de garantir-lhe dignidade e direitos políticos na sociedade, serve também como uma robusta característica de barganha, ao lado das outras forças imanentes do sistema.

Portanto, são os modelos e a teoria de Keynes que propõem as normas gerais das economias dos países avançados (e/ou outros) para se resolver os problemas da insuficiência de demanda agregada. Eles servem de apoio ao Estado por meio dos gastos governamentais e de suas políticas monetária e fiscal, intervindo na economia, e aos empresários, com orientações técnicas às suas decisões de investimentos. As consequentes interligações de incremento, nas forças econômicas relacionadas, têm a função específica de aumentar a demanda agregada, na sociedade como um todo. As verificações dessas evidências, na utilização da referida teoria por meio de poderes governamentais, são apontadas como sinais positivos e de melhoras significativas, para os países considerados avançados e que têm suas relações sociais de produção, no âmbito das economias de mercado. Nesse sentido, registre-se que:

> O problema da configuração e uso próprios dos poderes do Estado só foi resolvido depois de 1945. Isso levou o fordismo à

> maturidade como regime de acumulação plenamente acabado e distintivo. **Como tal, ele veio a formar a base de um longo período de expansão pós-guerra que se manteve mais ou menos intacto até 1973.** Ao longo desse período, o capitalismo nos países capitalistas avançados alcançou taxas fortes, mas relativamente estáveis de crescimento econômico. Os padrões de vida se elevaram, as tendências de crise foram contidas, a democracia de massa, preservada e a ameaça de guerras intercapitalistas, tornada remota. **O fordismo se aliou firmemente ao Keynesianismo, e o capitalismo se dedicou a um surto de expansões internacionalistas de alcance mundial que atraiu para a sua rede inúmeras nações descolonizadas** (HARVEY, 2003, p. 125, grifos meus).

É importante observar o que indica a fonte referenciada sobre o papel do Estado em suas diversas incumbências, enquanto um dos principais atores nas expansões significativas e continuadas do capitalismo. Como Harvey (2003, p. 130, grifos meus) deixa claro:

> As formas de intervencionismo estatal variavam muito entre os países capitalistas avançados. [...] A variedade de posturas tomadas por diferentes governos da Europa Ocidental nas negociações de contratos trabalhistas, no padrão dos gastos públicos. [...] Padrões de descontentamento trabalhista, de organização de fábrica e de ativismo sindical também variavam. [...] **Mas o notável é a maneira pela qual governos nacionais de tendências ideológicas bem distintas –** gaulista, na França, trabalhista, na Grã-Bretanha, democrata-cristão, na Alemanha Ocidental etc. – **criaram tanto um crescimento econômico estável como um aumento dos padrões materiais de vida através de uma combinação de estado do bem-estar social, administração econômica Keynesiana e controle de relações de salário**.

Como se vê, as receitas técnicas preconizadas por seus criadores funcionavam na governança de estados[6], independentemente da sua visão ideológica. Contudo não eram uniformes nem o grau de satisfação dos trabalhadores, nem os padrões de intervenção governamental. Entretanto, no

[6] Construindo uma analogia, registra-se que as Ciências Sociais, destacando-se em particular tanto a Geografia Humana quanto a Economia, possuem como matéria-prima em suas "pesquisas de laboratório", o próprio homem e suas relações sociais e de produção. Esse fato, por si só, pode explicar as diferenças existentes, no modo de ser e de agir social e economicamente, de cada povo, de cada cultura. Assim, pode-se inferir que as variadas produções do espaço ao longo do tempo, também podem ocorrer, como implicações diretas desses distintos fatores socioculturais e econômicos.

que diz respeito às repercussões do emprego, observa-se em Harvey (2003, p. 125-128, grifos meus), que o trabalho organizado teve que assumir novos papéis e novas funções relativas ao desempenho nos mercados de trabalho e aos processos de produção. Assim, Harvey, utilizando-se de outros autores, registra o que se expõe:

> **A derrota dos movimentos operários radicais que ressurgiram no período pós-guerra imediato,** por exemplo, **preparou o terreno político para os tipos de controle do trabalho e de compromisso que possibilitaram o fordismo.** Armstrong, Glyn e Harrison (1984, capítulo 4) oferecem detalhada análise de como se preparou o ataque às formas tradicionais (orientadas para os ofícios) e radicais de organização do trabalho tanto nos territórios ocupados do Japão, da Alemanha Ocidental e da Itália como nos territórios supostamente "livres" da Grã-Bretanha, da França e dos Países Baixos. Nos Estados Unidos, onde a Lei Wagner de 1933 tinha dado aos sindicatos poder no mercado (com o reconhecimento explícito de que os direitos de negociação coletiva eram essenciais para a resolução do problema da demanda efetiva) em troca do sacrifício no campo da produção, os sindicatos viram-se sob um ataque virulento nos anos de pós-guerra por uma pretensa infiltração comunista e terminaram por ser submetidos a uma disciplina legal estrita pela Lei Taft-Hartley de 1952. [...] Com seu principal adversário sob controle, **os interesses da classe capitalista puderam resolver** o que Gramsci denominara antes **problema de "hegemonia" e estabelecer uma base aparentemente nova para relações de classes conducentes ao fordismo.**

Essas novas relações de classe, segundo Harvey (2003, p. 128, grifos meus), apresentam distintas variações, de país para país ou de região para região. Como exemplo ilustrativo, assinale-se que:

> No Meio Oeste e no Nordeste dos Estados Unidos, **os sindicatos** ganharam considerável poder na esfera da negociação coletiva nas indústrias de produção em massa, preservaram algum controle dentro das fábricas sobre as especificações de tarefas, sobre a segurança e as promoções, e **conquistaram importante poder político** (embora nunca determinante) **sobre questões como benefícios da seguridade social, salário mínimo e outras facetas da política social.** Mas adquiriram e mantiveram esses direitos **em troca da adoção de uma atitude cooperativa** no tocante às técnicas fordis-

> tas de produção e às estratégias corporativas cognatas **para aumentar a produtividade**.

Nesse ponto, é perfeitamente esclarecido que o poder relativo dos sindicatos nos Estados Unidos e nas regiões assinaladas não foi adquirido de maneira gratuita, mas trocado pelo objetivo de se aumentar a produtividade do trabalho, na forma requerida pelo sistema de produção empregado. Ou seja, por meio dos seus líderes sindicais, para atingir metas precisas de produção, os trabalhadores são claramente cooptados. Somente assim eles conseguem determinados privilégios nos interiores das fábricas, bem como autonomia em negociações coletivas de contratos salariais e outros direitos nas indústrias de produção em massa. Desse modo, os trabalhadores em destaque, organizados e recebendo bons salários, ostentam padrões de vida elevados.

Entretanto o fordismo não distribui seus benefícios de forma igualitária para todos os trabalhadores. De acordo com Harvey (2003, p. 132, grifos meus), havia sinais abundantes de insatisfação, mesmo no apogeu do sistema. Assim,

> [...] **a negociação fordista de salários estava confinada a certos setores da economia e a certas nações-Estado em que o crescimento estável da demanda podia ser acompanhado por investimentos de larga escala na tecnologia de produção em massa. Outros setores de produção de alto risco ainda dependiam de baixos salários e de fraca garantia de emprego. E mesmo os setores fordistas podiam recorrer a uma base não-fordista de subcontratação.** [...] As desigualdades resultantes produziram sérias tensões sociais e fortes movimentos sociais por parte dos excluídos – movimentos que giravam em torno da maneira pela qual a raça, o gênero e a origem étnica costumavam determinar quem tinha ou não acesso ao emprego privilegiado. Essas desigualdades eram particularmente difíceis de manter diante do aumento das expectativas, alimentadas em parte por todos os artifícios aplicados à criação de necessidades e à produção de um novo tipo de sociedade de consumo. **Sem acesso ao trabalho privilegiado da produção de massa, amplos segmentos da força de trabalho também não tinham acesso às tão louvadas alegrias do consumo de massa.**

Portanto, nesse longo período de expansão industrial do pós-guerra, liderado pelos Estados Unidos, pelo progresso efetivo do fordismo e acompanhado pelas receitas econômicas do Keynesianismo, há um funcionamento estável da economia, mas com a restrição de seus benefícios dirigidos para uma porção dos trabalhadores formais em países do primeiro mundo. Assim, naturalmente, a parte da população não atingida por tais benefícios procura organizar-se e demonstrar sua insatisfação, revoltando-se efetivamente, com o objetivo de transformar esse cenário econômico-social. Desse modo:

> O movimento dos direitos civis nos Estados Unidos se tornou uma raiva revolucionária que abalou as grandes cidades. O surgimento de mulheres como assalariadas mal-remuneradas foi acompanhado por um movimento feminista igualmente vigoroso. E o choque da descoberta de uma terrível pobreza em meio à crescente afluência gerou fortes contramovimentos de descontentamento com os supostos benefícios do fordismo (HARVEY, 2003, p. 132).

Ainda segundo o autor, a característica de utilidade no controle do trabalho, da divisão entre uma mão de obra predominantemente branca, masculina e fortemente sindicalizada e o "resto dos trabalhadores", significava uma rigidez nos mercados de trabalho que dificultava a realocação de uma linha de produção para outra. Nesse sentido,

> [...] o poder exclusivista dos sindicatos fortalecia sua capacidade de resistir à perda de habilidades, ao autoritarismo, à hierarquia e à perda de controle no local de trabalho. **A inclinação de uso desses poderes dependia de tradições políticas, formas de organização e disposição dos trabalhadores em trocar seus direitos na produção por um maior poder no mercado.** As lutas trabalhistas não desapareceram, pois [...] eram forçados a responder a insatisfação das bases. Mas, [...], na medida em que serviam aos interesses estreitos de seus membros e abandonavam preocupações socialistas mais radicais, os sindicatos corriam o risco de ser reduzidos, diante da opinião pública, **a grupos de interesses fragmentados que buscavam servir a si mesmos**, e não a objetivos gerais (HARVEY, 2003, p. 132-133, grifos meus).

Por outro lado, o Estado sofria a pressão de um elevado descontentamento por parte dos excluídos e necessitava expressar, algum elemento de aceleração para melhor contribuir com o funcionamento "normal" da economia. Esse procedimento, no âmbito de suas funções enquanto agente do sistema, e visando sobretudo, àquela parcela da população apta para o trabalho, mas fora de atividades produtivas. Nessa questão social, era bem isso o que poder-se-ia pretender do governo. Ademais, para assegurar com propriedade sua legitimação, os benefícios do fordismo precisavam ser alcançados por todos, e as características de melhores condições de vida precisariam estar presentes e levadas à sociedade por inteiro. Assim, o Estado necessitava expressar a garantia de que:

> Alguma espécie de **salário social adequado para todos** ou engajar-se em **políticas redistributivas ou ações legais que remediassem ativamente as desigualdades, combatessem o relativo empobrecimento e a exclusão das minorias.** A legitimação do poder do Estado dependia cada vez mais de levar os benefícios do fordismo a todos e de encontrar meios de oferecer assistência médica, habitação e serviços educacionais adequados em larga escala, mas de modo humano e atencioso. [...] **A condição do fornecimento de bens coletivos dependia da contínua aceleração da produtividade do trabalho no setor corporativo. Só assim o Estado Keynesiano do bem-estar social poderia ser fiscalmente viável** (HARVEY, 2003, p. 133, grifos meus).

Os gastos do Governo, traduzidos pela possibilidade da oferta de bens coletivos à sociedade, como se vê, precisavam tornar-se função de uma sistemática aceleração da produtividade do trabalho nas empresas, sobretudo naquelas que apresentassem determinada organização em suas especificidades. Lembremo-nos de que aumentos nesses referidos dispêndios governamentais, no investimento e no consumo das famílias implicam efetivos acréscimos na própria demanda agregada. Nesse sentido, Froyen (2002, p. 98, grifos meus), considerando o componente consumo das famílias, é incisivo ao afirmar que:

> **Os dispêndios dos consumidores costumam ser o maior componente da demanda agregada,** somando de 60% a 70% em anos recentes nos Estados Unidos. **O consumo desempenha um papel importante na teoria Keynesiana de determinação da renda.** [...] Keynes acreditava que **o nível de dispêndios por parte dos consumidores fosse uma função estável da renda disponível.** [...] Keynes não negava que outras variáveis além da renda afetassem o con-

> sumo, **mas acreditava que a renda era o fator dominante para a determinação do consumo.**

Em relação ao consumo, Harvey (2003, p. 133, grifos meus), em suas observações, registra que havia mais do que uma pequena crítica a pouca qualidade de vida num regime de consumo de massa padronizado. No interior de um diapasão mais elevado,

> A qualidade do oferecimento de serviços através de um sistema não discriminador de administração pública (baseado na racionalidade burocrática técnico-científica) também recebia pesadas críticas. O gerencialismo estatal fordista e Keynesiano passou a ser associado a uma austera estética funcionalista (alto modernismo) no campo dos projetos racionalizados. **Os críticos da aridez suburbana e da monumentalidade monolítica dos centros das cidades** (como Jane Jacobs) **se tornaram,** [...], **uma minoria vociferante que articulava todo um conjunto de insatisfações culturais.** As críticas e práticas contraculturais dos anos sessenta (**isto no século XX**) eram, portanto, paralelas aos movimentos das minorias excluídas e à crítica da racionalidade burocrática despersonalizada. **Todas essas correntes de oposição começaram a se fundir, formando um forte movimento político-cultural, no próprio momento em que o fordismo como sistema econômico parecia estar no apogeu.**

Conquanto existisse a parte concreta de toda uma combinação sistemática envolvendo o Estado, as empresas, os sindicatos, a força de trabalho e uma teoria Keynesiana a dispor orientações sobre os passos capitalistas de produção, não havia uma satisfação integral da população em termos dos benefícios fordistas. Ou seja, nessas discussões relacionadas às características práticas do fordismo, observa-se que a maneira corrente nos procedimentos de produzir bens e de empregar trabalhadores em larga escala não é uniforme em todas as porções do espaço. Sendo assim, partes significativas da população e da força de trabalho, contabilizadas de modo oficial, tornam-se concretamente prejudicadas.

De outro lado, como é inerente ao sistema capitalista de produção, assinale-se, por exemplo, a ocorrência de crises na economia, transformações no espaço, na sociedade e na vida das pessoas e dos trabalhadores como um todo. Assinale-se também a necessidade óbvia da correspondência entre o novo tipo de trabalhador idealizado por Ford e uma sociedade de hábitos frugais de consumo, que objetiva economizar seus excedentes – incrementando a poupança – o que pode auxiliar a tendência em investimentos de ciclos continuados, conforme é requerido para o funcionamento do capitalismo.

De acordo com Harvey (2003, p. 131, grifos meus), o longo período de expansão do pós-guerra dependia de modo crucial de uma maciça ampliação dos fluxos de comércio mundial e de investimento internacional. Nesse sentido,

> [...] Essa abertura do investimento estrangeiro (especialmente na Europa) e do comércio permitiu que a **capacidade produtiva excedente** dos Estados Unidos fosse absorvida **alhures**, enquanto o progresso internacional do fordismo significou a **formação de mercados de massa globais** e a absorção da **massa da população mundial fora do mundo comunista na dinâmica global de um novo tipo de capitalismo**. [...] o desenvolvimento **desigual** na economia mundial significou a experiência de **ciclos econômicos já paralisados como oscilações locais** e amplamente compensatórias no interior de um crescimento razoavelmente estável da demanda mundial. Do lado dos insumos, a abertura do comércio internacional representou a **globalização** da oferta de matérias-primas geralmente baratas (em particular no campo da energia). O novo internacionalismo também trouxe no seu rastro muitas outras atividades – bancos, seguros, hotéis, aeroportos, e, por fim, turismo. Ele trouxe consigo **uma nova cultura internacional e se apoiou fortemente em capacidades recém-descobertas de reunir, avaliar e distribuir informação**.

Como se vê, a ampliação do fluxo de comércio em larga escala mundial e o investimento direto americano em outras partes do mundo tiveram como implicação claros benefícios para os excedentes dos Estados Unidos e para o fordismo. Com esses aspectos, observamos a formação de mercados de massa globais, bem como a absorção de massas de população do restante do planeta, incluindo os contingentes internacionais do mundo não comunista, pondo em evidência uma dinâmica global em um novo tipo de capitalismo.

Assinale-se também que o desenvolvimento desigual no resto do mundo era a contrapartida de ciclos econômicos já paralisados, como oscilações nos Estados Unidos. Pois, esse desenvolvimento desigual representa um incremento razoavelmente estável na demanda mundial, bem como a formação de uma nova cultura internacional e as vantagens de capacidades emergentes, no seio de um mundo novo da informação.

Desse modo, conquanto seja efetiva uma expansão industrial do fordismo a partir do pós-guerra, nos países do primeiro mundo, ela não é verificada em seus efeitos plenos, em todos os espaços do planeta. Como registrado pertinentemente por Harvey (2003, p. 131-132, grifo meu):

> [...] O acordo de Bretton Woods, de 1944, transformou o dólar na moeda-reserva mundial e vinculou com firmeza o desenvolvimento econômico do mundo à política fiscal e monetária norte-americana. A América agia como banqueiro do mundo em troca de uma abertura dos mercados de capital e de mercadorias ao poder das grandes corporações. Sob essa proteção, o fordismo se disseminou **desigualmente**, à medida que cada Estado procurava seu próprio modo de administração das relações de trabalho, da política monetária e fiscal, das estratégias de bem-estar e de investimento público, limitados internamente apenas pela situação das relações de classe e, externamente, somente pela sua posição hierárquica na economia mundial e pela taxa de câmbio fixada com base no dólar. Assim, a expansão internacional do fordismo ocorreu numa conjuntura particular de regulamentação político-econômica mundial e uma configuração geopolítica em que os Estados Unidos dominavam por meio de um sistema bem distinto de alianças militares e relações de poder.

De outro lado, é de substancial importância observar o fato de que, no conjunto universo de uma população preterida, estão expressamente incluídos:

> Todos os insatisfeitos do Terceiro Mundo com um processo de modernização que prometia desenvolvimento, emancipação das necessidades e plena integração ao fordismo, **mas que na prática, promovia a destruição de culturas locais, muita opressão e numerosas formas de domínio capitalista em troca de ganhos bastante pífios em termos de padrão de vida e de serviços públicos** (por exemplo, no campo da saúde), a não ser para uma elite nacional muito afluente que decidira colaborar ativamente com o capital internacional. Movimentos em prol da libertação nacional – algumas vezes socialistas, mas com maior frequência burgueses-nacionalistas – mobilizaram muitos desses insatisfeitos sob formas que por vezes pareciam bem ameaçadoras para o fordismo global (HARVEY, 2003, p. 133, grifos meus).

Dessa maneira, os fatores assinalados anteriormente determinam, de forma precisa, a configuração das desigualdades e das insatisfações das sociedades não atingidas pelos benefícios do fordismo, ocorridos após os anos 1945. Nesse sentido, observa-se que:

> [...] a hegemonia geopolítica dos Estados Unidos estava ameaçada, e o país, que começara a era do pós-guerra empregando o anticomunismo e o militarismo como veículos de promoção da estabilização geopolítica e econômica, logo se viu às voltas com o problema da opção "**armas ou manteiga**" em sua própria política econômica fiscal (HARVEY, 2003, p. 133-134, grifo meu).

Portanto, entre outras significações[7] delineadas nas palavras do autor em destaque, o sistema econômico do referido país deveria optar por uma economia de guerra ou de paz; conforme produzisse maiores quantidades de armas ou de manteiga. Assinale-se que a produção de manteiga estaria representando todos os demais produtos da sua curva de possibilidades de produção, excetuando-se as armas.

Apesar da porção populacional excluída de seus benefícios, a dinâmica econômica do fordismo segue adiante, no tempo e no espaço. Ela continua a ocorrer sob os diversos procedimentos de intervenção do Estado na economia, sob a orientação e ditames do grande capital e com a participação ativa dos sindicatos, bem como da força de trabalho existente. Todos esses atores interagem em relações econômico-sociais, na tarefa principal da consecução do Produto Interno Bruto, no mundo ocidental e não comunista, prosseguindo em expansões consideradas regulares e satisfatórias, até meados da primeira metade dos anos 1970. Em 1973, ocorre o choque do petróleo e uma significativa recessão econômica mundial. Com isso, as crises do capitalismo reaparecem com novos ímpetos, interrompendo os ciclos virtuosos do grande capital e assustando sobremaneira a sociedade econômica contemporânea.

É desse modo que

[7] Na "**curva de possibilidades de produção**" indica-se um potencial das quantidades produzidas de bens e serviços em uma economia, com os fatores de produção disponíveis completamente empregados. Na questão econômica "**armas ou manteiga**" podem existir significações implícitas por onde perpassam toda uma ideologia de dominação, coordenada pelos Estados Unidos, e direcionada para outros países. Por exemplo, se determinado país escolher a produção de armas, estará preparado para a guerra. Se, ao contrário, optar por produzir manteiga, estará forte em outros campos produtivos, mas inferiorizado militarmente, não reunindo condições adequadas, se eventualmente precisar enfrentar um adversário em busca de poderes econômicos, políticos, territoriais e/ou outros.

> [...] a profunda recessão de 1973, exacerbada pelo choque do petróleo, evidentemente retirou o mundo capitalista do sufocante torpor da "estagflação" (estagnação da produção de bens e alta inflação de preços) e pôs em movimento **um conjunto de processos que solaparam o compromisso fordista**. Em consequência, **as décadas de 70 e 80 foram um conturbado período de reestruturação econômica e de reajustamento social e político.** No espaço social criado por todas essas oscilações e incertezas, **uma série de novas experiências** nos domínios da organização industrial e da vida social e política começou a tomar forma. Essas experiências **podem representar os primeiros ímpetos da passagem para um regime de acumulação inteiramente novo**, associado a um sistema de regulamentação política e social bem distinta (HARVEY, 2003, p. 140, grifos meus).

Note-se que a ocorrência dos fenômenos econômicos referidos, tendo como implicação todas essas oscilações e incertezas, além dessas novas experiências no interior das sociedades capitalistas, pode realmente significar uma mudança de paradigma. Entretanto, antes de prosseguirmos na exploração dessas ideias, caracterizemos um pouco mais o que parecem ser as primeiras causas de mudanças tão significativas na forma capitalista de produção.

Na linha de raciocínio de Harvey (2003), como a parte ocidental da Europa e o Japão, destruídos durante a Segunda Guerra Mundial estavam restaurados por completo e o mercado interno dos Estados Unidos, por essa época (meados dos anos 60, século XX) já estava saturado, o país necessitava encontrar novos mercados para o fordismo. Assim,

> [...] **parece que havia indícios de problemas no fordismo já em meados dos anos 60.** Na época, [...] o impulso para criar mercados de exportação para os seus excedentes tinha de começar. [...] **O enfraquecimento da demanda efetiva foi compensado nos Estados Unidos pela guerra à pobreza e pela guerra do Vietnã.** Mas a queda da produtividade e da lucratividade corporativas **depois de 1966 marcou o começo de um problema fiscal nos Estados Unidos que só seria sanado às custas de uma aceleração da inflação, o que começou a solapar o papel do dólar como moeda-reserva internacional estável.** [...] Foi também perto dessa época que as políticas de substituição de importações do Terceiro Mundo, associadas ao primeiro grande movimento das multinacionais na direção da manufatura no estrangeiro, geraram uma onda de industrialização fordista competitiva em ambientes

> inteiramente novos, **nos quais o contrato social com o trabalho era fracamente respeitado ou inexistente**. [...] A partir de então, taxas de câmbio flutuantes e, muitas vezes, sobretudo voláteis **substituíram** as taxas fixas da expansão do pós-guerra (HARVEY, 2003, p. 135, grifos meus).

Portanto, entre outros fatores, estão reveladas nas referidas observações as duas faces da moeda que pertencem ao fordismo por essa época. Ou seja, o que representa a desvantagem – a saturação de mercados e a perda do prestígio do dólar, enquanto moeda reserva de paridade internacional – e o que significa um claro benefício, a saber, a descoberta de novos mercados – provavelmente mais lucrativos – para seus produtos e excedentes, no resto do mundo.

No sentido da histórica expansão do crescimento econômico no pós-guerra e de suas crises e incertezas posteriores, Benko (1996, p. 19-20, grifos meus) analisa a dinâmica temporal do comportamento fordista, registrado a partir da metade daqueles anos 1960, com o seguinte entendimento:

> **A partir de meados dos anos 60 o modo de desenvolvimento fordista entra abertamente em crise.** As alavancas macroeconômicas que asseguraram o crescimento de ouro dos "Trinta Gloriosos" (trinta anos de crescimento) **se revelam fragilizados ou servem até mesmo de obstáculo à acumulação capitalista.** O fordismo aparece com perda de velocidade, entravado em seu impulso pela conjunção de uma crise de eficácia e de um esmorecimento de legitimação: a cadeia de produção peca por "**rigidez**", ao passo que a "cadeia" das certezas de um desenvolvimento inexaurível é quebrada de maneira permanente. A adoção das diversas estratégias pelos dirigentes capitalistas não logrou impedir nem o agravamento dos problemas estruturais de lucratividade, nem (no nível macroeconômico) a perda de eficácia do complexo modo de "regulação" fordista. Por isso o sistema de produção em massa se encontra abalado, desvitalizado tanto pela crise disciplinar dos métodos taylorianos/fordistas como pelo espectro da não-reprodutibilidade do "compromisso" fordista rastejante.

Como se vê, o referenciado autor expressa com as suas ponderações algo de coincidente com Harvey (2003), na medida em que os problemas apontados para a manutenção do crescimento econômico pós-segunda guerra, encaminham-se a uma determinada época (meados dos anos 60, século XX), e são indicados os mesmos tipos de "fragilidades" encontradas no fordismo. Dentre essas "fragilidades", destaca-se pela voz de seus críticos nessa análise, a tão decantada rigidez no sistema de produção. É pertinente assinalar-se ainda, as seguintes observações:

> B. Coriat evoca o esgotamento relativo das técnicas taylorianas e fordianas de extração do sobretrabalho, ligadas a limites tanto técnico-econômicos quanto sociais do taylorismo e do fordismo como suporte de formação dos valores de troca. **Os regulacionistas** consideram que a crise do fordismo conota antes de tudo **o esgotamento do paradigma tecnológico fordista:** esse esgotamento se manifesta pela desaceleração do crescimento da produtividade, que, em conexão com a saturação da norma de consumo fordista e o desenvolvimento do trabalho improdutivo (inflação dos "custos de organização" que asseguram, no essencial, a circulação do capital e a gestão estatal "providencial" da reprodução capitalista), resulta em problemas estruturais de rentabilidade. [...] **Para os *denominados* regulacionistas** [...] a crise do modo de desenvolvimento fordista manifestou-se numa crise de produtividade oriunda do caráter sociotécnico do próprio **processo de trabalho fordista**. Isso levou a **uma crise da economia ao provocar brusca queda na taxa de lucro a partir de 1966**. (CORIAT, 1982 *apud* BENKO, 1996, p. 19-20, grifos meus).

Dessa maneira, outros autores falam em esgotamento relativo dos modos coercitivos utilizados nas técnicas taylorianas e fordianas para extrair o sobretrabalho, com implicações nos limites técnico-econômicos e sociais das referidas maneiras de produzir que embasam a formação dos valores de troca, portanto os valores transacionados em mercados. Já os regulacionistas falam em esgotamento do paradigma tecnológico fordista que se manifesta em uma crise de produtividade, originada em seu processo de trabalho, levando a uma crise geral da economia, tendo como causa principal a queda na taxa de lucro.

Igualmente, Harvey (2003) tece com similitude algumas considerações gerais sobre o tema em destaque. Em conformidade com o pensamento do autor:

> O período de 1965 a 1973 tornou cada vez mais evidente a incapacidade do fordismo e do Keynesianismo de conter as contradições inerentes ao capitalismo. Na superfície, essas dificuldades podem ser melhor apreendidas por uma palavra:

> **rigidez.** Havia problemas com a rigidez dos: **investimentos de capital fixo de larga escala e de longo prazo em sistemas de produção em massa que impediam muita flexibilidade de planejamento e presumiam crescimento estável em mercados de consumo invariantes.** [...] **nos mercados, na alocação e nos contratos de trabalho** (especialmente no chamado setor "monopolista"). E toda tentativa de superar esses problemas de rigidez encontrava a força aparentemente invencível do poder profundamente entrincheirado da classe trabalhadora – o que explica as ondas de greve e dos problemas trabalhistas do período 1968-1972 (HARVEY, 2003, p. 135, grifos meus).

No que diz respeito ao pleno desenvolvimento das ações do Estado para o benefício da sociedade, também não foi diferente. Harvey (2003, p. 135-136, grifos meus) afirma que:

> A rigidez dos seus compromissos foi se intensificando à medida que programas de assistência (seguridade social, direitos de pensão etc.) aumentavam sob pressão para manter a legitimidade **num momento em que a rigidez na produção restringia expansões da base fiscal para gastos públicos.** O único instrumento de resposta flexível estava na política monetária, na capacidade de imprimir moeda em qualquer montante que parecesse necessário para manter a economia estável. E, assim, **começou a onda inflacionária** que acabaria por afundar a expansão do pós-guerra. Por trás de toda a rigidez específica de cada área estava uma configuração indomável e aparentemente fixa de poder político e relações recíprocas que unia o grande trabalho, o grande capital e o grande governo no que parecia cada vez mais uma defesa disfuncional de interesses escusos definidos de maneira tão estreita que **solapavam, em vez de garantir, a acumulação do capital.**

É obviamente forçoso reconhecer que, nos termos dessas observações, principalmente no que se refere à rigidez na produção, bem como às evidentes restrições assinaladas para a prática adequada dos gastos públicos (realizar gastos governamentais, com receitas originadas por aumento sistemático de impostos)[8] na época. Por isso, tendo como alternativa instrumental a incessante emissão de moedas, enquanto finalidade de estabilizar a economia; o resultado não poderia ser diferente dessa onda inflacionária apontada pelo autor. As disputas de poder político e de relações sociais entre o trabalho, o capital e o governo também contribuem naquele momento, segundo o autor, para uma diminuição ou abalo na acumulação de capital, requerida no processo de produção.

Todos esses fenômenos socioeconômicos ocorrendo de modo simultâneo agravaram sobremaneira o funcionamento das economias avançadas do planeta, no que diz respeito a tendências esperadas e em dificuldades que emergiam no sistema. As questões econômicas observadas tiveram como implicação, seus rebatimentos nos países do Terceiro Mundo, que também buscavam suas formas de acompanhar tais mudanças no percurso do capital e de seu desenvolvimento específico, relativamente ao mundo do trabalho e da produção.

> [...] O mundo capitalista estava sendo afogado pelo excesso de fundos; e, com as poucas áreas produtivas reduzidas para investimento, esse excesso significava uma forte inflação. A tentativa de frear a inflação ascendente em 1973 expôs muita capacidade excedente nas economias ocidentais, disparando antes de tudo uma crise mundial nos mercados imobiliários e severas dificuldades nas instituições financeiras. [...] os efeitos da decisão da OPEP de aumentar os preços do petróleo e da decisão árabe de embargar as exportações de petróleo para o Ocidente durante a guerra árabe-israelense de 1973; [...] mudou o custo relativo dos insumos de energia de maneira dramática, levando todos os segmentos da economia a buscarem modos de economizar energia através da mudança tecnológica e organizacional, e levou ao problema da reciclagem dos petrodólares excedentes, [...] que exacerbou a já forte instabilidade dos mercados financeiros mundiais. A forte deflação de 1973-1975 indicou que as finanças do Estado

[8] Segundo John Maynard Keynes, cabe ao Estado o papel de restabelecer o equilíbrio econômico, por meio de uma política fiscal, creditícia e de gastos, realizando investimentos ou inversões reais que atuem nos períodos de depressão, como estímulo à economia. Dessa política resultaria um **déficit sistemático no orçamento**. Nas fases de prosperidade, ao contrário, o Estado deve manter uma política tributária alta, formando com isso um **superávit** que deve ser utilizado para o pagamento das dívidas públicas e para a formação de um fundo de reserva a ser investido nos períodos de depressão. Esse tipo de proposta orçamentária ficou conhecido como **orçamento cíclico** e decorreu da verificação feita por Keynes de que o equilíbrio orçamentário não constitui um benefício para a economia; ao contrário, atua de forma prejudicial, já que contribui para agravar a conjuntura do ciclo, seja ele de expansão ou de depressão (DICIONÁRIO DE ECONOMIA, 1985, p. 104, grifos meus).

> estavam muito além dos recursos, criando uma profunda crise fiscal e de legitimação (HARVEY, 2003, p. 136-137).

As dificuldades que se apresentam ao sistema capitalista de produção de bens e serviços, efetivamente, obrigam os organizadores da produção a tentarem encontrar saídas alternativas para as mesmas. De acordo com Harvey (2003, p. 137), ao mesmo tempo, as corporações viram-se com muita capacidade excedente inutilizável (principalmente fábricas e equipamentos ociosos) em condições de intensificação da competição. De tal modo situações como essas ocorriam que:

> Isso as obrigou a entrar num período de **racionalização, reestruturação e intensificação do controle do trabalho** (caso pudessem superar ou cooptar o poder sindical). A mudança tecnológica, a automação, a busca de novas linhas de produção e nichos de mercado, a dispersão geográfica para zonas de controle do trabalho mais fácil, as fusões e medidas para acelerar o tempo de giro do capital passaram ao primeiro plano das estratégias corporativas de sobrevivência em condições gerais de deflação (HARVEY, 2003, p. 137-140, grifos meus).

Benko (1996) discorrendo sobre as estratégias de reestruturação dos agentes que organizam a produção, na tentativa de equilibrar as contradições de acumulação capitalista, afirma que elas podem ser expressas em uma luta contra a "rigidez" existente à época. Assim, ele observa que:

> A resposta "instintiva" das forças capitalistas à crise de lucratividade (esgotamento das contratendências à baixa da taxa de lucro) é duplamente decisiva: de um lado, **trata-se de desvalorizar a força de trabalho reduzindo todos os componentes dos custos de sua reprodução** (desindexação e regulação concorrencial da formação dos salários, revisão em baixa do salário indireto, supressão das garantias de emprego e de tudo o que é considerado "entrave" à liberdade do trabalho etc). E, de outro lado, **trata-se de utilizar as virtualidades tecnológicas da automação como suporte material a fim de remodelar a organização do trabalho, os processos de produção, os sistemas de gestão e a qualidade dos produtos ou mesmo a norma social de consumo** (BENKO, 1996, p. 22, grifos meus).

Dessa maneira, diante da diminuição na taxa de retorno para a economia, o cenário estabelecido naquele momento, representa uma extrema desvantagem para a classe dos trabalhadores. Porém, inexoravelmente, a roda capitalista de produção precisa continuar girando, nos caminhos e trilhas das modificações tecnológicas e em busca de seu objetivo principal, o lucro.

Por isso, as procuras por outros meios de organizar a produção implicam mudanças nas características tradicionais da economia mundial e, em consequência, no surgimento de propostas concretas para seu "novo" funcionamento. Assinale-se então que:

> **A acumulação flexível,** [...], **é marcada por um confronto direto com a rigidez do fordismo.** Ela se apoia na flexibilidade dos processos de trabalho, dos mercados de trabalho, dos produtos e padrões de consumo. Caracteriza-se pelo surgimento de setores de produção inteiramente novos, novas maneiras de fornecimento de serviços financeiros, novos mercados e, sobretudo, taxas altamente intensificadas de inovação comercial, tecnológica e organizacional. **A acumulação flexível envolve rápidas mudanças nos padrões do desenvolvimento desigual, tanto entre setores, como entre regiões geográficas, criando**, por exemplo, **um vasto movimento no emprego no chamado "setor de serviços"**, bem como conjuntos industriais completamente novos em regiões até então subdesenvolvidas [...]. Ela também envolve um novo movimento que chamarei de "compressão do espaço-tempo" no mundo capitalista – os horizontes temporais da tomada de decisões privada e pública se estreitaram, enquanto a comunicação via satélite e a queda dos custos de transporte possibilitaram cada vez mais a difusão imediata dessas decisões num espaço cada vez mais amplo e variegado (HARVEY, 2003, p. 140, grifos meus).

Assim, estão postas as novas condições de acumulação no mundo capitalista. Segundo o autor, e conforme explicitado anteriormente, essas novas condições apresentam-se completamente distintas de como aparecem no sistema fordista. Os processos produtivos, a maneira de se contratar a força de trabalho e de se distribuir o consumo, tudo pode emergir de todos os espaços existentes no planeta e em condições bastante diversificadas. Parecem ser essas as características e a configuração gerais do que se passa a conhecer como acumulação flexível capitalista.

De acordo com Benko (1996, p. 22, grifos meus), ao se reportar a essa mesma temática, observam-se diferenciações importantes entre o sistema fordista e a flexibilização de mercados, no que diz respeito ao funcionamento produtivo e emprego da mão de obra. Assim, com a tendência na substituição do fordismo pela acumulação flexível, tem-se que:

> **A mobilidade otimizada** torna-se o elemento-chave da nova ortodoxia capitalista. A rapidez de resposta converte-se em elemento constitutivo do desempenho produtivo global. **A linha de produção flexível tende a substituir a organização fordista da produção.** [...] O assalto modernizador remodela em grande parte o funcionamento do mercado de empregos: se durante o período de crescimento fordista a venda da força de trabalho estava ligada a uma certa cidadania (a regulação ligada ao *welfare* fazia ressaltar a especificidade política dessa mercadoria *sui generis*), **o impulso de desregulamentação visa exatamente ao contrário: a banalização dessa mercadoria, portanto sua despolitização.**

Desse modo, no permanente processo de transformação do sistema de produção capitalista, tem-se igualmente, e como pano de fundo, uma transformação de consciência política da classe trabalhadora. Ou seja, uma diminuição da consciência política junto ao trabalho humano, tal é o aprofundamento – com o surgimento das mudanças – na supressão à cidadania (forte característica da força de trabalho), existente na época do fordismo. Essa é a conotação ideológica, a moer uma renovação de consciência necessária e suficiente ao "andar da carruagem", nos rumos do caminho à flexibilização. Sutilmente imposta ao trabalho vivo, enquanto elemento de crucial importância na consecução do produto geral da economia.

Em relação à estrutura de um novo capitalismo em gestação, com um modo de produzir também especialmente novo, acrescentamos com o olhar de Benko (1996, p. 23-24, grifos meus), as observações relacionadas:

> **A mobilidade**, [...] **remete** [...] **antes às numerosas zonas de incertezas que a acumulação contraditória e combinada em escala internacional veicula**. [...] **Ela exprime**, quanto ao essencial, **a refundição das modalidades de valorização do capital, consecutiva aos novos imperativos de coordenação mercantil efetiva.** Isso não significa, de modo nenhum, que as estratégias capitalistas postas em prática sejam "cegas" ou desprovidas de objetivos precisos: elas são, ao contrário, bem precisas tanto em seus desígnios

> quanto aos meios empregados. No entanto, são conflituais e executam desigualmente os seus programas, tendo em vista seu lugar respectivo no sistema de dominação capitalista e sobretudo o diferencial de classe com que deparam. Assim, é por essa razão que **as mutações das figuras produtivas não são teleguiadas por um gênio maligno capitalista, mas devem ser entendidas como resultado de uma conflitualidade de classe, aberta ou latente**.

Nessas ponderações sobre a nova alavanca para dar um salto, ao mesmo tempo, qualitativo e quantitativo do processo capitalista de inventar coisas novas, bem como produzir os "antigos" produtos e/ou processos de empregar a mão de obra, está no centro das atenções essa tal mobilidade, que põe a girar o motor do capitalismo de nossos dias. Portanto, como se pode observar, os referidos processos refletem o cerne da questão capitalista, ou seja, o permanente conflito de classes.

Surge dessa forma, o sistema flexível em substituição ao fordismo. A própria denominação "flexível", ao contrário da "rigidez" do sistema anterior, significa, na imbricação dos diversos processos examinados, que: outras maneiras de organização do trabalho e novas tecnologias aparecem como hegemônicas — após as mudanças verificadas, nesse transcorrer do processo histórico —, no sistema capitalista. Permanece ainda o trabalhador, como um de seus principais agentes, mas com atribuições significativamente distintas do período fordista. O destaque, nesses "novos tempos", segue para a sua "despolitização" e para uma nova ideologia, imanente ao novo sistema. Ou seja, é necessário que o trabalhador esteja em permanente abertura para aprender coisas novas e elevar seu currículo, alcançando um determinado nível de qualificação e habilidades em sua instrução pessoal e profissional. Assim, de acordo com essa mentalidade agora atrelada a um novo modo de produção capitalista, estaria essa mão de obra ou fator de trabalho humano, preparado para competir nos espaços locais, nacionais e internacionais.

CAPÍTULO II

TRANSFORMAÇÕES NO CONTEXTO DA ESTRUTURA PRODUTIVA E DO MERCADO DE TRABALHO NA REGIÃO METROPOLITANA DE JOÃO PESSOA-PB E MODOS DE ORGANIZAÇÃO DO TRABALHO

Neste capítulo, são apresentados: (a) alguns conceitos sobre a força de trabalho, e realizado (b) um exame das transformações na estrutura produtiva da Região Metropolitana de João Pessoa-PB, no primeiro decênio do século XXI. Efetiva-se: (c) uma reflexão sobre as formas de organização do trabalho no século XX. Em sequência, constrói-se uma (d) configuração da estrutura do mercado de trabalho, direcionando o olhar para as taxas de ocupação da população em idade ativa (PIA), da população economicamente ativa (PEA), da população ocupada (PO). São também analisadas: (e) a dinâmica do salário mínimo (década de 1990 e anos 2000 a 2010), e uma (f) distribuição de rendimentos do trabalho.

2.1 CONCEITOS SOBRE FORÇA DE TRABALHO E ANÁLISE DA ESTRUTURA PRODUTIVA DA REGIÃO METROPOLITANA DE JOÃO PESSOA-PB, NOS ANOS SELECIONADOS DE 2000 E 2010

Assinale-se que é o homem, ele próprio, quem trabalha a terra (natureza) desde os primórdios da sua história, com finalidades precisas de caça, pesca e plantio, tendo em vista sua sobrevivência. O encontro com as coisas em estado bruto ou original (recursos naturais) é parte integrante nessa simbiose homem/natureza. Observa-se que foi o homem (ser humano inteligente) quem inventou a máquina e, com a posse do capital, acelerou radicalmente os modos de produzir bens e serviços, no espaço e no tempo. Dessa forma, ele pode ser visto como um elemento importante no interior da constelação dos fatores produtivos de uma sociedade.

Enquanto objeto principal de exame nesta obra, ao se refletir acerca da mão de obra no sistema capitalista, existe uma nomenclatura especializada para conceituá-la na prática de uma dinâmica econômica. Alguns autores, classificando-a pela expressão "força de trabalho", referem-se especificamente, a

> [...] todas as pessoas **com mais de 16 anos** que es tão empregadas, buscando trabalho ativamente ou aguardando para serem chamadas de volta depois de dispensadas. Aqueles que estão na força de trabalho e que **não estão empregados em troca de pagamento** são os desempregados. As pessoas que não estão empregadas e que não estão nem em busca de trabalho nem aguardando serem chamadas de volta por seus ex-empregadores **não são contadas como integrantes da força de trabalho.** A força de trabalho total, assim, consiste de empregados e desempregados (EHRENBERG; SMITH, 2000, p. 31-32, grifos meus).

Outro enfoque destacado para uma definição de força de trabalho, aquela mesma que auxilia na elaboração do Produto Interno Bruto (PIB) de uma determinada sociedade, pode ter sua nomenclatura classificada nos termos seguintes:

> A população economicamente mobilizável é representada por um segmento da população total, delimitado pela faixa etária apta para o exercício de atividades de produção. [...] Nas economias menos desenvolvidas observa-se que a idade de acesso às funções produtivas, sobretudo no meio rural, é acentuadamente mais baixa do que nas economias maduras que ostentam altos padrões de desenvolvimento econômico. De forma geral, porém, o acesso se realiza entre 15 e 25 anos e as atividades se desenvolvem ao longo de um período variável que alcança, em média, de 30 a 35 anos. [...] **Há diferenças acentuadas** não só quanto aos regimes legais de proteção, como ainda quanto às formas de organização social, **resultando diferentes períodos de vida produtiva.** Isto significa que há diferenças internacionais quanto à proporção do segmento da população economicamente mobilizável em relação à população total. Observam-se enormes variações nas taxas de participação das faixas etárias pré e pós-produtivas, com o consequente alargamento ou redução do contingente economicamente mobilizável. A média, todavia, deve girar em torno de 40% da população total – faixa mobilizável à qual compete suportar os encargos sociais de produção de bens e serviços (ROSSETTI, 1980, p. 419-420, grifos meus).

Ehrenberg e Smith (2000, p. 3) assinalam que, por meio do mercado de trabalho, a mão de obra é alocada pelas empresas, indústrias, ocupações e regiões. Essa delimitação teórica possui o cuidado em referenciar o trabalho humano enquanto recurso produtivo, alocado e distribuído pelo olhar característico desses referidos espaços alternativos, coexistentes no mundo moderno e na contemporaneidade.

De outro ângulo, registra-se que, entre o final do século XIX e a metade do século XX, multiplicam-se os estudos sobre o desenvolvimento dos estados-nações. Assim, as considerações sobre as transformações estruturais da economia e as participações relativas dos três setores (agropecuário, industrial e de serviços) na totalidade do PIB, ganham impulso enquanto fatores explicativos das fases evolutivas, nos períodos históricos de crescimento ou decrescimento econômico das sociedades.

Nesse sentido, e tendo-se em mente a influência das teorias dos estágios de crescimento na economia, assinale-se que:

> Já nos anos trinta do século XX, G.B. Fisher e Colin Clark enfatizavam que **os investimentos e a força de trabalho seriam deslocados gradativamente,** de atividades primárias para as secundárias e destas para as terciárias. A transição de um estágio para outro seria possível através de **avanços tecnológicos que propiciariam o crescimento da produtividade do trabalho.** Ainda que muito questionadas durante os anos cinquenta do século XX, essas ideias e formulações foram responsáveis pela sistemática até hoje utilizada em dividir a economia nos setores primário, secundário e terciário (ACCARINI, 1987, p. 50-51, grifos meus).

Os avanços tecnológicos pressupõem mudanças nos processos de trabalho. Os ganhos de produtividade implicam crescimento do produto, mas não necessariamente aumento na quantidade de empregos. Há que existir, por parte da população e da força de trabalho em si mesma, a referente capacitação ou grau de intensidade em educação e conhecimento. Essa é também, uma condição que se torna inseparável dos avanços tecnológicos. Assim, a linha de pensamento instalada em termos ideológicos tende para os limites de que onde não ocorre essa melhora qualitativa do trabalhador para acompanhar os avanços do capital, existe como uma implicação quase certa o desemprego da população, ao invés do incremento da força de trabalho empregada e do desenvolvimento econômico.

Conquanto essas ponderações relacionadas à capacitação da força de trabalho tenham um fundo de verdade, é pertinente registrar uma reserva em relação ao fenômeno da globalização como fator de rebatimento no mundo do trabalho. Dessa maneira, anote-se que:

> O conjunto de fenômenos observados na globalização produtiva tem repercutido intensamente no mundo do trabalho. De um lado, verifica-se uma mudança qualitativa no perfil da classe operária, em função da emergência dos novos ramos industriais. De outro, o grande capital, beneficiado pela desagregação das economias socialistas do Leste Europeu, vem refundando todos os estatutos da dominação, **numa espécie de vingança de classe de caráter mundial contra o trabalho vivo,** na qual o capital busca retroceder a história para o período em que os trabalhadores não possuíam direitos ou garantias regulados pelo Estado ou por suas organizações sociais e eram obrigados a realizar longas jornadas de trabalho diárias. **Esta vingança inclui a redução do estatuto social que antes vigorava no capitalismo monopolista de Estado, ofensiva contra as organizações sindicais dos trabalhadores, precarização do trabalho e rebaixamento dos salários,** com o agravamento de que essa conjuntura se processa num ambiente de crise econômica e desemprego nos principais países centrais (COSTA, 2008, p. 130, grifos meus).

Portanto o aspecto que se pode inferir dessas observações é que a questão do desemprego não se restringe apenas à capacidade do trabalhador, aferida por meio de seu grau de instrução ou nível de escolaridade, quando se trata de avaliar-se um mundo com suas economias inseridas no fenômeno da globalização. Ele vai além dessas questões e, procura investir frontalmente — embora de maneira "refinada" —, às conquistas históricas do trabalho vivo, carregando assim os tons do capital, no seio das economias de mercado.

Entretanto registra-se como verdadeiro o fato de que a combinação de mudanças na distribuição de empregos entre os setores e de mudanças na tecnologia de produção dentro de cada setor também requereu que os trabalhadores adquirissem novas habilidades e trabalhassem em novas posições (EHRENBERG; SMITH, 2000, p. 35).

Desse modo, ainda existe uma necessidade efetiva de se compreender o crescimento e/ou o desenvolvimento econômico[9] examinando-se a transformação na estrutura da economia, por meio da mudança na composição ou participação relativa dos setores da agricultura, da indústria e dos serviços na produção total, ao longo do tempo e do espaço. Além disso, como uma forma de complementação aos estudos, pode-se verter o olhar às crises e mudanças do capital e analisar o mercado de trabalho de acordo com a expansão ou diminuição dos empregos em cada setor econômico. Tais procedimentos auxiliam substancialmente no desvendamento das realidades ora em destaque.

A produção de bens e serviços na sociedade como um todo exige esforços individuais e/ou coletivos, organizados em um modo de produzir para uma determinada coletividade, que possui origem e história, nome e lugar. A dinâmica econômica contida neste livro revela-se em última instância, por meio de instituições públicas, em seus dados oficiais. Contudo, embora os números possam constar na maioria de suas linhas, pretende-se deixar bem claro que tratamos precipuamente, de aspectos como os assinalados a seguir:

> A satisfação das necessidades humanas depende da obtenção de certos objetos materiais – pão, água, roupas, casa, livros, calçados etc. – e de determinadas espécies de serviços – de transporte, de saúde, de educação etc. Na medida em que os bens (ou objetos materiais) e os serviços resultam da atividade social humana, conscientemente dirigida para essa finalidade, afirma-se que são provenientes da produção econômica (FIGUEIREDO, 1982, p. 10).

Nessa ponderação observa-se, especificamente referindo-se à produção de uma coletividade, das pessoas que ali habitam (nações, estados, regiões, municípios, áreas territoriais, enfim), que se desvela outra face da moeda, como a história de vida dos milhares de trabalhadores, em posições distintas referentes à sua ocupação, no engendramento do Produto Interno Bruto desses lugares. Assim, a força de trabalho realística, pode ser percebida como: empregados com carteira assinada, empregados sem carteira assinada, trabalhadores por conta própria, empresários ou empregadores,

[9] Em uma análise sobre o desenvolvimento econômico – desvelando perfis e mudanças estruturais – de qualquer sociedade, além de se verificar o crescimento do PIB, da população e da PEA, em determinado período e estabelecer as devidas comparações entre essas variáveis; ter-se-ia, necessariamente, que investigar sobre os benefícios de um bem-estar geral e condições de vida de seus habitantes.

e outros. Todas essas categorias, antes de adotarem quaisquer classificações conceituais, sendo as mesmas de aspecto geográfico ou econômico, passam a inscrever na existência, apenas a história de pessoas, que habitam em algum lugar do planeta, a tecer seus próprios rumos.

Nesse sentido, apresentamos a Figura 1, com o objetivo de contextualizar geograficamente o recorte espacial, objeto da análise neste livro.

Figura 1 – Mapa da Região Metropolitana de João Pessoa na Paraíba, Brasil

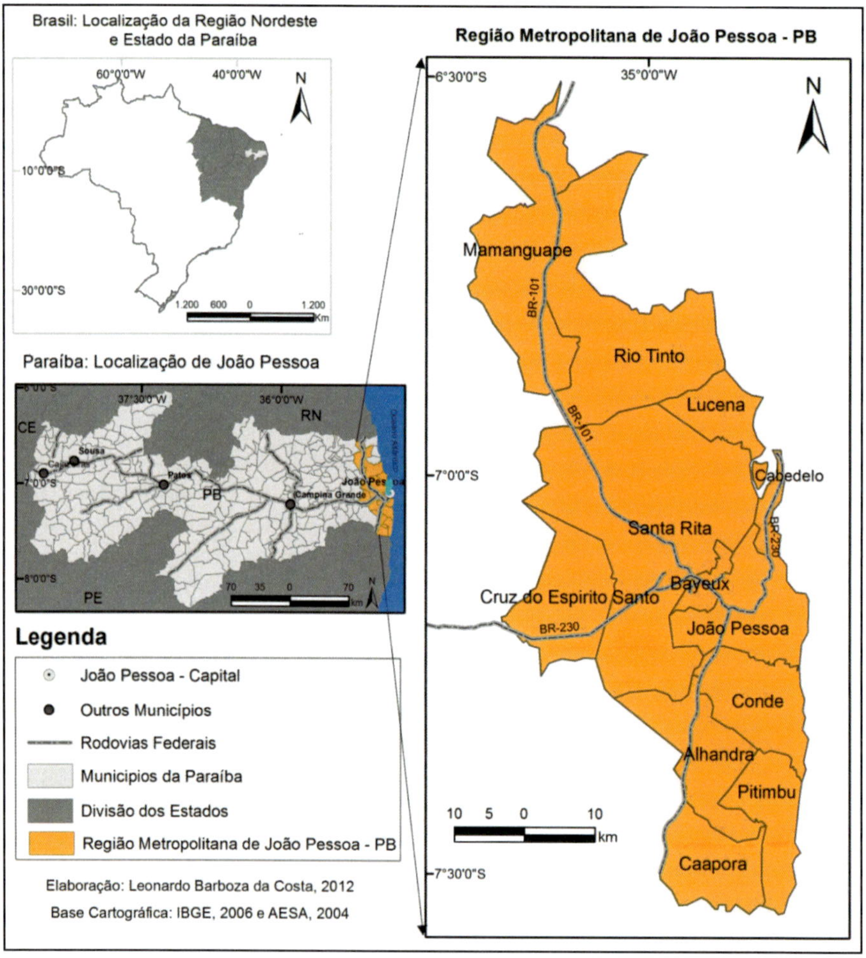

Fonte: Lima (2013)

A formação da Região Metropolitana de João Pessoa-PB instala-se pelas leis complementares estaduais n.º 59, de 30 de dezembro de 2003, e n.º 90, de 18 de agosto de 2009. Pela instituição da primeira lei, a RMJP-PB constitui-se de nove municípios. Com o advento da segunda lei estadual, acrescentam-se mais três formações espaciais à unidade metropolitana em exame, compondo-se, desse modo, por 12 municípios. A unidade territorial está inserida na mesorregião da Mata Paraibana e seus elementos constituintes (municípios) estão localizados nas microrregiões de João Pessoa, Sapé, Litoral Norte e Litoral Sul.

Destarte, a distribuição dos municípios por microrregião estrutura-se da seguinte forma: Cabedelo, João Pessoa, Bayeux, Santa Rita e Lucena (microrregião de João Pessoa); Cruz do Espírito Santo (microrregião de Sapé); Mamanguape[10] e Rio Tinto (microrregião do Litoral Norte); Alhandra, Caaporã, Conde e Pitimbu (microrregião do Litoral Sul).

Os estudiosos referem-se ao termo região metropolitana como sendo uma área territorial constituída por diversos municípios, que possuem uma estrutura ou aglomeração urbana interligada entre si ou em torno de uma cidade principal, a metrópole. Às vezes, esse polo mais importante é apenas a cidade central, não necessariamente uma metrópole. Em casos dessa natureza, estamos diante de um aglomerado urbano de menor escala. As demais células ou municípios são vistas como cidades satélites ou espaço metropolitano.

Portanto, nessa tarefa sutil de melhor se compreender o referido assunto, podemos ressaltar que:

> [...] a Constituição da República de 1988 previu, em seu artigo 25, parágrafo terceiro, a criação de regiões metropolitanas, mediante lei complementar estadual, para fins de organização, planejamento e execução de funções públicas de interesse comum. A Constituição do Estado de São Paulo, por seu turno, traz conceito detalhado a respeito da comunidade de serviços, segundo a qual a região metropolitana é o agrupamento de municípios limítrofes, dotado de alta densidade demográfica e integração socioeconômica, exigindo dos poderes públicos envolvidos a adoção de políticas sociais conjuntas. [...] embora se reconheça a dificuldade de se estabelecer conceito único de região metropolitana, válido a todo tempo e lugar, não

[10] A Lei Estadual Complementar n.º 116, de 21 de janeiro de 2013, instituiu a Região Metropolitana do Vale do Mamanguape, com sede na cidade de Mamanguape. Esse fato exclui o referido município da Região Metropolitana de João Pessoa - PB, porém não resulta em prejuízo para as nossas análises, uma vez que seu intervalo temporal está compreendido entre os anos de 2000 a 2010.

> se pode olvidar que há certos aspectos que lhe são comuns, notadamente quanto à existência de uma "grande região urbana", mediante o entrelaçamento territorial dos municípios circunvizinhos, motivado por processos de natureza socioeconômica e intensa industrialização, como polo atrativo populacional. Esse "fluxo migratório" decorre diretamente da busca do ser humano por melhores condições de vida, de oportunidades de emprego, conforto e lazer, embora, ironicamente, tais regiões concentrem as melhores chances de progresso e os mais graves problemas sociais de que se tem notícia. (TEIXEIRA, 2008, p. 74-77).

Em relação a esta pesquisa, observamos que no ano 2000, segundo informações do IBGE, a Região Metropolitana de João Pessoa-PB, com um total de 993.687 moradores residentes, elabora um Produto Interno Bruto a preços correntes de R$ 4.329.682 mil. Essas variáveis, no estado da Paraíba, correspondem, respectivamente, a 3.443.825 pessoas, e a um Produto Interno Bruto a preços correntes de R$ 9.337.554 mil. Isso significa, em termos relativos, que na RMJP-PB residem 28,8% da população total do estado paraibano e gera-se naquele espaço, 46,4% do produto global estadual. Em 2010, a unidade regional em exame possui 1.171.544 pessoas residentes e um PIB nominal de R$ 15.813.868 mil, quando, na Paraíba, essas mesmas variáveis são avaliadas em 3.766.528 habitantes e R$ 31.947.059 mil. Com essas mudanças, as implicações percentuais correspondentes são verificadas em 31,1% para a expressividade no total da população, e 49,5% no total do Produto Interno Bruto da Paraíba.

Esses dados permitem afirmar que os incrementos positivos na participação relativa das variáveis correspondem a 7,9% na população residente e 6,7% no PIB nominal, entre os extremos do período. Assim, os acréscimos verificados conforme tais evoluções denotam a ocorrência de crescimento na população e na economia da unidade metropolitana em destaque. Os números revelados nessa análise preliminar indicam também, naquela unidade regional, uma concentração mais acentuada do PIB nominal em confronto com sua população residente, tanto em 2000 quanto em 2010.

De acordo com Polari (2012, p.39), "[...] neste ano de 2010, mais de 45% do PIB e de 27% da população do estado se concentram nas áreas litorâneas, na microrregião de João Pessoa". Note-se que é justamente nessa microrregião onde estão localizados seis municípios do recorte espacial em apreço, que são: Cabedelo, João Pessoa, Bayeux, Santa Rita, Conde e Lucena, incluindo-se nesse conjunto, a mancha urbana da Região Metropolitana de João Pessoa-PB, compondo-se ela pelos quatro primeiros municípios. Tendo em vista essa relação de pertinência – isto é, a condição de os municípios de Cabedelo, João Pessoa, Bayeux e Santa Rita estarem inseridos na microrregião de João Pessoa e a sua área territorial conjunta possuir uma configuração próxima do dimensionamento da microrregião em pauta – eles podem ser considerados uma "próxis", quando relacionados entre si. E, pelo dinamismo socioeconômico localizado, a efervescência produtiva do referido aglomerado urbano ocorre quase que totalmente naquele espaço de influência para os demais municípios envolvidos.

Por outro lado, na RMJP-PB, ao se confrontarem os quantitativos de empresas e trabalhadores, nos anos da série analisada, observa-se que a distribuição espacial relativa do pessoal ocupado quando comparada com as unidades locais, apresenta-se em posição percentual majoritária. Pode-se afirmar que essa posição de hegemonia do pessoal ocupado, relativamente às unidades locais, indica um nível satisfatório do emprego da mão de obra, registrado ano a ano, entre 2000 e 2010. Em relação às unidades locais, verificam-se, naquele espaço territorial, maiores níveis proporcionais entre os primeiros anos da análise até 2003, quando começam ligeiramente a declinar a partir de 2004. Quanto ao pessoal ocupado, embora surjam elevadas concentrações relativas nos anos iniciais do período, elas atingem seu auge no ano de 2005. No ápice conclusivo do recorte temporal, em 2010, os níveis de concentração relativa nessa variável revelam-se inferiores aos apresentados em 2000. Ao explicar essa realidade socioeconômica, são cristalinos os dados existentes na Tabela 1.

Tabela 1 – Região Metropolitana de João Pessoa-PB e Paraíba: distribuição regional das unidades locais e do pessoal ocupado, segundo os anos selecionados de 2000 a 2010

Anos	RMJP-PB		Demais regiões do estado	
	UL	PO	UL	PO
2000	41,9	59,9	58,1	40,1
2001	41,1	60,2	58,9	39,8
2002	41,0	58,9	59,0	41,1
2003	40,6	58,1	59,4	41,9
2004	39,9	57,2	60,1	42,8
2005	39,3	67,0	60,7	43,0
2006	38,3	57,3	61,7	42,7
2007	38,1	56,8	61,9	43,2
2008	38,6	57,5	61,4	42,5
2009	38,3	56,6	61,7	43,4
2010	38,2	57,6	61,8	42,4

Fonte: IBGE – Cadastro Central de Empresas

O grau de concentração espacial das unidades locais – empresas - na Região Metropolitana de João Pessoa-PB, quando observado de 2000 a 2010, revela uma pequena variação anual decrescente, com exceção apenas para a variação entre os anos de 2007 e 2008, que é positiva. Os movimentos de variação no período em tela traduzem-se em representatividade decrescente no quantitativo percentual de empresas. Tanto é assim que, no extremo superior do período, essa variável apresenta-se com um nível menos concentrado em relação aos do início da pesquisa. O quantitativo percentual de seu pessoal ocupado, no mesmo período em exame, revela-se com uma ligeira instabilidade em seu grau de concentração, na medida em que apresenta movimentos ora ascendentes, ora descendentes. No ápice conclusivo do período encontra-se em nível de menor concentração em relação aos anos iniciais. Os níveis de concentração do pessoal ocupado são relativamente superiores aos de unidades locais de empresas. Assinalamos destaque para o ano 2005 da série analisada que apresenta a maior concentração relativa, com 67,0% na população regional ocupada.

No que diz respeito às demais regiões do estado, os fenômenos econômico-sociais apresentam-se em sentido oposto ao que ocorre na Região Metropolitana de João Pessoa-PB. Ou seja, ali o grau de concentração de empresas[11], medido em unidades locais, é relativamente superior ao grau de concentração de trabalhadores, avaliado por sua população ocupada. Interessante observar também que tanto o número relativo das empresas quanto o da população ocupada apresenta, em média, movimentos ascendentes, considerando os anos selecionados e extremos do período.

Destaca-se que esta obra pretende explicar as transformações estruturais na economia da região metropolitana em relevo, sob a luz das teorias dos estágios de crescimento, fundamentando-se nos prováveis deslocamentos de atividades produtivas e de variações em suas magnitudes, nas variáveis aqui arroladas, entre os setores genéricos de seu funcionamento. Ou seja, as transferências das dinâmicas econômicas do setor primário para o setor secundário e desse espaço de atividades produtivas para o setor terciário. Dessa forma, como explica Polari (2012, p. 109, grifos meus), é pertinente realçar que, de maneira geral,

> [...] os sistemas econômicos têm a sua parte formada pelo processo social de bens e serviços estruturada sobre três macrossetores de atividades: **o agropecuário, o industrial e o de serviços.** Foi nessa sequência que, ao longo de muitos séculos, esses setores foram surgindo e se integrando à vida socioeconômica da humanidade. A história demonstra que, **quanto mais se desenvolvem, as economias vão consolidando algumas características específicas, quanto à composição setorial.**

É por meio dessa configuração incessante, nos modos e nas atividades produtivas e presentes nas economias[12] ao longo do tempo, que será possível acompanhar as mudanças nos setores econômicos da Região Metropolitana de João Pessoa-PB.

Observe-se que, de acordo com Polari (2012, p. 109, grifos meus):

> Nas primeiras fases históricas, o setor agropecuário teve uma importância básica na produção de riqueza. Nas fases seguintes, sobretudo a partir de meados do século XVIII, com os efeitos

[11] A tendência crescente do grau de concentração de empresas, observada no interior do estado, revela uma espacialização dessa variável, para os espaços territoriais da Paraíba que não pertencem à RMJP-PB, entre os anos de 2000 a 2010.

[12] O Brasil é um país do "terceiro mundo". O Estado da Paraíba é um território brasileiro, onde se localiza a Região Metropolitana de João Pessoa - PB. Chama-se a atenção para a expressão "terceiro mundo", não "simplesmente como referências a países subdesenvolvidos", mas com a intenção de que ela seja lembrada em seu aspecto político, como todos aqueles países que, "durante o processo de formação da atual ordem mundial, não se tornaram ricos e industrializados" (BASTOS; SILVA, 2001, p. 10).

> da revolução industrial, o setor secundário foi assumindo importância crescente. Nesse contexto desenvolvimentista, **com a urbanização das sociedades e o surgimento de segmentos especializados** em atividades públicas e privadas nas áreas de transporte, educação, saúde, arte, cultura, esporte, lazer etc., **o setor de serviços foi se expandindo e superando a dimensão econômica dos demais**.

Nesse sentido, na espacialidade metropolitana examinada, ao se considerar a evolução do PIB a preços correntes, pela ótica do valor adicionado aos três setores da economia, percebe-se em linhas gerais que o setor de serviços apresenta uma hegemonia sobre os setores da indústria e da agropecuária, sendo esse último o de mais fraco desempenho relativo no período em análise. Em relação ao produto regional total, observa-se uma ascendência em sua trajetória evolutiva no período, com destaque para maiores taxas de crescimento em 2001, 2002 e 2005 e menores taxas em 2003 e 2004. Na conclusão dos estudos no período, esse produto metropolitano regional posiciona-se com taxas de variações relativas inferiores às reveladas em seu início. No entanto, ao longo do tempo, o seu crescimento é visível. Esse panorama econômico se depreende à luz de informações relacionadas na Tabela 2.

No primeiro decênio do século XXI, o PIB a preços correntes da unidade regional em relevo, de 2000 a 2001, obtém uma taxa de incremento relativo correspondente a 20,4%, apresentando uma tendência de estabilidade nessa variável em 2002, quando atinge um nível de aumento relativo em torno de 20,0%. Nos anos de 2003 e 2004, quando alcança, respectivamente, 8,0% e 6,5%, apresenta-se com as menores taxas de variação relativa no período em tela. No ano de 2005, a variável em análise dá um salto abrupto de elevação, alcançando assim, em relação aos anos imediatamente anteriores, um expressivo crescimento, ao atingir o nível de 18,1%. A partir de 2006, a política econômica em favor de mais investimentos torna o PIB nominal regional ousado em sua busca pelo crescimento, embora efetivamente o consiga somente a taxas decrescentes, com exceção para o ano de 2008 (comparativamente a 2007), quando a sua taxa de variação relativa é de 15,8%. Em 2009, elevando-se com uma taxa decrescente em relação ao ano anterior, situa-se com 12,0% de expansão no seu comportamento de tendências ao ser elaborado. No ano de 2010, a taxa de variação relativa do PIB a preços correntes da Região Metropolitana de João Pessoa-PB é avaliada em 11,9%, situando-se em um nível de crescimento percentual, nitidamente inferior aos do início do período. Entretanto a variável examinada apresenta crescimento, embora, na maior parte do tempo, faça-o a taxas decrescentes.

Tabela 2 – PIB a preços correntes da Região Metropolitana de João Pessoa-PB: crescimento total e participação relativa dos setores em sua formação

Anos	PIB Nominal (mil reais)	Variação PIB Nominal (%)	Participação Setorial (%)			
			Valor agregado na Agropecuária	Valor agregado na Indústria	Valor agregado nos Serviços	Impostos sobre produtos líquidos de subsídios
2000	4.329.682	-	3,3	21,7	60,4	14,6
2001	5.212.354	20,4	3,6	23,3	57,9	15,2
2002	6.249.067	20,0	2,6	25,5	57,7	14,2
2003	6.746.945	8,0	3,2	26,4	58,2	13,9
2004	7.186.409	6,5	2,9	25,0	58,2	13,9
2005	8.488.429	18,1	2,4	23,2	59,6	14,8
2006	9.813.755	15,6	2,4	22,4	61,0	14,2
2007	10.900.552	11,1	1,8	22,5	61,8	13,9
2008	12.619.631	15,8	1,6	21,5	63,0	13,9
2009	14.131.011	12,0	1,7	22,2	62,9	13,2
2010	15.813.868	11,9	1,4	22,5	61,7	14,4

Fonte: IBGE, em parceria com os órgãos estaduais de estatística, secretarias estaduais de governo e superintendência da zona franca de Manaus (Suframa)

O valor adicionado bruto da agropecuária a preços correntes apresenta uma baixa participação relativa no PIB nominal da Região Metropolitana de João Pessoa-PB, no intervalo de 2000 a 2010. No início do período, expressando-se relativamente com 3,3% do seu total, observa um pequeno aumento no ano de 2001, quando, nesse aspecto, atinge um nível de 3,6% como expressividade relativa, naquele produto global. Em 2002, a sua participação no PIB da unidade regional apresenta-se inferior, quando se estabelece no patamar de 2,6%. Em 2003, com 3,2%, situa-se em um nível ligeiramente mais elevado, confrontando-se com o ano anterior. Em 2004, essa participação relativa declina outra vez, atingindo o nível de 2,9% no PIB regional total. Nos anos de 2005 e 2006 experimenta-se uma ligeira estabilidade, situando-se em 2,4%, quando, a partir de então, vê essa participação declinar continuamente – à exceção apenas do ano 2009, que, com 1,7%, situa-se um pouco acima do ano anterior – chegando ao ápice do período com uma expressão relativa no PIB a preços correntes da RMJP-PB, de apenas 1,4%, nível esse inferior ao do início do intervalo temporal considerado. Os dados da Tabela 2 e a interpretação do Gráfico 1 espelham essa trajetória do produto agropecuário, relativamente ao PIB total, no recorte espacial em discussão.

Gráfico 1 – Contribuição do setor agropecuário ao PIB da Região Metropolitana de João Pessoa-PB: anos 2000 a 2010

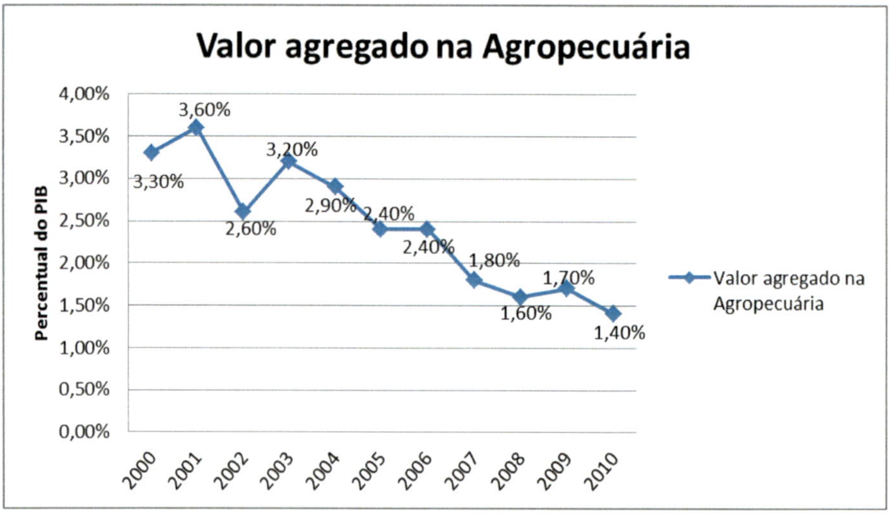

Fonte: IBGE, contas regionais

Nesse ponto, utilizamos estudos sobre o território paraibano, enquanto área total (*conjunto universo*) que envolve a unidade regional aqui pesquisada, sobretudo em relação às transformações ocorridas nos setores produtivos da sua economia, ao longo do tempo. Desse modo, acerquemo-nos do conhecimento sobre alguns fenômenos produtivos e sociais que lograram acontecer, antes do intervalo compreendido entre os anos 2000 e 2010. Nesse sentido, de acordo como foi desvelado em Moreira e Targino (2006), examinando o desempenho da agropecuária paraibana na década de 1990, compreende-se que:

> **A tendência de redução do peso da agropecuária no contexto da economia estadual continua durante a década de noventa.** Com efeito, desconsiderando-se os anos de 1998 e 1999 em virtude da ocorrência de período de seca, tem-se que a taxa de participação do setor primário no PIB estadual caiu para algo em torno de 11%. [...] **Durante a década de 1990, o PIB agropecuário declina tanto em termos de participação no PIB estadual quanto em valores absolutos.** [...] Talvez mais do que o declínio do produto agropecuário chama a atenção a sua alta instabilidade. Como se sabe, **a década de noventa foi particularmente perversa para a agropecuária em virtude da ocorrência de dois grandes períodos de seca: a seca de 1993 e a seca de 1998/1999.** Os impactos dessas secas sobre o setor são bastante evidentes no valor do PIB setorial: queda de 64,39%, em 1993, e de 43,83%, em 1998. Pode-se afirmar que, quando o setor começava a se recuperar dos efeitos da seca de 1993, foi novamente penalizado pela segunda seca em um período bastante curto. Isso é também visível no tocante à evolução das culturas permanentes e dos rebanhos. O quadro geral da agropecuária paraibana na década de noventa é, portanto, bastante preocupante (MOREIRA; TARGINO, 2006, p. 48-50, grifos meus).

Essas ponderações são efetivadas pelos autores após estudos concentrados na organização da produção agropecuária e no tocante às políticas públicas, orientadas para o desenvolvimento do setor primário no estado da Paraíba. Sobre a primeira temática – organização da produção agropecuária – os aspectos explorados referem-se à estrutura fundiária, base técnica da produção, exploração das principais lavouras e rebanhos e relações de trabalho e emprego. No segundo tema – políticas públicas – são levadas em consideração as políticas de irrigação, de crédito e agrária, no intuito de atingir um desenvolvimento rural satisfatório, no âmbito da produção do referido setor. Com a implantação desse conjunto de medidas, poderiam surgir os impactos externos positivos, em relação aos benefícios gerados para a população e ao PIB estadual.

No que diz respeito à estrutura fundiária é pertinente observar os fatores históricos que contribuíram para a face moderna da concentração em solos agrários privados, no estado da Paraíba. Como está configurado em Moreira e Targino (2006, p. 51, grifos meus):

> A configuração atual da estrutura fundiária paraibana tem as suas raízes no processo histórico de formação do espaço agrário estadual. A conjugação de aspectos jurídicos (legislação sesmarial), político-sociais (constituição de uma aristocracia rural) e econômicos (desenvolvimento da monocultura açucareira e da pecuária extensiva com base no trabalho escravo) **resultaram por imprimir uma forte concentração da propriedade que perdura até os dias atuais.** [...] Embora a concentração fundiária seja uma marca da distribuição da propriedade da terra em todo o Estado, há algumas diferenciações espaciais importantes de sua incidência. **Os mais altos índices são encontrados na mesorregião da Mata Paraibana, chegando o índice de Gini a ser superior a 0,9 em alguns municípios a exemplo de Cruz do Espírito Santo.** No contexto estadual, chama a atenção a área no entorno de Campina Grande (Lagoa Seca, Massaranduba, Areial, Serra Redonda) que se caracteriza por **baixo nível de concentração da propriedade da terra** (índice de Gini variando entre 0,3 e 0,4).

As considerações sobre a base técnica de produção registram as importantes mudanças ocorridas na Paraíba, na década de 70, por meio dos programas governamentais: Polonordeste, Projeto Sertanejo e o Proalcool. Moreira e Targino (2006, p. 53-54) assinalam as modificações positivas nos recursos produtivos de capital (máquinas e equipamentos) empregados entre os anos 1970 e 1980, no conhecido processo de mecanização da lavoura, bem como o avanço no emprego de adubos químicos na agricultura. Dessa maneira, os processos relatados veem sua materialidade cristalizada por meio de uma significativa melhora na base técnica de produção rural no território paraibano. Entretanto, ao longo do tempo, especificamente entre os anos 1980 e 1995/96, os autores observam que:

> Fica evidenciado um claro arrefecimento da tendência de crescimento da mecanização da agropecuária. [...] havia na Paraíba 3.225 tratores e 1.837 arados de tração mecânica. No intervalo de 15 anos, o número de tratores aumentou apenas em 35 unidades

> e o de arados de tração mecânica reduziu-se de 438 unidades. **Tal comportamento pode ser atribuído fundamentalmente à retração das principais lavouras e à contração do crédito.** Tais fatores [...] **resultam da conjugação de elementos,** como: tendência de diminuição dos preços dos produtos agrícolas, política monetária contracionista na maior parte do período, valorização cambial, redução do volume de crédito e dos subsídios à agropecuária, desmantelamento dos principais programas de suporte à agricultura, incidência de pragas e ocorrência de secas. [...] Esse arrefecimento no processo de modernização da base técnica é **também** evidenciado quando se verifica que, em 1995, **as despesas com investimento representavam apenas 7,6% do valor da produção agropecuária estadual.** [...] mais da metade dos investimentos são referentes à aquisição de terras, de animais e de implantação de culturas permanentes. [...] as despesas com maquinários, instalações e benfeitorias só alcançaram apenas 5,1% do valor da produção (MOREIRA; TARGINO, 2006, p. 54-55, grifos meus).

Como se pode conferir, as dificuldades no setor da agropecuária originam-se em décadas anteriores e, como tendência, parecem estender-se até o primeiro decênio do século XXI. É pertinente assinalar que, em nossos estudos, o peso relativo da agropecuária no PIB da Região Metropolitana de João Pessoa-PB apresenta valores de "baixa expressividade" com níveis inferiores, quando comparados aos obtidos na década de 1990, desvelados naquele caso específico, para o PIB estadual paraibano. Esse fato não deve causar estranheza, uma vez que a região, objeto de análise nesta obra, representa um subconjunto da área territorial que a engloba. Porém, tanto no espaço metropolitano em análise quanto no estado da Paraíba, o comportamento de seus valores adicionados brutos na agropecuária parece obedecer a tendências observadas por estudiosos, quando falam em migrações de atividades produtivas entre os setores econômicos. No entanto, com certeza, respondem efetivamente a fatores específicos e estruturais do lugar, seja de natureza ambiental, econômica, geográfica ou da presença e/ou ausência de políticas públicas, para dinamizar o setor primário da economia.

Em relação à evolução do emprego formal na agropecuária[13] Moreira e Targino (2006, p. 71-72, grifos meus) registram, em pesquisa sobre a partici-

[13] Para mais detalhes sobre esse tema ver de Moreira e Targino, o "Desempenho da agropecuária paraibana na década de 1990", em *Economia paraibana*, páginas 71 a 80, da obra referenciada, publicada pela Editora Universitária/UFPB, ano 2006.

pação relativa e o desempenho daquele setor no PIB do território paraibano nos anos 1990, as seguintes ponderações:

> O setor primário ainda se constitui em importante absorvedor de mão de obra. Ao final da década em estudo, as atividades agropecuárias eram responsáveis por cerca de 30,1% da população ocupada no Estado, segundo os dados do censo demográfico de 2000. Chama a atenção o fato da participação do setor na ocupação da mão de obra ser praticamente **o triplo** de sua participação na geração do PIB. **Essa forte defasagem entre a capacidade de absorção e a da geração de riqueza é indicativo do baixo nível de produtividade e,** em consequência, **do grau de pobreza no agro estadual.**

Portanto vemos, no conjunto de fatores observados e relatados por Moreira e Targino (2006, p. 105, grifos meus), a causa da baixa capacidade relativa na consecução do PIB estadual, nos anos selecionados em sua pesquisa. Conforme assinalado no estudo, as conclusões verificadas apontam que:

> No tocante às políticas implementadas de sustentação à atividade agropecuária, destaca-se **a política fundiária** que a partir da segunda metade da década teve um desempenho significativo, **mas que não foi suficiente para reverter o perfil da concentração fundiária.** A política de crédito também mostrou uma contração em relação ao início do período em análise. [...] **A retomada do crédito** na segunda metade do período ocorreu graças aos estímulos à pequena produção, mas que **não foi generalizado para todos os segmentos da agropecuária estadual.**

De acordo com Polari (2012, p. 110-111, grifos meus), ao discorrer sobre a evolução setorial da economia paraibana ocorrida entre os anos 1970-2009, portanto, no longo prazo:

> [...] o setor agropecuário, nas quatro décadas consideradas, reduziu drasticamente a participação na formação do PIB da economia da Paraíba: de 21,2% em 1970, para 17,7% em 1980, 14,9% em 1991, 8,9% em 2000 e **5,7% em 2009**. É importante considerar que, no período 1970-2009, o PIB deflacionado da economia paraibana cresceu 591,0% (5,08% a. a.). O correspondente crescimento do PIB do setor agropecuário foi de 87,9% (1,63% a.a.). **Essas evidências históricas do setor primário paraibano foram fortemente influenciadas por aspectos específicos interligados à baixa propensão setorial à modernização tecnológica e social da**

> **produção.** [...] Os efeitos negativos gerados pela involução das atividades econômicas tradicionais não foram compensados com a introdução de novas e prósperas atividades agrícolas e agropecuárias em geral. Não se pode, portanto, deixar de ter um olhar crítico para a queda do peso do setor agropecuário na composição da estrutura produtiva da Paraíba, de 1970 para 2009. Não se teve, nesse fato, a síntese genuína das virtudes advindas da modernização tecnológica e organizacional viabilizando grandes incrementos de produtividade e excedentes de produção. **O redimensionamento relativo do setor primário paraibano vem sendo, muito mais, fruto do atraso renitente das suas estruturas agrárias, técnico-materiais e sociais do processo de produção.** O anacronismo produtivo e o baixo dinamismo expansivo desse setor vêm tendo uma forte determinação na liberação de parcela da população estadual, no sentido zonas rurais-zonas urbanas, por falta de oportunidades econômicas e da precariedade das condições de vida daí decorrente.

Targino, Araújo e Moreira (2013), em considerações relativas ao tema em foco, assinalam as ocorrências determinadas a seguir, implicando permanências e/ou mudanças, nos seguintes aspectos estruturais, para a economia paraibana:

> Ao longo das duas últimas décadas (1990-2009), a participação da Paraíba no PIB regional e no PIB nacional alcançou em média 6,31% e 0,82%, respectivamente, evidenciando **a pequena dimensão** da economia paraibana no contexto regional e nacional. [...] Esses dados mostram que **o Estado da Paraíba integra a periferia do sistema econômico nacional,** ocupando a 20ª posição quanto ao PIB, e a 24ª posição quanto ao PIB *per capita*. A ação das políticas de desenvolvimento implementadas seja pela União seja pelo governo estadual ainda não foi capaz de reverter esse quadro, e seu desenvolvimento encontra-se subordinado aos interesses do grande capital que se concentra, principalmente, no centro econômico do país. No tocante ao comportamento do setor agropecuário paraibano durante o período estudado [...] verifica-se, de acordo com os dados expostos na Tabela 1 **– e considerando os anos 2000 e 2009 -,** que o valor adicionado da agricultura apresentou uma queda de, aproximadamente, 34,4%, em valores absolutos. Enquanto que sua participação no valor adicionado estadual, declina de 12,7% para 5,7%, no intervalo temporal entre aqueles referidos anos. Convém observar que essa tendência de redução

> da importância relativa do setor primário se deu, **sobretudo, em razão do forte crescimento do setor terciário, que teve sua participação ampliada de 57,1%, em 2000, para 72,2%, em 2009** (TARGINO; ARAÚJO; MOREIRA, 2013, p. 2-3, grifos meus).

Quanto ao valor adicionado bruto para a indústria, em posição relativa superior ao da agropecuária, distingue-se por níveis mais elevados no período considerado. Em 2000, com uma expressão relativa de 21,7% no produto regional total, apresenta evolução ascendente até o ano de 2003, atingindo uma participação relativa de 26,4%. Em 2004, com sua participação relativa no PIB nominal avaliada em 25,0%, posiciona-se em um patamar inferior. A partir de então, essa variável declina continuamente, até o ano de 2006 (22,4%), com uma ligeira elevação em 2007, alcançando 22,5%. Novamente apresenta um declínio relativo em 2008, com 21,5% dc participação relativa no PIB regional. Nos anos de 2009 e 2010, confrontando-se com 2008, apresenta ligeira recuperação em seu desempenho, participando na elaboração do produto global regional com, respectivamente, 22,2% e 22, 5%. Essas duas conclusivas participações relativas no PIB a preços correntes da Região Metropolitana de João Pessoa-PB apresentam-se mais elevadas que as do início do período. As informações constantes na Tabela 2 e no Gráfico 2 confirmam a trajetória da contribuição do setor industrial em análise, ao PIB total regional.

Gráfico 2 – Contribuição do setor industrial ao PIB da Região Metropolitana de João Pessoa-PB: anos 2000 a 2010

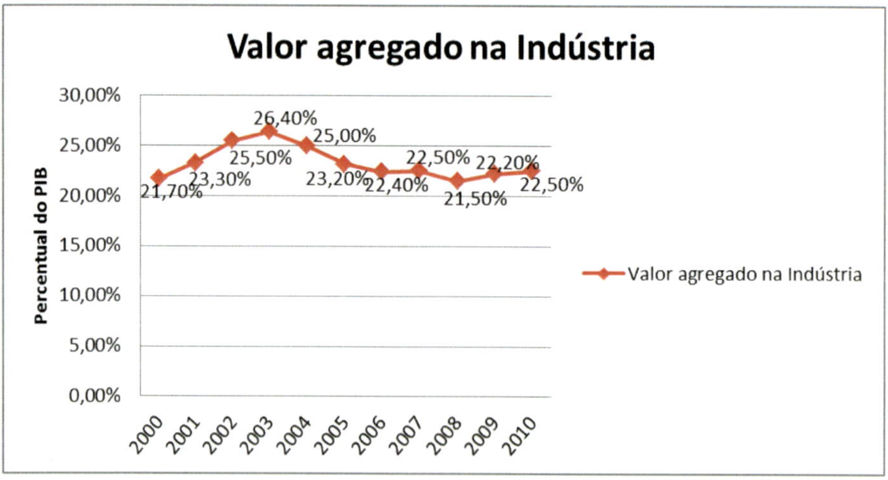

Fonte: IBGE, contas regionais

Assinale-se que a primeira metade do período inicial desta pesquisa (anos 2000-2003) coincide com a existência de reflexões teóricas relacionadas sobre a questão da produção de bens e serviços na Paraíba, no contexto da globalização (1990-2003). Nesse sentido em Campos (2006, p. 109, grifo meu), registram-se as seguintes observações:

> Entre **o pouco consenso** estabelecido no intenso debate que tenta entender o atual processo de "globalização", **encontra-se o fato de que a inovação e o conhecimento são os principais fatores que definem a competitividade e o desenvolvimento de nações, regiões, estados, setores, empresas e até indivíduos.** [...] A crescente competição internacional e a necessidade de introduzir eficientemente, nos processos produtivos, os avanços das tecnologias da informação e das comunicações têm levado as empresas a centrar suas estratégias no desenvolvimento de capacidades inovativas.

No entanto, como base teórica de sustentação e complementação de suas pesquisas, é assinalado em Campos (2006) que as inovações pensadas por si englobam não somente as novas tecnologias de produção, mas também os modos de produzir. Ou seja, elas – as tecnologias de produção ou inovações – podem ser tecnológicas e organizacionais.

O autor em destaque observa a contribuição neoshumpeteriana[14] ou evolucionista que, ao se referir às inovações introduzidas no sistema capitalista, sinaliza para o aspecto de que embora elas sejam geradas em um núcleo ou conjunto de setores produtivos, multiplicam-se e revestem-se de possibilidades de sua aplicação não só nos ramos ou setores em que foram desenvolvidas, mas também em um leque amplo de atividades, com repercussões em todo o tecido econômico e social (CAMPOS, 2006).

Desse modo,

> As inovações ocorridas na microeletrônica, por exemplo, têm dado origem a um conjunto de novos produtos e serviços nas áreas de informática e telecomunicações, dentre outras. A miniaturização dos equipamentos e produtos, bem como, o aumento na capacidade e na velocidade de processar informações, têm proporcionado reduções de custos e aumento de produtividade, fazendo com que essas tecnologias se difundam

[14] Assinale-se que os estudos neo-shumpeterianos desenvolveram o conceito de Sistemas de Inovações. Veja-se em relação à temática, por exemplo: CAMPOS, F. L. S.; MOREIRA, I. T.; MOUTINHO, L. M. G. **A economia Paraibana** – estratégias competitivas e políticas públicas. João Pessoa: Universitária, 2006. p. 109-134.

> rapidamente por diferentes setores da atividade econômica (COSTA, 1993 *apud* CAMPOS, 2006, p. 110).

Nesse ponto, coloca-se em destaque a importante geração de bens e serviços na era contemporânea, propiciada pela utilização permanente dos computadores, no mundo das empresas, das instituições públicas e de outros agentes econômicos em geral. Essa geração de bens e serviços materializa-se em partes de produção da sociedade, denominada conceitualmente como Produto Interno Bruto ou PIB. Assim, pode-se afirmar que essas inovações, em sua grande maioria, estão contribuindo com o crescimento da produção nessa era contemporânea. Nesse contexto histórico de desenvolvimento, incluem-se também os espaços sociais e territoriais da unidade regional em exame e do estado da Paraíba.

No desenrolar das discussões teóricas e das investigações empíricas em relação ao sistema paraibano de inovações, realizadas por Campos (2006), destacam-se alguns pontos que consideramos relevantes, tanto na necessidade de melhoria quanto na explicação de parte da evolução dos PIBs estadual e da Região Metropolitana de João Pessoa-PB, conforme verificados pelo autor. Assim, de acordo com essa fonte referenciada, relativamente à difusão das telecomunicações, enquanto novo paradigma das tecnologias da informação tem-se que:

> [...] no que diz respeito à infraestrutura disponível para a prestação de serviços, além daquelas ofertadas pela Embratel, pela Telemar e pelas demais empresas formadas como resultado da privatização do setor de telecomunicação do Brasil. Nesse sentido, está disponibilizada pela Telemar, por exemplo, **uma infraestrutura de telecomunicação compatível com o que há de mais avançado na prestação de seus serviços.** [...] a empresa se encontra na fase final de implantação da gerência integrada de redes e serviços, [...], integrando, de forma organizada, as funções de Operação, Administração, Manutenção e Provisionamento (**OAMS&P**) para todos os elementos de rede e serviços de telecomunicações, inclusive de acesso à internet em alta velocidade. [...] **segundo dados obtidos junto à companhia de telefonia fixa do Estado, todo o território paraibano estará interligado por cabos de fibra ótica até o final de 2003 e 95% das plantas de comutação deverão estar operando com centrais digitalizadas, também até o final do ano de 2003.** No aspecto que se refere à utilização dos serviços, [...], os indicativos disponíveis apontam para o caráter defensivo da difusão

> dos serviços de telecomunicações no Sistema Paraibano de Inovação. Assim, 50% das companhias industriais estaduais de grande porte utilizam a Internet como forma de comercialização e/ou propaganda de seus produtos (CAMPOS, 2006, p. 125-126, grifos meus).

Dessa forma, pode-se inferir que já na primeira metade dos anos iniciais escolhidos para esta análise, a infraestrutura das telecomunicações, bem como seus processos organizacionais de gestão, revelava características de considerável desenvolvimento em tecnologia de excelência atuando em solos paraibanos. Tendo em vista a relação de pertinência entre o estado da Paraíba e a unidade metropolitana, como está posto nesta obra, a implicação de excelência abrange o espaço geográfico da RMJP-PB.

No que diz respeito às investigações efetivadas por Campos (2006) sobre o sistema educacional da Paraíba, é revelado que esse apresenta razoável grau de heterogeneidade em seus níveis médio-profissionalizante e superior. Assim é que:

> [...] das vagas ofertadas pelos CEFETs na Paraíba, menos da metade (41,35%) referem-se a cursos mais diretamente ligados ao novo paradigma técnico-econômico (cursos de Eletromecânica, Informática, Construção Civil, Tecnologia dos Materiais, Automação Industrial e Informática Industrial). [...], nos demais cursos, é baixa a difusão de informações que vêm ocorrendo em função das tecnologias de informação. [...] os prejuízos para os sistemas de inovação da ausência do ensino técnico formal, voltado para a tecnologia da microeletrônica e da informação, podem ser muito grandes. [...] o paradigma técnico-econômico da microeletrônica é intensivo em mão de obra qualificada, a não existência de técnicos formados em áreas tais como a informática, a computação, a eletrônica, dentre outras, pode afetar (e afeta) as possibilidades de geração (e mesmo de difusão) de novas tecnologias, no interior dos sistemas de inovação. [...] **no que se refere ao ensino superior, em seus níveis de graduação e pós-graduação, o Estado da Paraíba apresenta centros de destaque e referência nacionais, como são os casos dos cursos de Engenharia Elétrica e Eletrônica da Universidade Federal de Campina Grande (UFCG).** Também, o número de cursos, na Paraíba, ligados às áreas de difusão do paradigma técnico-econômico da microeletrônica são maiores do que a média regional (com a existência de formação nas áreas de Engenharia Mecânica,

> Elétrica, Eletrônica, Florestal, Agronômica, de Materiais, de Produção etc.). Tal distribuição aponta para a existência de sinergias na formação universitária estadual (CAMPOS, 2006, p. 127-128, grifos meus).

Portanto os registros anteriores apontavam para a preocupação com maior difusão das tecnologias de informação no ensino técnico formal, para evitar possíveis prejuízos desses sistemas e não ocasionar insuficiência de mão de obra especializada, afetando dessa forma a própria expansão dessas tecnologias, bem como a probabilidade de maiores criações de empregos no estado. A despeito dos pontos positivos destacados pelo grau de excelência no ensino superior de engenharia e um domínio tecnológico de referência nacional nessa área, sinaliza-se o nível deficitário, em termos de número de engenheiros em atuação que, no entanto, pode ser "relativizado", uma vez que o estado da Paraíba ocupa a quarta posição em nível regional quando se considera apenas a Região Nordeste (CAMPOS, 2006).

Diante das análises teóricas e dos resultados empíricos apresentados por Campos (2006), pode-se constatar que a Paraíba possui uma base técnica com fundamentos relativos em considerável pessoal especializado, uso de computadores e um bom ensino de engenharia, dentre outros ramos produtivos, tecnológicos e educacionais. As políticas públicas desempenham forte significado para que o estado eleve seu grau de crescimento e/ou desenvolvimento industrial.

Em relação à necessidade de inovação tecnológica nas economias capitalistas contemporâneas, o que sem embargo torna-se uma premissa inevitável para o crescimento industrial e elevação do PIB, não se pode esquecer, também, seu caráter político-ideológico, imanente aos referidos modos de produção. Silva (2006) direciona o olhar para a cadeia sucessiva de acontecimentos na primeira metade dos anos 70 do século XX, quando se encerrou o prolongado período de crescimento econômico, caracterizado por elevado grau de padronização e especialização do trabalho e sustentado por estratégias ativas de intervenção do setor público nacional. Chama-se a atenção para o fato de que:

> Entre esses acontecimentos, merecem destaque o desaparecimento do sistema de taxas de câmbio fixas de Bretton Woods, os dois choques do petróleo, a recessão mundial e **a mudança de métodos padronizados de produção em massa para métodos de produção mais flexíveis** – resumido no conceito de "pós-fordismo". O resultado foi o

> surgimento de uma nova era competitiva no último quarto de século, em conexão com a globalização do processo econômico. Nesse novo ambiente competitivo, as firmas têm de desenvolver a qualidade e a adaptabilidade dos produtos às mudanças dos mercados. **Ser competitivo adquiriu uma condição de credo universal – uma ideologia** (SILVA, 2006, p. 176, grifos meus).

Considerando essa relação dinâmica das inovações tecnológicas e as implicações no comportamento do PIB industrial, Polari (2012, p. 112-114, grifos meus), ao examinar a evolução dos setores produtivos da Paraíba, observa que:

> O PIB do setor industrial foi o que apresentou o segundo maior dinamismo expansivo entre os setores da economia da Paraíba. No período 1970-2009, a sua taxa real de crescimento foi de 595,9% (5,10% a.a.). Mesmo assim, manteve uma baixa participação setorial na economia do Estado, com tendência decrescente, variando de um percentual máximo de 26,5% em 1980, para **22,1% em 2009**. [...] o setor industrial paraibano apresentou um padrão de expansão e reestruturação dotado de, pelo menos, **dois aspectos pouco promissores à geração de empregos.** Por um lado, uma notável propensão à incorporação de progresso tecnológico e organizacional, com elevação da relação capital/trabalho e, por outro, o ritmo de crescimento do PIB, levando-o a ter uma modesta participação na economia estadual, comparada às prevalecentes no contexto regional e nacional. [...] **A insuficiente atuação da iniciativa privada inclui-se entre as causas básicas** do baixo nível de progresso e modernização tecnológica e organizacional dos setores agropecuário, **industrial** e de serviços da economia paraibana.

Essas ponderações, que, sem embargo, possuem uma evidência científica muito forte em relação às implicações na tendência de diminuição relativa do emprego, quando se destaca uma elevação da relação capital/trabalho, convergem para uma necessidade de investimentos em educação técnica especializada, em pesquisas científicas e em capacitação adequada para a mão de obra existente. Por outro lado, pode-se inferir que o Estado efetivamente teve e ainda tem que desempenhar melhor seu papel de agente econômico, intervindo por meio de políticas públicas, no sentido de propiciar maior dinamismo ao setor industrial na Paraíba.

Segundo Neto, Targino e Brasil (2006), com as transformações ocorridas na economia mundial, nas últimas décadas do século XX e com as evidências do processo de globalização e seus impactos no modo de atuação do capital, com ênfase em sua mobilidade internacional houve consequências importantes, como a diminuição do poder dos estados nacionais, a abertura comercial e a liberação e desregulamentação dos mercados. A ocorrência desses fatores trouxe consigo uma necessidade de maiores reflexões teóricas e ações práticas em relação a esse processo, no sentido de se enfrentar as complexidades contemporâneas para alcançar o crescimento econômico, ao se considerar a emergência de novas tecnologias. Desse modo,

> A fácil mobilidade de recursos e insumos produtivos faz com que seja ressaltada a estratégia de (re) localização das unidades produtivas, objetivando ganhos de competitividade. O desenvolver desse processo no Brasil, que se intensificou na década de 1990, tem levado ao fenômeno conhecido como Guerra Fiscal, onde os estados brasileiros disputam intensivamente a captação e a alocação dos recursos produtivos para seus territórios. **O Estado da Paraíba,** por sua vez, **também se faz presente nesse contexto, adotando políticas de incentivos fiscais** que façam jus não só à implantação de novas empresas, mas também ao fomento daquelas que já se encontram em pleno funcionamento no Estado, **alavancando, assim, o desenvolvimento industrial e tecnológico** (NETO; TARGINO; BRASIL, 2006, p. 137, grifos meus).

As ideias apontadas dão sustentação a um destacado pensamento nesta obra: é com ênfase no emprego das políticas públicas pela via das funções governamentais do Estado, que também se explica parte do crescimento industrial verificado nesse setor secundário, tanto na Região Metropolitana de João Pessoa-PB quanto no estado da Paraíba.

De acordo com Neto, Targino e Brasil (2006), na Paraíba, os incentivos fiscais e financeiros relativos ao ICMS são executados pelo Fundo de Apoio ao Desenvolvimento Industrial da Paraíba (Fain), criado em 29 de julho de 1986, por meio da Lei n.º 4.856/86. Os mesmos autores observam o significativo crescimento na absorção de empreendimentos incentivados e implantados pelo Fain nos municípios de Bayeux (7), Cabedelo (4), João Pessoa (37) e Santa Rita (47), todos da Região Metropolitana de João Pessoa-PB. Juntos, entre 1995 e 2000, atingem um total de 95, dentre os 155 empreendimentos implantados no território paraibano. Isso significa uma expressão relativa de 61,3% no total dos empreendimentos implantados na Paraíba, por meio de recursos daquela instituição. Os demais municípios do estado beneficiados por essa política de empreendimentos, incentivada e implantada pelo referido órgão estadual, no mesmo período, têm 60 empreendimentos completados, o que significa 38,7% do total. O destaque nesse ponto vai para a cidade de Campina Grande que, sozinha, é beneficiada com 50 empreendimentos, sendo responsável, nesse sentido, por 32,3% do total de empreendimentos então implantados.

Para fins de aprofundamento, assinale-se que Targino (2013), ao investigar sobre a evolução de número de estabelecimentos industriais e pessoal ocupado no setor industrial do estado da Paraíba, entre 1984 e 2007, desvela que ocorre uma redução no número de estabelecimentos industriais e um aumento no contingente de pessoal ocupado, entre 1984 e 2000. Essa fase coincide com o processo de abertura da economia brasileira, que ocasionou um aumento da exposição da indústria nacional à competição estrangeira. Relativamente à década de 2000, os referidos estudos identificam entre os anos 2000 e 2007, repetidas elevações no quantitativo de unidades locais na Paraíba. A exceção que se faz é apenas para os intervalos 2003-2004, com a perda de 96 estabelecimentos industriais ou -7,2% e 2006-2007, quando perde 120 unidades locais ou -8,4%. O número de pessoal ocupado no estado paraibano experimenta um crescimento continuado ao longo dos referidos anos. Essas evidências estão configuradas nas informações da Tabela 8, folha 19, daqueles estudos. Ressalta-se, porém, a relevância de que:

> Apesar da redução do número de estabelecimentos industriais, **o nível do emprego apresentou uma trajetória crescente.** Isso pode ser um efeito dos incentivos fiscais oferecidos pelo governo estadual, que conseguiu atrair para o estado, empresas de grande porte **intensivas no fator trabalho.** A partir de 2001, verifica-se o crescimento do número de empresas locais instaladas no Estado, assim como o crescimento do nível de emprego. Como se sabe, após a mudança na política cambial realizada em 1999 e da política macroeconômica a partir de 2003, **houve um maior estímulo às exportações e a economia brasileira voltou a trilhar uma trajetória de crescimento econômico** (TARGINO, 2013, p. 20, grifos meus).

Outra constatação analítica de Targino (2013, p.20, Gráfico 1) é a de que existe maior diversificação do parque industrial estadual na Paraíba. Como destaques na estrutura industrial do período 2000-2009 verificaram-se incrementos importantes, tanto nas unidades produtivas como no volume de empregos, nos ramos de: alimentos, produtos têxteis, produtos minerais não metálicos e produtos plásticos e de borracha. Entretanto,

> Apesar dessas mudanças, **o setor industrial paraibano ainda está fortemente concentrado na produção de bens de consumo e de bens intermediários** (estes últimos com exploração dos recursos naturais locais – minerais não metálicos, principalmente do **caulim**). **Em termos espaciais**, apesar de ter havido uma maior desconcentração da indústria, ela ainda se apresenta com grande concentração no entorno das maiores cidades, particularmente **na Grande João Pessoa** e **na Grande Campina Grande** (TARGINO, 2013, p. 20-21, grifos meus).

Quanto ao valor adicionado bruto a preços correntes para o setor de serviços, denota-se evolução e participação relativas, em grau mais elevado do que os setores da agropecuária e da indústria, ao longo de todo o tempo examinado. No ano 2000, iniciando o período com 60,4% de participação relativa no PIB nominal da RMJP-PB, observa-se uma queda em 2001 e 2002, quando esse número é avaliado, respectivamente, em 57,9% e 57,7%. Em 2003 e 2004, experimenta uma estabilização com 58,2% de participação relativa naquele produto global regional. A partir de 2005, com 59,6%, apresenta uma crescente evolução, que perdura até 2008, alcançando desse modo, sua maior expressividade relativa (63,0%) no intervalo temporal em análise. Em 2009 observa-se um inexpressivo declínio (-0,16%), comparado ao ano anterior. Nesse percurso, continua a apresentar decréscimo relativo (-1,9%), ao expressar-se como uma proporção do PIB total a preços correntes, apontando para 61,7%, agora em 2010. No entanto, esse nível de participação relativa é ligeiramente superior ao apresentado no início do período. A Tabela 2 e o Gráfico 3 permitem um olhar direto sobre a trajetória das atividades naquele setor de serviços em discussão. Ademais, conforme dispostos os dados da referida tabela podem explicar os movimentos completos referentes à dinâmica evolutiva setorial, no conjunto da economia em relevo.

Gráfico 3 – Contribuição do setor terciário ao PIB da Região Metropolitana de João Pessoa: anos 2000 a 2010

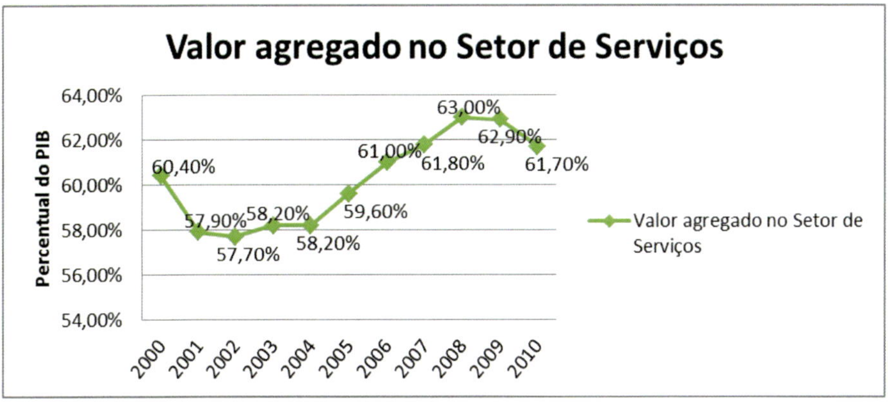

Fonte: IBGE, contas regionais

Observando o suposto nesta obra, a visão do estado da Paraíba enquanto uma área total (*conjunto universo*) que envolve a Região Metropolitana de João Pessoa-PB e alargando a nossa linha de reflexões ao pensamento de Polari (2012), em seus estudos sobre a evolução do setor terciário paraibano, chama-se a atenção para as seguintes considerações:

> O setor de serviços da economia paraibana passou por uma grande expansão, no período 1970-2009. A sua participação no PIB estadual foi altamente crescente, passando de 56,8% em 1970, para 55,8% em 1980, 59,6% em 1991, 71,4% em 2000 e **72,2% em 2009.** Nessas quatro décadas, o PIB deflacionado desse setor cresceu 778,5% (5,73% a.a.), muito acima, portanto, do crescimento dos PIB's dos setores agropecuário e industrial, que foram de, respectivamente 87,9% (1,63% a.a.) e 595,9% (5,10% a.a.). **Essa evolução do setor terciário paraibano não se pautou por um conteúdo capaz de qualificá-la como tendo sido, também, uma fase de desenvolvimento.** Houve, sim, **avanços significativos,** na modernização e diversificação de algumas atividades do setor terciário paraibano. Foram bastante positivos os resultados advindos de suas interligações com os sistemas nordestinos e nacionais dos mais importantes serviços contemporâneos. Destacam-se, entre estes, **os sistemas de telecomunicações e tecnologia da informação, transportes e bancário. Houve, também, significativo progresso nos serviços tipicamente locais, tais como os das áreas de educação, saúde, esporte, lazer,**

> **consultorias técnicas, arte, cultura etc.** [...] Contribuiu muito para esse resultado (evolutivo), a atuação desse setor recebendo e abrigando **grandes parcelas de população e força de trabalho atipicamente liberadas ou não empregadas pelos setores agropecuário e industrial paraibanos.** [...] Essa estranha solução se deu com a proliferação das mais variadas formas de microatividades de baixíssima produtividade e remuneração. **Não se tratou, obviamente, de um processo efetivo de geração de emprego e renda**, mas, isto sim, **da acomodação precária, com ênfase no subemprego disfarçado, de trabalhadores e seus familiares sofrendo consequências muito adversas de problemas estruturais.** [...] a participação de 72,2% assumida pelo setor terciário na economia paraibana, no ano de 2009, foi, **em boa parte, resultado histórico do subdesenvolvimento estadual** (POLARI, 2012, p. 113-114, grifos meus).

Como se observa em relação à análise crítica de Polari (2012) sobre os setores produtivos da economia paraibana, há uma convergência de resultados semelhantes aos revelados por outros autores, quando discorreram sobre as transformações da economia na Paraíba. De modo análogo, também há uma consonância para os exames desta pesquisa, em relação aos setores genéricos da economia regional investigada. Ressalte-se que a trajetória das conexões entre os diversos fluxos e funções exercidas pelos municípios examinados converge para implicações de mudanças em dinâmicas econômicas ao longo do tempo, nos referidos espaços geográficos; e, por isso, na forma em que se concretiza por inteiro, na Região Metropolitana de João Pessoa-PB, entre os anos de 2000 e 2010.

Para além dessas questões abordadas, mas ainda considerando a expansão do setor terciário no território paraibano, Polari (2012) dá ênfase à participação relativa das atividades públicas no âmbito daquele setor e afirma que ela apresenta importância hegemônica para o crescimento de seu produto interno bruto. Nas palavras do autor:

> Nos anos 1970-2009, o setor público teve uma participação elevada e crescente, com forte teor assistencialista e compensatório, na vida socioeconômica da Paraíba. [...] Como as atividades públicas são contabilizadas em um segmento específico do setor serviços, as repercussões econômicas daí decorrentes no PIB desse setor estadual foram de grande dimensão. [...] O segmento de atividades das administrações públicas do

> setor terciário aumentou a sua contribuição na geração do PIB da economia estadual de 13,7%, em 1970, para **31,3%, em 2009.** Esses dados revelam que **essas atividades públicas** tiveram a sua participação no PIB estadual multiplicada por 2,3 nos aludidos anos, **sendo, portanto, a razão maior do alto crescimento do PIB do setor terciário paraibano.** (POLARI, 2012, p. 114-115, grifos meus).

Em semelhante diapasão, Moreira (2013, p. 5-6) afirma que, desde a segunda metade do século XX, o setor terciário tem apresentado uma tendência crescente no tocante a sua participação no Valor Agregado estadual. Considerando o início de seus estudos em 1960, a sua participação no valor do PIB estadual correspondia a 34,3%, em 1970 (56,8%), 1980 (55,8%) atingindo em 1990 a expressividade de 59,6% no produto global da Paraíba. Em suas verificações de pesquisas, quando lança o olhar para a primeira década do século XXI, chega à constatação de que, em 2000 essa medida alcança os 71,4% e em 2010 representa 73,3%, do referido agregado macroeconômico. Assim, próximo à conclusão da década, no ano de 2008, as participações relativas dos segmentos da administração, saúde e educação públicas (31,3%), comércio e serviços de manutenção e reparação (15,4%) e o ramo de atividades imobiliárias e aluguel (7,8%), no interior do setor terciário paraibano, são relevantes para o seu crescimento no período. Dessa maneira, de conformidade com o autor, registrem-se as seguintes observações:

> Esses dados mostram **a importância do setor público no contexto da economia estadual.** Convém lembrar que grande parte do crescimento do setor terciário na Paraíba ocorreu em virtude **do dinamismo das atividades administrativas públicas.** Como mostram os dados das Tabelas 1 e 2, em 1970, a administração pública representava 13,7% do valor agregado estadual, enquanto que, em 2008, essa participação era da ordem de 31,3%. Para isso concorreu, entre outros fatores, as mudanças introduzidas com a Constituição de 1988, que universalizou os serviços de educação e de saúde, bem como ampliou os direitos previdenciários. (MOREIRA, 2013, p. 5-6, grifos meus).

Quanto aos impostos sobre produtos líquidos de subsídios a preços correntes[15] que em 2000 correspondiam a 14,6% do PIB nominal no âmbito da Região Metropolitana de João Pessoa-PB, esses experimentam um incre-

[15] Os impostos assim denominados representam a variável de complementaridade ao total do Produto Interno Bruto a preços correntes, na Região Metropolitana de João Pessoa-PB.

mento (4,1%) nesse nível referencial analítico, em 2001, situando-se então em 15,2%. Nos anos selecionados de 2002 (14,2%), 2003 (13,9%) e 2004 (13,9%), essa variável observa decréscimos relativos em seus níveis percentuais de representação, junto ao produto regional total, comparativamente a 2001. Em 2005, há uma retomada para um nível mais elevado, quando chega a 14,8%. A partir do ano 2006 (14,2%), passando por 2007 (13,9%), 2008 (13,9%), até chegar ao ano 2009 da série analisada, experimenta ligeiros decréscimos relativos, ao se situar em 13,2%. No ano 2010, eleva-se para 14,4%, estabelecendo-se dessa forma, em um patamar de expressividade ligeiramente inferior ao do início do período, no PIB regional total. As informações da Tabela 2 e do Gráfico 4 registram essa tendência na dinâmica da variável em discussão.

Gráfico 4 – Impostos sobre produtos líquidos de subsídios, como participação relativa do PIB a preços correntes, da Região Metropolitana de João Pessoa-PB: anos 2000 a 2010

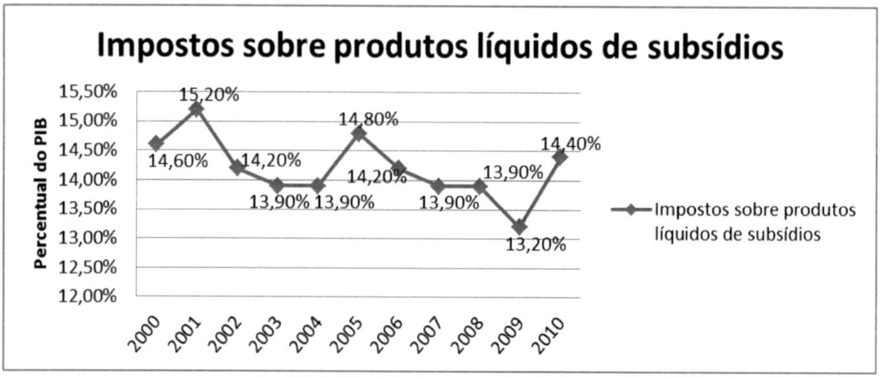

Fonte: IBGE, contas regionais

É interessante observar que as receitas do governo, fonte de recursos para seus gastos, situam-se em patamares relativos superiores à trajetória dos revelados no setor agropecuário, enquanto representações percentuais do PIB, no recorte espacial em destaque. Note-se que, no ano 2000, por exemplo, o peso relativo dos impostos sobre produtos líquidos de subsídios no PIB chega a exceder a participação relativa da agropecuária no produto regional total em mais de quatro vezes. Na sua trajetória evolutiva, essa relação de superioridade, entre as representações relativas das receitas do governo e da agropecuária, eleva-se e excede a contribuição da agropecuária ao PIB nominal local, em mais de 10 vezes no ano 2010. Devemos recordar nesse ponto, que as variações de preços nominais estão interligadas às variáveis projetadas, na série histórica selecionada nesses estudos. Isto é, a inflação encontra-se inserida na contabilidade dos agregados macroeconômicos e, desse modo, acompanha a expansão da economia pertencente ao nosso arranjo metropolitano. Para ser bem preciso nesse caso, afirma-se à luz das informações examinadas, que o PIB total a preços correntes, cresce no período 2,63 vezes ou 262,9%, ao que se conecta esse crescimento, com a flutuação dos preços nominais vigentes e com a própria variação da produção.

Dessa forma, como observado nas discussões precedentes, levou-se em consideração a trajetória do Produto Interno Bruto a preços correntes, no primeiro decênio do século XXI. Os números avaliados do PIB total, em cada ano da série examinada, estão expressos em valores nominais e são adicionados ou agregados, aos setores da agropecuária, da indústria, dos serviços e às receitas do governo (impostos sobre produtos líquidos de subsídios). Portanto, na constituição desses agregados macroeconômicos estão inclusos os preços de mercado, com o valor da inflação no período.

Por outro lado, atendo-se às características e ao comportamento do PIB real[16] entre os anos de 2000 a 2010, observa-se que seu desempenho reflete algo distinto do que transcorre com os valores do PIB nominal. Os valores do PIB real experimentam variações diferentes das variações do PIB a preços correntes. Isso ocorre porque o PIB real expressa valores para uma variável deflacionada. Ou seja, não contém a alta generalizada de preços correspondente ao período. Ali – no produto real – estão presentes apenas as quantidades produzidas e sua variação ao longo do tempo, impulsionadas conjuntamente por um preço comum, escolhido no período. Portanto, os elementos presentes na dinâmica econômica de cada variável aqui analisada, tornam diferentes o PIB nominal e o PIB real. Pela observação dos dados contidos na Tabela 3 e leitura do Gráfico 5, depreende-se claramente, a distinção entre o comportamento dessas variáveis, no intervalo temporal considerado. Ressalte-se que, na construção do PIB real, os preços estão constantes para o ano-base 2000.

Essa análise revela que a série histórica do PIB deflacionado, no ano conclusivo do período, experimenta uma evolução real avaliada em 91,2%, com uma taxa de crescimento médio em torno de 6,7%, ao ano. Em termos qualitativos, o PIB real, ao incorporar o progresso tecnológico – com as

[16] O parâmetro utilizado para efeito de cálculos na série histórica em análise, é o Índice de Preços Ampliado ao Consumidor (IPCA).

inovações técnicas efetivadas ao longo de sua trajetória – permite alcançar um maior grau de bem-estar e melhores níveis de satisfação econômica, para a sociedade da Região Metropolitana de João Pessoa na Paraíba

Tabela 3 – Região Metropolitana de João Pessoa-PB: evolução do PIB nominal e do PIB real, a preços constantes do ano 2000, entre os anos selecionados de 2000 a 2010

Mês/Ano	PIB nominal total	Variação relativa (%)	PIB real total	Variação relativa (%)
DEZ. 2000	4.329.682.000,00	--	4.329.682.000,00	--
DEZ. 2001	5.212.354.000,00	20,4	4.840.891.285,34	11,8
DEZ. 2002	6.248.977.000,00	19,9	5.157.198.151,36	6,5
DEZ. 2003	6.857.945.000,00	9,7	5.178.379.211,90	0,4
DEZ. 2004	7.576.109.000,00	10,5	5.316.622.571,09	2,7
DEZ. 2005	8.028.739.000,00	6,0	5.330.969.963,06	0,3
DEZ. 2006	9.815.755.000,00	22,3	6.319.010.753,08	18,5
DEZ. 2007	10.900.552.000,00	11,1	6.717.900.833,73	6,3
DEZ. 2008	11.619.631.000,00	6,6	6.761.924.254,74	0,7
DEZ. 2009	14.131.012.000,00	21,6	7.883.488.072,15	16,6
DEZ. 2010	15.713.868.000,00	11,2	8.277.451.777,74	5,0

Fonte: IBGE, contas regionais

No Gráfico 5 estão representadas as trajetórias evolutivas dos produtos nominal e real, no espaço territorial em destaque, ao longo dos primeiros 10 anos do século XXI. Assinale-se a presença dos avanços e das incorporações tecnológicas em suas dinâmicas econômicas, conforme examinado no presente estudo. A linha do PIB real da Região Metropolitana de João Pessoa-PB, abaixo da linha do seu PIB nominal, representa o fato de que a série histórica daquela variável está deflacionada. Ou seja, o PIB real não sofre influência dos preços de mercado em suas variações, no período selecionado.

Gráfico 5 – PIB nominal e PIB real a preços do ano 2000, da Região Metropolitana de João Pessoa-PB: série histórica anos 2000 a 2010

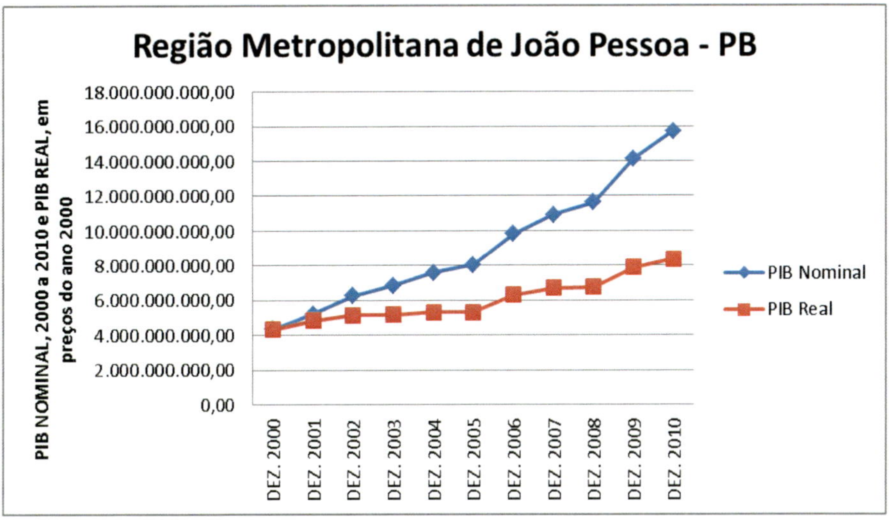

Fonte: IBGE, contas regionais

2.2 MODOS DE ORGANIZAÇÃO DO TRABALHO

As coisas existentes no planeta terra, em seu estado bruto ou original, são denominadas de recursos naturais. Ao serem modificadas pela ação do homem, revestem-se com uma "nova expressão", delineando espaços reinventados. Ao longo dos séculos, o trabalho humano "reconstruiu" a natureza e, ao mesmo tempo, ofertou um determinado sentido à sua existência em nosso planeta. Ou seja, de um ponto de vista amplo, a inteligência humana interfere no panorama intacto dos recursos naturais, para transformar sua face original e, desse modo, promover mudanças na relação homem/natureza, com vistas a oferecer melhores condições para a vida humana.

De outro ângulo, essa inteligência ou trabalho humano é vista como um fator que impulsiona a multiplicação de riquezas. Esse recurso, atrelado a terra e ao capital, constituem um conjunto de fatores produtivos na economia, em algum tempo histórico e em determinado lugar. Não importa que esse lugar seja capitalista ou socialista. Em quaisquer dessas situações, eles – os recursos produtivos – têm a missão de promover a riqueza do lugar. Entretanto, para os fins desta seção, vamos nos deter apenas ao que se passa nos regimes capitalistas de produção.

Quanto à origem da palavra trabalho, diversas explicações[17] passam por sua ligação ao sofrimento, à relação obrigacional. Nesse sentido, pode-se registrar que:

> Muitos já associaram a origem da palavra trabalho ao *tripalium*, um antigo instrumento de tortura. A eficácia dessa explicação está na verificação do fato de que o trabalho, como "atividade laboral", nem sempre foi considerado desejável por homens e mulheres em todas as épocas históricas. [...] para que tal constatação fosse possível, não poderia ela negar outro fato, de maior importância: que o trabalho, em sentido amplo –como um conjunto de atividades intelectuais e manuais, organizadas pela espécie humana e aplicadas sobre a natureza, **visando assegurar sua subsistência**- nunca deixou (como não deixa, atualmente) de ser realizado, por homens e mulheres, ao longo da história. [...] **obrigados a tal para sobreviver** (PINTO, 2013, p. 14, grifos meus).

Como já visto, o trabalho é algo intrínseco à espécie humana. Atividade estabelecida no planeta, em quantidades estritas ou inumeráveis. Diante dessa constatação, torna-se uma necessidade, ao longo do tempo, compreender mais profundamente, alguns aspectos referentes à organização do trabalho. Portanto,

> **Há uma utilidade indiscutível em analisar previamente a organização de atividades de trabalho complexas**, especialmente as que envolvem grande número de agentes, pertença essa análise aos agentes que efetivamente executarão o trabalho ou pertença ela aos que apenas desenvolverão o projeto desse trabalho. **Esse sentido estritamente técnico de encarar a organização do trabalho foi incorporado pelo modo de produção capitalista e submetido aos interesses de classe aí envolvidos, especialmente após as primeiras revoluções industriais, do século XVIII em diante.** Desde então, a organização do trabalho foi elevada à categoria de **matéria**

[17] Todavia existem outros sentidos aplicados à palavra trabalho e sua relação com uma determinada experiência histórica. Assim, podemos registrar uma interessante visão, oriunda do pensamento da Grécia, quando "Hesíodo **que** nasceu em Ascra, na Beócia, e viveu entre o final do século VIII a.C. e início do século VII a.C., no poema Os trabalhos e os dias **descreve a vida campestre, a vida vinculada ao trabalho,** e na Teogonia propõe uma genealogia dos deuses e do mundo. [...] Hesíodo associava à concepção de homem a noção de que **apenas pelo trabalho se atingia a virtude.** O trabalho – apesar de árduo e difícil – não devia ser visto como uma carga, mas como a forma propriamente humana e absolutamente necessária de se atingir a virtude. **Assim, em vez de pensar o homem como um guerreiro, pensava-o como um trabalhador.** Não **associava trabalho** à acumulação desenfreada de riquezas e não o associava com a miséria do trabalho mal pago, mas **apenas com a dignidade da produção de uma existência virtuosa**" (ANDERY, 2007. p. 27-28, grifos meus).

> **do conhecimento** a ser conquistada com base na luta política e econômica explícita entre o empresariado (classe proprietária dos meios de produção e compradora de força de trabalho) e os trabalhadores (classe social expropriada nesse processo e cuja existência atual exige vender sua capacidade de trabalho em troca de salários). (PINTO, 2013, p. 16-17, grifos meus).

Dessa forma, as características descritas nas linhas anteriores podem trazer, ao longo do tempo, prejuízos aos principais elementos executores do trabalho no sistema de engrenagem capitalista, especialmente se os meandros de tal engrenagem não forem dissecados, intensa e continuadamente. Embora os trabalhadores estejam arrolados em atividades produtivas incessantes, conseguem se tornar conhecedores do processo a que estão submetidos. Assim, a história do capitalismo encarrega-se de mostrar que:

> [...] **(aos trabalhadores)** tal conhecimento passou a ser um dos poucos meios de assegurar sua subsistência e, portanto, suas condições mínimas de saúde física e mental (além de direitos sociais, civis, políticos básicos, frente ao desemprego e à queda dos salários tornada crônica a partir de então), **ao empresariado** tal conhecimento tornou-se um importante meio de controle social, econômico e político da classe trabalhadora, com o objetivo de manter em funcionamento o sistema de acumulação de capital (PINTO, 2013, p. 17, grifos meus).

Pode-se compreender então que o processo de embates entre os que organizam a produção e os que a executam coexistiu desde cedo na história do capitalismo industrial. De acordo com Pinto (2013), no âmbito da indústria, as concorrências entre empregadores e ofertantes do trabalho acontecem com os primeiros fornecendo a matéria-prima aos trabalhadores e coletando o resultado de sua transformação final para, em seguida, entregá-lo aos comerciantes ou consumidores.

Em fases diferenciadas, os estudos referentes ao modo de organização do trabalho iam aprofundando-se, até ao ponto em que, segundo (PINTO, 2013), esse conhecimento envolvido no âmbito da produção passou a ser assumido como prioridade estratégica pelos capitalistas empregadores. Esse momento ocorre paralelo à evolução do comércio e às exigências crescentes de precisão nos prazos e na qualidade na entrega de mercadorias.

O nível do comércio e da competição por novos mercados expandiu-se enormemente, indo além das necessidades locais. A disputa pelo controle do trabalho humano internalizou-se na esfera dos próprios processos de produção. Com o avanço do capitalismo e com a industrialização já em níveis de pesquisas científicas e tecnológicas direcionadas às necessidades produtivas da modernidade, pode-se presenciar o aumento renovado da capacidade produtiva das economias. Ainda que esses progressos econômicos tornem-se efetivos, não se pode deixar de assinalar as desigualdades históricas entre a acumulação de riquezas, por um lado e o nível e as condições de trabalho, por outro. Assim, o surgimento de:

> **Grande proliferação de estratégias cada vez mais agressivas** visando aumentar as escalas de produção, padronizar a qualidade dos produtos, diminuir os custos de produção e transporte etc., **consolidou e levou ao mais cruel estágio o controle sobre o trabalho humano empregado na produção, tido** cada vez mais, pelos empregadores, **como simples "ingrediente" dos processos produtivos**, agora realizados em lugares especialmente determinados para tal. (PINTO, 2013, p. 19, grifos meus).

Associa-se a esse patamar de conhecimento e estratégias do controle sobre o trabalho humano, o aparecimento das primeiras fábricas. Na prática, o que ocorria frequentemente era:

> O emprego indiscriminado, especialmente no início do século XIX, de crianças e mulheres nas fábricas, cumprindo jornadas que iam de um mínimo de 8 a 14 horas de trabalho diárias e recebendo pelo trabalho salários miseráveis. As condições de trabalho nas fábricas desse período eram incrivelmente péssimas: tratava-se de galpões escuros, sujos e mal ventilados, abarrotados de máquinas ruidosas e sem qualquer dispositivo de segurança, nas quais trabalhavam homens, mulheres e crianças em pé todo o tempo, o que lhes causava todos os tipos de deformações nas articulações e na coluna vertebral, especialmente nas crianças e adolescentes. Não eram raros os desmaios, convulsões e mortes súbitas durante o trabalho (PINTO, 2013, p. 20).

É importante assinalar que, nesses redemoinhos imbricados na trajetória do sistema capitalista de produção, os cenários aparecem e reaparecem, com o passar do tempo, revestidos de outras significações. Desse modo, as coisas e os fatos econômicos, a um só tempo, aparentam encontrar-se em situações ora dinâmicas, ora estáticas, tal é o nível de representação ilusória do capitalismo. Cabe então indagar sobre a real situação em que se encontra a sociedade, em determinada época histórica. Nesse sentido, destacamos que:

> A luta pelo controle do trabalho passou a ser travada diretamente entre os agentes "administradores" e os agentes "executores" da produção, não mais como indivíduos detentores de conhecimentos e responsabilidades específicas, **mas como sujeitos históricos pertencentes a classes sociais antagônicas.** Acrescente-se que, especialmente a partir do final do século XIX, nem todos os administradores eram os proprietários das empresas, o que tornou tal luta ainda mais caótica, pois que, na condição de assalariados, enfrentavam também esses administradores a subordinação ao desemprego e aos baixos salários, **no cumprimento das metas estabelecidas pelos proprietários,** os quais, as estipulavam em condições cada vez mais difíceis, **mediante a luta que travavam entre si** pela conquista de novos mercados (PINTO, 2013, p. 20-21, grifos meus).

Sabe-se que os avanços da ciência caminharam - e ainda se fazem presentes - lado a lado, com o desenvolvimento do capitalismo. As pesquisas relativas a esse desenvolvimento científico, aplicadas aos processos produtivos, possibilitaram entre os diversos benefícios para a raça humana, o aparecimento e o crescimento da mecanização nas ações efetivas de trabalho. Ou seja, o que antes era realizado só pelo homem coexistia agora com os auxílios da máquina, focalizando também a produção e a acumulação de riquezas.

Os estudos sistemáticos sobre a organização do trabalho persistiam em busca de aperfeiçoamentos, gerados, efetivamente, em consonância com estágios tecnológicos mais avançados. Foi assim que as sociedades consideradas desenvolvidas viram-se por primeiro, impulsionadas nessas pesquisas, de tal forma que:

> A organização do trabalho consolidou-se como uma área específica do conhecimento passível de ser acumulada, sistematizada, experimentada, compendiada e elaborada teoricamente por **agentes que não fossem, necessariamente, os executores desse trabalho. Ao contrário,** nas pesquisas empreendidas nos meios empresariais em sua grande maioria **os agentes executores** passaram a assumir o papel de **variáveis dependentes** em equações construídas mediante estudos da organização do trabalho feitos pelos agentes da administração (os quais assumem, quando assalariados, o mesmo papel), **visando o aumento da produtividade,** ou seja, **dos lucros empresariais.** [...] desde meados do século XIX, estudiosos das mais variadas formações já se debruçavam com profundidade sobre essas questões, tendo em mente a construção de **sistemas de**

> **organização** cujos objetivos eram **o aperfeiçoamento da qualidade e a diminuição do tempo gasto na realização de tarefas complexas** (PINTO, 2013, p. 21-22, grifos meus).

2.2.1 Taylorismo

Portanto é nesse frenesi histórico, pertencente à ciência e instalado entre os donos dos meios de produção, que, ao final do século XIX e início do século XX, Frederick Winslow Taylor, ou simplesmente Taylor, consegue sobrepor-se aos demais pesquisadores e estabelecer seu sistema de organização do trabalho como um dos pontos centrais na "melhor" maneira de se executar a produção, dentro da história moderna do capitalismo. O taylorismo, como ficou estabelecido, era um sistema de subdivisão técnica na organização do trabalho complexo e apresentado por Taylor como científico. Porém existem autores que discordam sobre tais "dosagens" científicas na referida organização de controle do trabalho humano. Como se vê a seguir:

> [...] é controverso considerar seus métodos (**de Taylor**) de cronometragem e divisão do trabalho como científicos, pois o conhecimento e as habilidades para realização das várias tarefas de trabalho não foram por ele "desenvolvidos", **senão pelos próprios trabalhadores ao longo dos dois séculos de constituição da indústria.** O papel de Taylor foi muito mais o de **supervisionar, mensurar, coletar, experimentar e sistematizar todos esses conhecimentos de tal forma que fossem factíveis de serem apropriados e desenvolvidos pelas gerências,** até então ignorantes dos aspectos técnicos da produção (PINTO, 2013, p. 22, grifos meus).

Entretanto, no que se refere aos aspectos puramente "técnicos", os princípios de Taylor conseguiram apresentar-se, de acordo com Pinto (2013), sob uma neutralidade axiológica cuja aplicação no plano prático avançou com assustadora velocidade, nas mais diversas formações sociais e nos mais controversos contextos políticos. Por tudo isso,

> Taylor é atualmente considerado o "pai" da chamada "administração científica", hoje constituída como matéria de conhecimento levada a cabo em situações que tratam da organização de quaisquer atividades de trabalho, desde a industrial, passando pela agrícola, financeira, comercial etc. [...], na produção industrial, a metodologia de Taylor predominou insistentemente ao longo do século XX, percorrendo grande

> parte das cadeias produtivas, talvez pela sua simplicidade teórica e universalidade de aplicação (PINTO, 2013, p. 23).

Na verdade, o sistema de Taylor contrapunha-se ao que ele considerava um desperdício de tempo por parte dos trabalhadores que o utilizavam, não somente na produção diária, mas também em frequentes deslocamentos dentro das fábricas e em troca de ferramentas entre si, na integral realização das suas atividades no trabalho. Assim, conforme percebido por Taylor,

> Essa "queima" de tempo não se devia somente às condições técnicas em que eram realizadas as tarefas, mas que **os trabalhadores desenvolviam seus macetes** (e os utilizavam junto aos deslocamentos no espaço fabril etc.) justamente **como forma de controlar o tempo em que trabalhavam e**, dessa forma, **proteger seus conhecimentos e seus salários,** frente a uma **produtividade em expansão advinda do emprego crescente da maquinaria** que, pouco a pouco, tornava cada vez mais escassa a necessidade de trabalho humano na produção (PINTO, 2013, p. 25-26, grifos meus).

Em suas reflexões sobre como extinguir essa proteção do tempo de trabalho e consequentemente, aproveitá-lo de maneira racional, Taylor

> Chegou à conclusão de que **se subdividisse ao extremo** diferentes atividades em tarefas tão simples quanto esboços de gestos, passando então a medir a duração de cada movimento com um cronômetro, o resultado seria a determinação do tempo "real" gasto. [...] as gerências, na posse desses resultados, estariam possibilitadas a exigir de qualquer trabalhador o cumprimento da "quantidade ideal" de trabalho diário, ou seja: **nem muito,** evitando prejudicar a saúde dos trabalhadores e pô-los de licença, **nem pouco,** a fim de não se perder sequer um segundo do **tempo de sobretrabalho não pago que lhes seria extraído em cada produto** (PINTO, 2013, p. 26, grifos meus).

Anteriormente a esses métodos de se dividir e operacionalizar o trabalho humano, os administradores pretendiam conseguir a iniciativa dos trabalhadores, com a promessa de incentivos, de promoções, salários mais elevados por peça produzida, menores e melhores jornadas de trabalho etc. Ou seja colocar toda a destreza do trabalhador, todo seu empenho e sua habilidade histórica de conhecimentos adquiridos em completa "subordinação" à vontade dos empregadores não se constituía em realização tão "simples". A rigidez proposta por Taylor e a solução para tal questão constituem-se por meio do:

> Estabelecimento de uma **divisão de responsabilidades e de tarefas,** na qual, aos executores de um determinado trabalho, fossem delegadas **apenas as atividades estritamente necessárias à execução desse trabalho,** dentro de **moldes extremamente rígidos** –no plano dos gestos físicos, das operações intelectuais e da conduta pessoal- cujo estabelecimento prévio, através de um estudo de um planejamento e de uma definição formais, ficaria a cargo de outros trabalhadores, dedicados a tarefas também previamente analisadas, planejadas e definidas por outros mais, assim por diante, nesse sentido, **desde as atividades operacionais até às gerenciais da empresa** (PINTO, 2013, p. 28-29, grifos meus).

Isso – e somente isso – na opinião de Taylor, substituiria a intenção dos empregadores de conseguir a iniciativa dos trabalhadores, com a tão almejada elevação da produtividade nas empresas. Assinale-se que as atribuições para organizar essa complexa análise e planejamento tayloristas estão a cargo da administração da unidade de organização produtiva. Desse modo:

> Se a apropriação do conhecimento dos trabalhadores, **tendo como fim desenvolvê-lo para elevar e regularizar a produtividade e a qualidade,** foi apontada por Taylor como suas motivações principais na formulação desse sistema, fica claro que **tais preocupações estiveram muito mais associadas ao controle do ritmo de trabalho e à sua intensificação,** de modo a propiciar às gerências a identificação de possibilidades de aumentar **a extração de mais-valia aos trabalhadores,** inclusive dentro de uma argumentação **supostamente** técnica e imparcial (PINTO, 2013, p. 31-32, grifos meus).

Com essas características limitantes de atribuições e de controle focadas na gerência e no desempenho do trabalho humano, o taylorismo comandou as atividades produtivas do capitalismo em quase todo o século XX. Segundo Pinto (2013), essa definição explícita e formalmente rígida do limite das funções reduziu sensivelmente a exigência de aprendizagem dos trabalhadores para cumpri-las.

2.2.2 Fordismo

É também no século XX que surge o sistema fordista de produção, concebido e idealizado por Henry Ford. Esse cidadão americano, conforme referenciado em Pinto (2013), começou a trabalhar muito cedo, aos 16 anos, numa oficina em sua cidade e, após ter sido bem-sucedido em várias invenções, foi contratado pela companhia Westinghouse, fabricante de veículos automotores movidos a vapor. Em 1885, aos 23 anos, possuindo novos conhecimentos, seguiu para as oficinas da Eagle Motor Works, em Detroit, com o objetivo de consertar e estudar motores a explosão.

Destinado a desenvolver um motor sem precedentes, passou anos montando e testando motores de combustão a alta pressão. Nesse ínterim,

> Chegou a manter contato, dentre outras pessoas, com Thomas Edison. Construiu seu primeiro calhambeque em 1894 e sua primeira fábrica de carros em 1896, em sociedade com outros construtores, que abandonou posteriormente. Continuou as suas pesquisas praticamente sozinho, num galpão alugado em Detroit, do qual saíram dois carros de corridas: o primeiro, derrotado; o segundo, vencedor de um famoso campeonato em 1903, que lhe granjeou o mérito público. Duas semanas depois, finalmente estabeleceu, na própria Detroit, o que seria a primeira planta da Ford Motor Company. [...] Passou a ocupar-se com as atividades comuns aos administradores de sua época, adquirindo experiência na gerência da empresa e tornando-se, em pouco tempo, reputado homem de negócios. Todavia, nunca abandonou seu ofício de pesquisador dos veículos que fabricava (PINTO, 2013, p. 33-34).

Portanto a inclinação de Ford pelas invenções ou inovações de motores a combustão e, mais tarde, seu interesse em aprender sobre gerências de controle referentes ao trabalho humano, não somente o tornaram um notável homem de negócios como também, ao longo do tempo, serviram de importantes fatores para o surgimento do fordismo.

Conforme esclarece a fonte referenciada, a junção de ramos do saber edificados à época, que hoje se poderia compreender analogamente como Engenharia de Produto e Engenharia de Processo,

> Possibilitou a Henry Ford **ampliar** uma série de inovações tecnológicas e organizacionais já em curso no início do século XX, dentre as quais o taylorismo, em franca expansão na gestão do trabalho em empresas metalúrgicas de grande porte nessa época. Cumpre esclarecer, entretanto, que **sua principal genialidade consistiu,** sobretudo, em ter imaginado a possibilidade de incutir nos seus contemporâneos **a postura de consumidores de massa de produtos padronizados.** Contrapondo-se aos industriais do ramo

> automobilístico da época, seu maior objetivo foi **a produção de tantas unidades de veículos quanto fosse possível, tornando-os um objeto de consumo das massas** (PINTO, 2013, p. 34, grifos meus).

Assim, a ideia de produzir em larga escala surge com Ford, em ritmo avassalador para seus contemporâneos. A compensação a esse tipo de novidade compunha as expectativas de retorno a tais investimentos nas entranhas do capitalismo. Veja-se nos termos a seguir, como são comuns e até semelhantes, em Ford, estruturas do sistema idealizado por Taylor, quando se tem em vista a organização do trabalho humano.

> Necessariamente o trabalho de muitos homens tem de ser pura repetição de movimentos, pois de outro modo não se pode conseguir sem fadiga **a rapidez da manufatura que faz descer os preços e possibilita os altos salários.** Algumas das nossas operações são excessivamente monótonas, mas também são monótonos muitos cérebros; inúmeros homens querem ganhar a vida sem ter que pensar –e para estes- a tarefa de músculos é a boa. Possuímos em abundância tarefas que **exigem cérebro ativo,** e os homens que no trabalho de repetição se revelam de **mentalidade ativa não permanecem nele muito tempo** (FORD, 1995, p. 148-149 *apud* PINTO, 2013, p. 35, grifos meus).

Percebe-se nesses argumentos fordistas, inequivocamente, uma semelhança com a "espinha dorsal" encontrada no taylorismo, tendo-se revelado essas repetidas entradas e saídas de trabalhadores, isto é, a não permanência por longo tempo em determinadas realizações de tarefas, como uma característica presente na gestão do trabalho capitalista. Entretanto,

> [...] suas experiências (**de Ford**), em termos de organização do trabalho com o objetivo da produção de massa, somente puderam ser realizadas sobre a plataforma da divisão técnica e minuciosa das funções e atividades entre numerosos agentes, **conforme fora desenvolvido pelo sistema taylorista.** Afinal, para organizar a produção em larga escala, foram feitas diversas experiências que exigiram, ao padronizar os produtos, **a padronização dos próprios processos produtivos envolvidos em sua fabricação** (PINTO, 2013, p. 35, grifos meus).

Está claro desse modo que, ao seguir os fundamentos da divisão técnica do trabalho, conforme existentes no taylorismo, o pensamento de Ford materializava-se na produção em larga escala, definitivamente, a ponto de, unindo-se os conceitos comuns, ser confundido em um só sistema. Assim, estaríamos diante de um único sistema organizando o trabalho humano, organização essa que focaliza a criação, produção e acumulação de riquezas. Apesar desses traços comuns, note-se que, de acordo com Pinto (2013), no sistema fordista reflete-se uma novidade, quando, na linha de produção em série, coloca-se o objeto de trabalho num mecanismo automático que percorre todas as fases produtivas, sucessivamente, desde a primeira transformação da matéria-prima, em estado bruto, até aos estágios finais.

No que diz respeito a essa visão teórica entre os sistemas taylorista/fordista e para melhor fundamentar nossos argumentos relativos às inovações do fordismo, caracterizando-as na linha histórica do controle sobre o trabalho humano, assinale-se que:

> A divisão taylorista havia possibilitado que se distribuíssem os trabalhadores e suas ferramentas efetivamente ao longo de uma linha, ao padronizar o trabalho em atividades cujas operações eram uniformizadas. Pode-se dizer, nesse sentido, que o sistema taylorista foi incorporado e desenvolvido pelos dispositivos organizacionais e tecnológicos fordistas, na medida em que, no lugar dos homens responsáveis pelo deslocamento dos materiais e objetos de trabalho, **máquinas automáticas passaram a se encarregar por tal,** suprindo o trabalho humano numa produção cuja cadência contínua impunha **uma concentração dos movimentos dos trabalhadores somente dentro do raio de ação** que efetivamente transformava as matérias-primas em produtos acabados (PINTO, 2013, p. 37, grifos meus).

Aos poucos, porém fria e impiedosamente, a máquina tratava de substituir o trabalho do homem, na escalada íngreme do capitalismo, em seus caminhos modernos. Restava aos trabalhadores que não gostassem de "pensar" a alternativa de acompanhar, se pudessem, os passos decisivos da maquinaria nessa empreitada. Como explicado por Fleury e Vargas (1983 *apud* PINTO, 2013, p. 37, grifos meus),

> [...] no novo modo de organização idealizado por Ford, **a própria máquina assumia o papel antes delegado ao corpo de planejamento fabril.** As peças deslocavam-se automática e ininterruptamente, suprindo o trabalho de todos os homens da produção, sem esperas nem paradas. **Ao operário só lhe restava seguir essa cadência, fixo no seu posto de trabalho,** e alimentado continuamente de novos

> materiais que sofreriam a ação de seus membros. Para fazer frente a esse ritmo produtivo, **era impelido a mecanizar os seus movimentos.** A linha de montagem tornava-se, assim, notável instrumento de intensificação do trabalho.

No desenvolvimento de estratégias desse "novo" sistema de organização e gerências do trabalho, pode-se perceber o cérebro ativo de Ford quando, mais do que invenções, ele apresenta inovações. Com a introdução de sua famosa linha de montagem em série, em Detroit, aparece a numerosa produção em massa, arduamente planejada por esse homem de negócios. Para fins de compreensão, assinale-se que: "A fábrica de Ford, em seu ponto de pico, após 1913, **produzia um modelo T a cada 15 segundos e,** em meados da década de 1920, suprindo mais da metade da demanda dos Estados Unidos, as instalações Ford **podiam produzir mais carros em 3 meses do que toda a Europa em um ano.**" (PARKINSON, 1995 *apud* PINTO, 2013, p. 37, grifos meus).

Se a intensificação do trabalho, no taylorismo, ocorre por meio da racionalização e do controle do tempo, com sua cronometragem, em Ford, as novas descobertas referentes à utilização do automatismo em linha de montagem são as responsáveis diretas por tal fato, no ritmo de produção da mão de obra envolvida diretamente no processo de montagem. Assim,

> [...] **no sistema fordista é a velocidade automática da linha de série** (do objeto de trabalho, portanto) **que impõe ao trabalhador** (o sujeito do trabalho) **a sua condição de disposição para o labor,** estabelecendo, dentro de limites cada vez mais estreitos de tempo, a "melhor maneira" de trabalhar. [...] a ideia fundamental [...], é elevar a especialização das atividades de trabalho a um plano de limitação e simplificação tão extremo que, a partir de certo momento, o operário torna-se efetivamente um "apêndice da máquina" [...], repetindo movimentos tão absolutamente iguais num curto espaço de tempo quanto possam ser executados por qualquer pessoa, **sem a menor experiência de trabalho no assunto** (PINTO, 2013, p. 38, grifos meus).

Desse modo, o fordismo avançava cada vez mais, conquistando a produção e o consumo de massas. Os trabalhadores empenhados no labor de tal sistema "não dispunham de tempo" para pensar criativamente. Diante das condições de trabalho impostas, rígidas como se apresentavam, não podiam conceber nem mesmo o processo produtivo, em sua forma de inteireza. Como é observado criticamente em linhas de Pinto (2013), esse conjunto simplificado de operações constituía-se mesmo, em uma finalidade do sistema. Assim, seu dinamismo renovado e contínuo impunha-se ao impensado na produção. Atente-se para a ousadia no alcance dos objetivos fordistas:

> O sucesso dessa nova organização apareceu nos resultados da produção: **o tempo de montagem do chassi reduziu-se de 12 horas e 8 minutos para 1 hora e 33 minutos.** E essa atividade ficou separada em 45 operações extremamente simplificadas. Em uma linha de montagem de motores, o trabalho também foi parcelado nas mesmas proporções. Antes a operação era realizada por uma só pessoa. **Com a esteira rolante ficou dividida por 84 operários. Fixo no seu posto de trabalho,** o homem passou a ser quase um componente da máquina. **Os seus movimentos deveriam ser feitos mecanicamente sem,** segundo Ford, **interferência de sua mente,** guardando, assim, perfeita harmonia com o conjunto da linha de montagem (FLEURY; VARGAS, 1983, p. 24 *apud* PINTO, 2013, p. 39, grifos meus).

Portanto o sistema assim configurado, ao cabo de tempos históricos, estabelece e confirma suas bases organizacionais em todo o planeta. É inegável que, em seus objetivos mais contundentes, estejam presentes elevados ganhos de produtividade, observados tanto em diminuição de custos como na obtenção de significativos lucros empresariais. Todos esses resultados, obviamente, são conseguidos ao se priorizar a organização do trabalho, sujeita a limites existentes, já com as ideias tayloristas.

> A "limpeza" dos locais de trabalho e da mente dos trabalhadores enquanto aí estiverem, a clareza dos objetivos e das tarefas, a extrema simplificação e uniformização do trabalho a um plano que possibilitasse uma automação mais abrangente, elevando, por fim, o controle do ritmo de trabalho a uma **cadência única** e previamente determinada **para milhares de mãos** (PINTO, 2013, p. 40, grifos meus).

Como é sabido, está implicitamente assegurada, na observação fervorosa dessas normas pelos empregadores, a conquista da iniciativa dos trabalhadores em realização de tarefas produtivas. Entretanto:

> À medida que a intervenção crítica dos trabalhadores e o tempo de treinamento no exercício de suas funções são postos como elementos a serem definitivamente eliminados do ambiente de trabalho, o conceito de "flexibilidade" na organização taylorista/

> fordista está na **capacidade de substituição direta e rápida dos trabalhadores,** sem nenhum custo em termos de qualidade e de produtividade para o sistema produtivo como um todo, o qual se mantém **rígido e estático** em suas condições ao longo do tempo, como **uma grande máquina** formada **de peças humanas apáticas** que funciona, dia e noite, autonomamente (PINTO, 2013, p. 40-41, grifos meus).

É importante observar que a produção e o trabalho assim organizados, de acordo com Pinto (2013), eram acompanhados por altos níveis de absenteísmo e rotatividade, nos quadros das empresas, e que, desde sempre, também esteve associado a esses elementos um baixo nível de qualificação educacional e profissional dos trabalhadores. Dessa maneira, até meados de 1970, o fordismo caminhou a passos largos, transportando em si mesmo as finalidades precípuas do capitalismo.

De outro lado, assinale-se que a trajetória do sistema de organização do trabalho, fundamentada na produção e no consumo de massas, teve nas economias capitalistas de modo geral, desde o pós-Segunda Guerra Mundial até o final da década de 1960, seus anos de esplendor, economicamente traduzidos em elevadas taxas de crescimento do produto. E, segundo Pinto (2013), tanto nos países centrais como nos periféricos, o referido sistema de produção estandardizado fordista articulou-se aos Estados de bem-estar social e à constituição dos grandes sindicatos de trabalhadores. Especificamente em relação aos Estados de bem-estar social, é relevante observar que:

> [...] trata-se de um modelo de governo em que a iniciativa pública, por meio de aparelhos estatais, é concebida como pilar fundamental não apenas nas áreas de saúde, educação e segurança, mas também quanto às políticas previdenciárias, de emprego e de renda da classe trabalhadora; no âmbito do mercado, o Estado assume ainda o papel de um agente essencial na condução do desenvolvimento econômico, seja através de intervenções reguladoras nas políticas comerciais, financeiras e industriais, seja constituindo empresas em pontos estratégicos das cadeias produtivas. No Brasil, **embora com diversas particularidades com relação às experiências dos países capitalistas centrais,** denominou-se esse estilo de política estatal como sendo "desenvolvimentista", tendo vigorado, grosso modo, no período entre a década de 1930 e a de 1980 (PINTO, 2013, p. 42, grifos meus).

2.2.3 Emergências para o Toyotismo

Conforme explicado em linhas anteriores, no último quartel do século XX parece ter havido uma ruptura na forma com que se equilibrava o sistema fordista de produção, junto aos governos de Bem-Estar Social e aos grandes sindicatos de trabalhadores. Do ponto de vista do crescimento econômico, as taxas de expansão não se repetiam e os empresários e diversos homens de negócios empenhavam-se na busca de novos processos de produção e organização do trabalho. As transformações emergentes, de origens diversas cuidavam de organizar outros planos para uma possível renovação do capitalismo e melhor proveito na acumulação do capital.

Como bem se ressalta em Pochmann (2004),

> [...] a partir da década de 1970 passaram a ser configuradas as bases de uma terceira Divisão Internacional do Trabalho, ocasionada principalmente por dois vetores estruturais no centro do capitalismo mundial. O primeiro vetor esteve associado ao processo de **reestruturação empresarial,** acompanhado da maturação de uma **nova Revolução Tecnológica.** [...] O segundo vetor está relacionado à **expansão** dos Investimentos Diretos no Exterior (IDE). (POCHMANN, 2004, p. 30-31, grifos meus).

Portanto o desenrolar das empresas no interior do capitalismo para angariar mercados faz-se presente por meio de níveis mais elevados na concentração do capital. Com a reorganização produtiva, essa concentração do capital pode ocorrer tanto em setores da produção real quanto em setores financeiros. Assim, pode-se assistir ao fenômeno de controle dos principais mercados existentes, nos vários espaços do planeta. Ou seja, uma relativa quantidade mínima de empresas, dominando uma relativa quantidade máxima da produção. Isso ocorreu, conforme relata Pochmann (2004), em mercados de computadores; de automóveis; do processamento de dados; do setor petroquímico; do setor de material de saúde, entre outros. Em relação ao crescimento dos investimentos diretos no exterior, as economias centrais são receptoras dos afluxos relativos mais elevados, seguidas pelas economias semiperiféricas e pelas periféricas, se bem que essas últimas em ordens relativas bem inferiores.

De outro ângulo e ainda fundamentado em Pochmann (2004, p. 31-32, grifos meus), esclarecemos que esse processo

> [...] constituiu uma **nova alternativa de multicolonialismo renovado,** como forma de construção de **vantagem competitiva** por parte das grandes empresas. Assim, as chamadas empresas multinacionais transformaram-se em corporações transnacionais, ainda maiores e mais poderosas, **com capacidade de considerar o mundo inteiro como espaço relevante para suas decisões de investimento e produção,** provocando, por consequência, a reorganização do processo produtivo em grandes extensões territoriais, sobrepondo, inclusive, jurisdições nacionais.

Desse modo, encaminhava-se o comportamento da renovação do capitalismo, sinalizando efetivamente a um cenário posterior, com novas ideias relativas à sua configuração potencial, posto que:

> [...] **o conjunto da inovação tecnológica** –que tem nas telecomunicações e nos novos materiais um papel próximo ao que tiveram a máquina a vapor e a ferrovia durante a primeira Revolução Tecnológica e Industrial no século XIX-, **favorece substancialmente o avanço de uma forma informacional de produção e gestão econômica.** Assim, as principais corporações transnacionais seguem, cada vez mais, assumindo a espinha dorsal de uma economia mais globalizada, por intermédio de grandes cadeias de produção de bens e serviços em distintas partes do planeta, provocando profundas alterações na divisão do trabalho, **seja no interior de cada processo produtivo, seja na repartição do trabalho no mundo** (POCHMANN, 2004, p. 39, grifos meus).

É preciso uma delicada atenção no que se diz respeito às "ineficiências" de equilíbrio funcional, como estão visíveis no crepúsculo do fordismo. Ou seja, sob os limites rígidos aos quais era submetido o referido sistema parecia não reunir forças suficientes para, de sua parte, continuar promovendo o crescimento econômico, essencialmente nos moldes elevados do seu expansionismo histórico. Por isso, imbricadas no conjunto maior de significações da economia, as coisas pareciam não seguir uma ordem considerada viável para a sua "tranquilidade corriqueira". Essa condição desconcertante instigou sobremaneira os estudiosos, os homens de negócio, os que vivem do trabalho, os governos de qualquer natureza, em suas inquietações: o que estaria acontecendo no mundo, relativamente às "características usuais" do funcionamento fordista no seio do capitalismo? Como se comportar diante de situações agora deficitárias, sob um manejo tradicional da economia? O que fazer também, em relação à melhor maneira de empregar a mão de obra, visando produzir em escalas adequadas para o "perfeito" funcionamento do sistema capitalista? Nesse sentido, podem ser destacados:

> [...] aspectos essenciais das transformações produtivas em curso no conjunto das economias do mundo. Por decorrência do aparecimento de novos padrões de gestão da produção, como a especialização flexível e a desverticalização do processo produtivo, e do surgimento de novos paradigmas de administração do trabalho, como downsize, reengenharia e gestão participativa, entre outros, determinadas áreas geográficas mundiais tornaram-se "vencedoras" dentro do processo de constituição de grandes redes de produção em âmbito global. São valorizadas dentro desse contexto local de desenvolvimento as razões de ordem institucional, como a articulação de atores sociais e a organização produtiva, comercial e tecnológica (POCHMANN, 2004, p. 41).

Todavia, precisamos ter em mente que, as condições reais da economia relativamente ao seu amplo funcionamento, causavam incertezas diversas e os seus agentes, pareciam hesitar nas atribuições pertinentes a si próprios, quando precisavam enxergar o conjunto maior de significações econômicas, verificadas sob o plano da ortodoxia, até aquele período assinalado, onde eram visíveis as mudanças e incertezas. Sendo assim,

> [...] tal instabilidade macroeconômica gerou grande cautela nos investimentos produtivos industriais que, desde então, vinham se arrefecendo nos países capitalistas centrais, **a par do crescimento das atividades nos setores de serviços,** que agregam desde comércio, finanças, saúde etc., até novidades relacionadas a entretenimentos. Na concorrência imposta pelo **deslocamento do consumo a esses novos segmentos,** acirrada pelo baixo crescimento (se comparado aos índices do pós-1945 até final dos anos 1960), a indústria redirecionou suas estratégias de padronização em larga escala para a **crescente agregação tecnológica, maior qualidade e personalização de seus produtos** (PINTO, 2013, p. 44, grifos meus).

O momento histórico que vivia o capitalismo, tendo em vista as referidas tendências nas economias centrais e que implicavam mudanças econômico-produtivas dessa natureza, perpassava por entendimentos de que:

> A ruptura com o ciclo virtuoso de crescimento da economia mundial terminou sendo interpretada como sendo um novo

> padrão de acumulação, cuja dinâmica deixou de se basear no capital produtivo, **para centrar-se no comando das grandes finanças internacionais,** responsáveis por uma crescente financeirização da riqueza global e acompanhadas por grandes transformações tecnológicas que institucionalizam outras formas de produção, gestão e organização industrial. Nesse sentido, **o surgimento de novos fundamentos** tornou o desenvolvimento capitalista mais incerto e sujeito a crises de todos os tipos, **resultando tanto no rebaixamento das taxas de crescimento econômico como no aumento do desemprego e dos níveis globais de pobreza** (POCHMANN, 2004, p. 44-45, grifos meus).

Portanto as alternativas de gestão e produção do trabalho, na essência dessa ebulição histórica, apareciam cada vez mais no cenário internacional, revelando as novas formas, principalmente do ponto de vista das empresas, no sentido de se encontrar maior fluidez para o enfrentamento dos processos que surgiam, com intensa complexidade, no âmbito das economias de mercado.

De acordo com Pinto (2013), após a opção por experiências alternativas em termos de organização do trabalho e da produção, antes restritas a locais específicos, merecem destaque as redes de pequenas empresas tecnologicamente desenvolvidas, como a de especialização flexível, na "Terceira Itália". Já no plano interno das plantas, sobressaem-se os Grupos Semiautônomos (GSA), organização do trabalho desenvolvida na Suécia, região de Kalmar.

Entretanto após a eclosão do toyotismo no mundo do trabalho, parece ter havido um impacto mais forte e concorrencial, em termos de gestão da produção e controle desse trabalho humano, frente ao que se conhecia até o presente. Como se observa,

> [...] o mais polêmico e ousado sistema de organização foi o toyotista, desenvolvido na Toyota Motor Company, no Japão, desde os anos de 1950: além da profunda reorganização do trabalho internamente às plantas, ele se sustentava numa rede de subcontratações entre grandes firmas cujas relações eram muito mais fortes e estruturadas do que no caso italiano, principalmente em vista da aplicação do sistema just-in-time (CURRY, 1993 *apud* PINTO, 2013, p. 46).

Desse modo, percebe-se, a partir de sua constituição original, a tendência ao processo de horizontalização da produção, quando se decide subcontratar entre o conjunto das grandes firmas. O sistema toyotista de organização apresentava características de adequação às situações macroeconômicas prevalentes à época. Segundo a fonte referenciada,

> [...] tinha como fundamento uma metodologia de produção e de entrega mais rápidas e precisas que os demais, associada justamente à manutenção de uma empresa "enxuta" e "flexível". Isso era obtido pela focalização no produto principal, gerando desverticalização e subcontratação de empresas que passavam a desenvolver e a fornecer produtos e atividades, **com utilização de uma força de trabalho polivalente** –agregando em cada trabalhador- atividades de execução, controle de qualidade, manutenção, limpeza, operação de vários equipamentos simultaneamente, dentre outras responsabilidades (PINTO, 2013, p. 46, grifos meus).

Com todas essas características pode-se avaliar o quanto esse sistema posiciona-se para além do fordismo, em termos de controle sobre o trabalho. Ou seja, agora as tarefas produtivas desenvolvidas pelo homem multiplicam-se até o ponto de, no limite, possuir como atribuição alienante operar várias máquinas a um só tempo. Assim, o controle sobre o trabalho humano adquire uma intensificação bastante elevada, relativamente aos sistemas anteriores. De outro lado, não se pode relegar a busca por aumentos de produtividade e diminuição de custos, implícitos nas ideias estruturantes do toyotismo.

É relevante observar que, nesse ínterim, as alternâncias ocorridas na economia em geral – e no mundo do trabalho em particular – permitiram a convergência a um sistema que se determinou chamar de "acumulação flexível". Esse "novo" modo, que surge para fins de acumulação do capital, consubstanciado pela ciência e fortalecendo ainda mais os organizadores da produção, parece indicar um sentido contrário ao disposto no fordismo. Assim,

> [...] esses poderes aumentados de flexibilidade e mobilidade permitem que os empregadores exerçam pressões mais fortes de controle do trabalho sobre uma força de trabalho de qualquer maneira enfraquecida por dois surtos selvagens de deflação, força que viu o desemprego aumentar nos países capitalistas avançados (salvo, talvez, no Japão) para níveis sem precedentes no pós-guerra. O trabalho organizado foi solapado pela reconstrução de focos de acumulação flexível em regiões que careciam de tradições industriais anteriores e pela reimportação para os centros mais antigos das normas e práticas regressivas estabelecidas nessas novas áreas. A acumulação flexível parece implicar **níveis relativamente altos**

> **de desemprego "estrutural"** (em oposição ao "friccional"), **rápida destruição e reconstrução de habilidades, ganhos modestos** (quando há) **de salários reais e o retrocesso do poder sindical** –uma das colunas políticas do regime fordista (HARVEY, 2003, p. 140-141, grifos meus).

Desse modo, pode-se afirmar que o capitalismo se defronta com uma nova ordem, apresentando prioritariamente, características de transformações e maleabilidade relativas aos mercados e às relações de trabalho, à produção, aos mercados de consumo, aos obstáculos existentes no comércio entre nações e regiões e à visão do Estado sobre o modo como as empresas controlam o trabalho. Essa nova ordem pode ser traduzida por apenas uma palavra: flexibilização. Isto é, a necessidade imanente de flexibilizar essas relações, como forma de reencontrar níveis adequados e suficientes para um crescimento continuado da economia, incluindo-se nessas condições, a incessante busca por lucros condizentes a cada empresa e ao sistema como um todo. Esse é o entendimento que se sobressai, quando se reflete sobre a reestruturação produtiva, à qual estava sendo submetido o regime concorrencial, na consecução de bens e serviços, em tempos dessa nova ordem que se apresenta para o capitalismo. Ressalte-se que essa reorganização produtiva da economia

> [...] somente pôde ser efetivada mediante um conjunto de políticas estatais flexibilizadoras [...], **tendo como base ajustes estruturais nas contas nacionais**, afetando desde as políticas sociais até a continuidade do investimento estatal direto nos setores produtivos e financeiros, **submetendo a alocação dos recursos e dos resultados econômicos ao movimento de livre mercado.** No que tange aos trabalhadores, **passou-se a eliminar sistematicamente as regulamentações protetoras de direitos básicos,** responsabilizando-as pelo engessamento dos mercados de trabalho, pela elevação dos custos de produção e subsequente diminuição da competitividade empresarial. Buscou-se acelerar sua mobilidade e flexibilidade entre setores, regiões, empresas e postos de trabalho, reduzindo os custos empresariais e eliminando a rigidez resultante da atividade sindical (MATTOSO, 1994 *apud* PINTO, 2013, p. 47-48, grifos meus).

Ora, ao longo desse tempo histórico, distintos níveis de transformações implicam reflexivamente, diferentes visões técnicas sobre os temas recorrentes. Isso pode ser entendido pelos conteúdos das referidas políticas desenvolvidas. Os países capitalistas periféricos, normalmente, eram os principais alvos de sua aplicação. Uma das crenças implícitas na visão sobre o provável engessamento dos mercados de trabalho, ao se preservar as regulamentações protetoras de direitos básicos dos trabalhadores, pertence ao ideário do livre mercado. Ou seja, de acordo com aquele pensamento, acredita-se hegemonicamente que: "O mercado de trabalho quanto mais desregulado for, mais favorável será a elevação do nível geral de emprego. O pleno emprego é concebido como uma resultante do fortalecimento das forças da concorrência, da abertura comercial e da estabilidade monetária" (POCHMANN, 1998, p. 224 *apud* PINTO, 2013, p. 48).

Conforme observado em linhas anteriores, o surgimento do toyotismo antecede a esse tempo histórico. Porém é nesse contexto que começa a se organizar e expandir-se, de modo mais claro aos olhos do mundo, o sistema concebido por Ohno. De fato, parecia pertencer à visão toyotista um conjunto de características, semelhante a uma luva que vestia perfeitamente essa "nova" mão do capitalismo, em tempos de renovação. Portanto,

> [...] uma vez que se promoveu uma flexibilização das fronteiras comerciais nacionais a partir dos anos de 1980, a difusão do sistema toyotista foi relativamente rápida nas indústrias de bens duráveis dos principais países capitalistas, tendo à frente a automobilística, mesmo porque os maiores mercados automotivos do mundo, o estadunidense e o europeu, já haviam sido invadidos nessa época pelos veículos japoneses (RACHID, 1994 *apud* PINTO, 2013, p. 46-47).

Entretanto enfatiza-se que o taylorismo e o fordismo surgiram e expandiram-se em cenários econômicos distintos do toyotismo. Assim,

> [...] o sistema taylorista/fordista germinou dentro de uma economia em crescimento e, portanto, contando com um mercado consumidor (tanto interno, quanto externo) em expansão, **o toyotismo surgiu num contexto de crescimento econômico lento, em meio a um mercado interno que, se por um lado visava o consumo de praticamente todos os tipos de bens e serviços, mostrando-se diversificado, por outro se caracterizava pela pequena expansão da demanda.** Tais eram as características do contexto econômico japonês após a segunda guerra mundial, um ambiente propício à busca de inovações por maior competitividade pelas empresas japonesas (PINTO, 2013, p. 61, grifo meu).

É relevante observar que os regimes de organização do trabalho vistos até esse ponto, iniciando com o taylorismo, passando pelo fordismo e chegando ao toyotismo, todos eles possuem em comum o objetivo de controle, racionalização e intensificação do trabalho humano. Obviamente, esses elementos arrastam consigo, em espirais cada vez mais envolventes e robustas, o aumento da produtividade e do lucro, por parte das empresas. Ademais, chama-se a atenção para outro importante artifício, presente na estrutura do pensamento desses que lograram administrar formas de controle sobre o trabalho, o que invariavelmente consegue deixar os trabalhadores quase sem pensar, exceto no que se refere às suas tarefas produtivas. Essa questão faz-se notar nos registros a seguir:

> Se Taylor havia decomposto atividades complexas em operações simples rigorosamente impostas dentro dum roteiro único de execução ("the one best way"), tendo Ford se empenhado no automatismo, ambos tiveram como objetivo atacar o saber dos trabalhadores mais qualificados e, assim, diminuir seus poderes sobre a produção, com aumento do controle gerencial da intensidade do trabalho, como um todo. **Ohno perseguiu os mesmos objetivos, partindo**, entretanto, **no sentido inverso: procurou desenvolver a "desespecialização" e, ao exigir de todos os trabalhadores a polivalência, desautorizou o poder de negociação detido pelos mais qualificados, obtendo por essa via o aumento do controle e a intensificação do trabalho** (PINTO, 2013, p. 64, grifos meus).

Importa saber que diversas transformações tiveram lugar entre a "passagem" do sistema fordista para o toyotismo. De acordo com a fonte referenciada, no funcionamento desse último regime de gestão da produção e do controle do trabalho, ao se falar em sistema Kanbam e em "celularização" de postos de trabalho, encontramo-nos diante de aspectos diferenciais e importantes do regime concebido por Ohno. Com o sistema Kanbam,

> No âmbito interno das fábricas, esses fluxos de informação e de materiais foram possibilitados pela elaboração de um dispositivo mecânico que conduzia caixas no sentido inverso da produção (ou seja, dos postos posteriores aos anteriores), contendo cartazes (kanbam, em japonês) com informações sobre a quantidade necessária de alimentação dos postos subsequentes, ao mesmo tempo em que outras caixas passaram a circular no sentido normal do fluxo produtivo (dos postos anteriores aos posteriores), carregadas das peças ou materiais

> encomendados por cada um desses postos. [...], **o kanbam permitiu descentralizar uma parcela das atividades relativas ao controle das encomendas e das fabricações, confiando-as aos chefes das equipes de trabalhadores,** sendo que, até então, estavam concentradas num departamento especializado, no sistema taylorista/fordista. [...], **essa descentralização permitiu integrar as atividades de controle de qualidade dos produtos à própria esfera da produção direta** (CORIAT, 1994 *apud* PINTO, 2013, p. 65-66, grifos meus).

Sabe-se que essas mudanças trouxeram exigências de um novo layout da planta fabril. Assim, com a orientação das empresas direcionando esforços para reformularem seus respectivos espaços de produção,

> **A "celularização", consistiu em organizar os postos de trabalho em grandes conjuntos abertos** (e não fechados, como departamentos), **de modo a concentrarem em si uma etapa definida de todo o processo produtivo.** Por exemplo, na fabricação de automóveis: um conjunto de postos responsáveis pela montagem dos eixos; outro pelo acoplamento do sistema de suspensão; o seguinte pelos freios, e assim por diante. **Cada um desses conjuntos de postos de trabalho foi denominado "células de produção" e constituem-se de equipes de trabalhadores, que podem alternar-se em seus postos conforme o volume de produção pedido ou metas de qualidade exigidas ou outro motivo.** [...], Aboliu-se o formato retilíneo dos postos de trabalho da linha de série fordista, tendo o conjunto das células de produção se encaixado entre si num formato semelhante a uma linha sinuosa, na busca de se formar novamente o fluxo produtivo (PINTO, 2013, p. 66-67, grifos meus).

Entretanto, Pinto (2013) ressalta que, uma das maiores inovações do sistema toyotista ocorre com a descoberta do kanbam em suas relações externas, isto é, nas relações com outras empresas e clientes, ao longo de toda a cadeia produtiva. Assim,

> A autonomação, a polivalência e a celularização permitiram a aplicação do sistema kanbam nas relações entre empresas clientes e fornecedoras ao longo das cadeias produtivas (o chamado kanbam "externo"), de modo que, ao estabelecer um fluxo contínuo de informações e alimentação de produtos entre essas empresas, **suas operações de fábrica passassem a ser ativadas somente após as encomendas,** as quais

> devem ser feitas apenas após **concluídos determinados patamares de vendas.** Com base nesse sistema, "**nivelou-se**" **gradativamente o fluxo de produção ao longo das cadeias produtivas,** com baixa formação de estoques nas empresas (PINTO, 2013, p. 68, grifos meus).

Ademais, a incorporação dessas relações e desses procedimentos no processo produtivo teria sido o elemento principal, com outra característica marcante no toyotismo, que foi, sem embargo, o regime de *just-in-time*. Assim, as mercadorias eram processadas estritamente nesta ordem: encomenda-produção-entrega. Como se vê, um sistema de gestão da produção e do controle do trabalho perfeito e alinhado com o seu tempo. Segundo a fonte referenciada nesta obra, capaz de se coligar, em termos de processos produtivos, até mesmo com a demanda geral das mercadorias. Tanto é assim que:

> Ao contrário do sistema taylorista/fordista, no qual a somatória do tempo das mínimas operações de cada um dos trabalhadores era previamente fixada e determinava a capacidade produtiva do sistema como um todo, **no sistema toyotista,** o que importa **é o tempo de "ciclo das atividades" realizadas em cada célula** e, consequentemente, **em cada posto de trabalho, sendo ambos variáveis,** ou **restabelecidos permanentemente de acordo com a variação da demanda geral,** isto é, do **fluxo da cadeia produtiva** (PINTO, 2013, p. 69, grifos meus).

2.2.4 Reflexos das transformações da gestão produtiva e controle do trabalho no Brasil

O processo de transformação do sistema fordista para o modo flexível de organizar a produção e o trabalho, como vimos, estava em grande ebulição já nos anos 1970. Entretanto, no Brasil, somente nos anos 1980, viriam a se iniciar algum tipo de mudança no que se refere à gestão produtiva e ao controle do trabalho. De fato,

> Foi, então, durante a década de 1980, que ocorreram os primeiros impulsos do nosso processo de reestruturação produtiva, levando as empresas a adotar, no início de modo restrito, **novos padrões organizacionais e tecnológicos, novas formas de organização social do trabalho.** Iniciou-se a utilização da informatização produtiva e do sistema just-in-time; germinou a produção baseada em team work, alicerçada nos

> programas de qualidade total, ampliando também o processo de difusão da microeletrônica. [...], o início da implantação dos métodos denominados "participativos", mecanismos que procuram o "envolvimento" (na verdade, a adesão e a sujeição) dos trabalhadores com os planos das empresas. [...], o processo de reengenharia industrial e organizacional, cujos principais determinantes foram decorrência: 1) **das imposições das empresas transnacionais,** que levaram à adoção, por parte de suas subsidiárias no Brasil, de novos padrões organizacionais e tecnológicos, em maior ou menor medida inspirados no toyotismo e nas formas flexíveis de acumulação; 2) **da necessidade, no âmbito dos capitais e de seus novos mecanismos de concorrência, de empresas brasileiras prepararem-se para a nova fase,** marcada por forte "competitividade internacional"; 3) **da necessidade de as empresas nacionais responderem ao avanço do novo sindicalismo e das formas de confronto e de rebeldia dos trabalhadores que procuravam estruturarem-se mais fortemente nos locais de trabalho,** desde as históricas greves do ABC paulista, no pós-78, e também em São Paulo, onde era significativa a experiência de organização de base nas empresas (ANTUNES, 2006, p. 17-18, grifos meus).

Portanto um começo de novos processos, na gestão produtiva e no controle do trabalho, ainda que movido precipuamente por necessidades externas, das grandes empresas com subsidiárias no Brasil. Ora, essa primeira reestruturação produtiva em solos pátrios caracterizou-se também pela:

> Retração de custos, mediante a **redução da força de trabalho,** de que foram exemplos os setores automobilísticos e de autopeças, e também os ramos têxteis e bancário, entre outros. De modo sintético, pode-se dizer que a necessidade de elevação da produtividade ocorreu por meio da reorganização da produção, **redução do número de trabalhadores, intensificação da jornada de trabalho dos empregados,** surgimento dos CCQs (círculos de controle de qualidade) e dos sistemas de produção just-in-time e kanbam, entre os principais elementos (ANTUNES, 2006, p. 18, grifos meus).

Alguns autores relatam que, no intenso movimento imposto pelo capital, no afã de estabelecer os níveis adquiridos para sua reposição, a demanda por essas conquistas percorreu - e ainda percorre - o mundo. Nesse percurso, obviamente estavam alinhados os países de economia periférica e os que aceitavam mais facilmente uma volatilidade do capital. Dentre os quais, em seu processo de reestruturação produtiva, pode-se incluir o Brasil. Nesse sentido:

> A partir dos anos 1980 assiste-se ao movimento mais geral de reformulação dos processos globais de acumulação de capital, coordenado, sobretudo, por grandes corporações transnacionais que buscam incessantemente explorar novas oportunidades mais lucrativas de investimento, muitas vezes forjadas por ofertas de governos nacionais de rebaixamento de custos e de financiamentos domésticos subsidiados. Essa submissão por parte de vários governos nacionais favoreceu o transplante de partes da cadeia produtiva, por meio da formação de redes de subcontratação vinculadas às corporações transnacionais (POCHMANN, 2004, p. 32).

Dessa forma, em uma visão complementar, são por demais relevantes as observações que se seguem, tendo em vista que pertencem à mesma época e carregam em si reflexões sobre a produção e o emprego no país. Assim, a partir de 1980,

> A economia brasileira registrou uma profunda inflexão, **com predominância de um longo ciclo de baixo dinamismo.** Diante da expansão da produção nacional pouco acima da evolução demográfica, **o país perdeu importância na economia mundial.** Deixou de ser oitava economia em 1980 **para assumir a décima terceira posição mundial.** Em relação à evolução da ocupação, [...] **desde 1980, o indicador do emprego industrial vem regredindo.** Em 1999, o Brasil possuía 3,1% da quantidade de empregos industriais do mundo, o que equivaleu a menos de 12% do total da ocupação nacional. Essa situação encontra-se próxima da registrada em 1940, logo no início do processo de industrialização nacional (POCHMANN, 2004, p. 57-58, grifos meus).

Todavia, somente no início dos anos 1990 é que deslancha por completo o processo de reestruturação produtiva que se faz conhecer em solos nacionais do Brasil. Afirma-se nesse ponto que, sem embargo, a maioria das empresas possuía em seu universo de trabalho a presença de elementos formadores para o desenvolvimento de processos produtivos, por meio da acumulação flexível em nossa economia. Por isso é de grande importância perceber, como já se consolidavam no espaço geográfico brasileiro, algumas características pertencentes ao processo de reestruturação produtiva, o que certamente enfraquecia o trabalho organizado. Notemos entre outros aspectos, as informações grafadas pelo autor:

> Foi nos anos 90 que a reestruturação produtiva do capital desenvolveu-se intensamente em nosso país por meio da implantação de vários receituários oriundos da acumulação flexível e do ideário japonês, com a intensificação da lean production, dos sistemas jus-in-time e kanbam, do processo de qualidade total, das formas de subcontratação e de terceirização da força de trabalho, da transferência de plantas e unidades produtivas. [...], verificou-se um processo de descentralização produtiva, no qual indústrias nacionais, como a têxtil, sob a alegação da concorrência internacional, deflagravam um movimento de mudanças geográficas, buscando níveis mais rebaixados de remuneração da força de trabalho e incentivos fiscais ofertados pelo Estado. **Foi sob a condução política do Consenso de Washington, que se intensificou o processo de reestruturação produtiva do capital no Brasil,** processo que vem se efetivando mediante formas diferenciadas, configurando uma realidade que comporta tanto elementos de continuidade como de descontinuidade em relação às fases anteriores (ANTUNES, 2006, p. 18-19, grifo meu).

Ainda se observa nos anos 1990, enquanto elementos de grande relevância nessa fase da reorganização produtiva brasileira, que:

> [...] enormes enxugamentos da força de trabalho combinam-se com mutações sociotécnicas no processo produtivo e na organização do controle social do trabalho. **A flexibilização e a desregulamentação dos direitos sociais,** bem como a terceirização e as novas formas de gestão da força de trabalho implantadas no espaço produtivo, estão em curso acentuado e presentes em grande intensidade, coexistindo com o fordismo, que parece ainda preservado em vários ramos produtivos e de serviços, como se pode constatar na gama compósita e heterogênea presente em nosso universo de pesquisa. Mas quando se olha o conjunto da estrutura produtiva, pode-se também constatar que o fordismo periférico e subordinado, que foi aqui estruturado, **cada vez mais se mescla fortemente com novos processos produtivos,** em grande expansão, consequência da liofilização organizacional, dos mecanismos próprios oriundos da acumulação flexível e das práticas toyotistas que foram e estão sendo assimiladas com vigor pelo setor produtivo brasileiro (ANTUNES, 2006, p. 19, grifos meus).

Ademais, é importante assinalar que nesse universo "recente", instituído na economia brasileira, agora impregnado por novas formas de gestão produtiva e controle do trabalho, completam-se em um espaço, com fatores inerentes à sua formação econômica. Assim, os "ingredientes" necessários para o funcionamento desejado aos organizadores da produção encontravam-se bem presentes no cenário de então. Esses aspectos são bem explicados, de acordo com a fonte referenciada nesta obra, da seguinte forma:

> Se, por um lado, é verdade que a baixa remuneração da força de trabalho –que se caracteriza como fator de atração para o fluxo de capital estrangeiro produtivo em nosso país- pode-se constituir, em alguma medida, como elemento obstaculizador para o avanço tecnológico, devemos acrescentar, por outro, que a combinação entre padrões produtivos tecnologicamente mais avançados e uma melhor "qualificação" da força de trabalho oferece como resultante **um aumento da superexploração da força de trabalho, traço constitutivo e marcante do capitalismo implantado em nosso país.** Para os capitais produtivos (nacionais e transnacionais) interessa, [...], a mescla entre os equipamentos informacionais e a força de trabalho "qualificada", "polivalente", "multifuncional", apta para operá-los, porém percebendo **salários muito inferiores àqueles alcançados pelos trabalhadores das economias avançadas,** além de regida por **direitos sociais amplamente flexibilizados** (ANTUNES, 2006, p. 19, grifos meus).

2.3 MERCADO DE TRABALHO

A força de trabalho de uma nação representa um dos multiplicadores produtivos em sua economia. Os outros elementos que geram a riqueza de um país são o capital e os recursos naturais. No que diz respeito à sua expressividade, no engendramento do Produto Interno Bruto, a evolução da população é elemento fundamental para se examinar o crescimento das coletividades. Dentre outras coisas, essa evolução é relevante na determinação do número de pessoas em idade ativa para o trabalho. Suas características quantitativas e qualitativas permitem, ao longo do tempo, a formação da população economicamente ativa. Essa é a parcela contingencial, no interior da população em idade para o trabalho, que auxilia na formação das riquezas materiais (e/ou imateriais) de qualquer país, estado ou região.

No Brasil, entre os anos 1930 e 1970, sabe-se que o trabalho de forma organizada prosperou significativamente. Com nossa industrialização iniciando nos anos 30 do século XX, houve progresso material e o trabalho humano foi muito requisitado pelas forças propulsoras da economia. A regulação do trabalho formal assegurava uma tranquilidade aos trabalhadores, na elaboração das riquezas nacionais. Assim,

> Com o maior impulso à industrialização nacional, o país viveu um período de "ouro", com elevadas taxas de expansão da produção. Em perspectiva histórica, o crescente avanço das forças produtivas ocorreu por meio da combinação do projeto de industrialização com forte expansão estatal e ampla internacionalização do mercado interno, permitindo maior participação relativa do Brasil na economia mundial. Em 1980, por exemplo, a renda nacional era cinco vezes maior que a registrada em 1890 (POCHMANN, 2004, p. 57).

No interior desse contexto produtivo, é pragmático referir-se à importância da mão de obra nacional, em seu crescimento organizado. Nesse sentido,

> Em relação à evolução da ocupação, também se constatou uma situação favorável entre as décadas de 1930 e de 1970. Nesse período, o Brasil avançou rapidamente na ampliação do volume de trabalhadores ocupados na indústria de transformação. **Em 1930**, por exemplo, **o total de postos de trabalho na indústria de transformação equivalia a 7,6% do total das ocupações do país**, enquanto **em 1980 o peso do emprego da indústria de transformação foi de quase 20%**, representando 4,1% do volume mundial de postos de trabalho (POCHMANN, 2004, p. 57-58, grifos meus).

Outros estudos, não menos importantes, chamam a atenção para a tendência que acompanhou o mercado de trabalho, no Brasil. Com ênfase para a organização do trabalho formal, Pochmann (2002) faz referências à sua estruturação no século XX:

> Entre as décadas de 40 e 70, o mercado de trabalho apresentou fortes sinais de estruturação em torno do emprego assalariado regular e dos segmentos organizados da ocupação. [...], **a presença de taxas elevadas de expansão dos empregos assalariados com registro formal em segmentos organizados e a redução da participação relativa das ocupações sem registro, sem remuneração e por conta própria, e**

> **ainda do desemprego, possibilitaram a incorporação crescente de parcelas da População Economicamente Ativa ao estatuto do trabalho brasileiro.** [...], também ocorreu a diminuição das ocupações não-organizadas, o que permitiu que ganhasse força a perspectiva de acesso de todos os trabalhadores ao conjunto de empregos regulares. Além disso, houve queda no grau de subutilização da força de trabalho brasileira (desempregados, conta própria e sem remuneração), deixando de representar 55,7% da PEA em 1940 para passar para 34,1% em 1980 (POCHMANN, 2002, p. 67, grifos meus).

Com essa organização em torno do emprego formal, o mercado de trabalho cresceu e estabilizou-se, auxiliando sobremaneira o crescimento econômico do país no período assinalado. Desse modo, perpassou por transformações importantes na economia brasileira, desde o início do processo de substituição de importações nos anos 1930, passando pela etapa constitutiva da economia urbana na década de 1940, pela proteção aos industriais nos anos 1950, e chegando ao "milagre econômico" entre o final dos anos 1960 e meados dos anos 1970. No transcorrer dos anos 1970, quando era lançada a indústria de base, apareciam os sinais de crepúsculo do ciclo brasileiro, referente à sua substituição de importações. No ínterim de todo esse percurso temporal, eram fortes e organizados o emprego e suas relações formais na economia do Brasil.

Assim, de acordo com Pochmann (2002), a População Economicamente Ativa aumentou de tamanho ao longo do tempo, e o emprego assalariado com registro acompanhou esse crescimento. No meio urbano, com destaque para o setor secundário da economia brasileira, tendo a indústria de transformação à frente dos avanços, as ocupações do trabalho organizado caminharam em diapasão forte e continuado entre 1940 e 1980. Contudo, é de extrema relevância a compreensão de que:

> A expansão dos empregos regulares registrados e das ocupações nos segmentos organizados da economia indicou o movimento geral do mercado de trabalho, que ocorreu, em grande medida, por força da implementação e consolidação do projeto de industrialização nacional, bem como devido à institucionalização das relações de trabalho, compartilhada pelo conjunto de normas legais difundidas a partir de um código de trabalho no país, **Consolidação das Leis do Trabalho** – CLT (POCHMANN, 2002, p. 70, grifos meus).

Ademais,

> A dinâmica da industrialização, orientada pelas políticas macroeconômicas comprometidas com a expansão da produção nacional, favoreceu continuamente o aumento do número de ocupações. Sem a institucionalização das relações de trabalho, contudo, não estaria assegurada a mesma expansão dos empregos registrados e das ocupações nos segmentos organizados, conforme revelada (POCHMANN, 2002, p. 70).

No entanto,

> Apesar dos sinais incontestes de estruturação do mercado de trabalho ao longo do tempo, não houve, como é sabido, a sua homogeneização nos mesmos níveis constatados nos países desenvolvidos. Nestes, a taxa de assalariamento urbana supera os 4/5 da População Economicamente Ativa ocupada no meio urbano, enquanto no Brasil ela passou de 42,0% em 1940 para 62,8% em 1980. [...], numa perspectiva de longo prazo, caminhava-se para a consolidação dos empregos regulares com registro e para uma maior taxa de assalariamento, porém permaneciam os problemas tradicionais do mercado de trabalho em economias subdesenvolvidas, tais como a informalidade, subemprego, baixos salários e desigualdade de rendimentos. [...] **as melhores condições de trabalho e remuneração tendiam a se concentrar no assalariamento com registro e nas ocupações nos segmentos organizados** (POCHMANN, 2002, p. 70, grifos meus).

O país, na década de 1980, passou por momentos difíceis em sua economia. Parecia que todos os esforços contributivos à formação do produto interno bruto não se mostravam suficientes para um crescimento econômico duradouro. Ou seja, a "sina originária" de sua formação econômica fazia-se presente ao longo dos séculos: trabalhar para se manter e destinar a maior parte de seu produto a economias exteriores. As incertezas, por causa das altas taxas inflacionárias e de significativos volumes de recursos destinados ao pagamento da dívida externa, eram fortes elementos de óbice no período, a quaisquer sinais de crescimento econômico. Obviamente, essas questões restaram transformando-se em obstáculos ao crescimento da População Economicamente Ativa e de postos de trabalho nacionais. Isto é, a tendência continuada da estruturação do mercado de trabalho brasileiro dava sinais de arrefecimento. Desse modo:

> O colapso do padrão de financiamento da economia brasileira no início dos anos 80, por conta da crise da dívida externa, levou à adoção de um conjunto de programas de ajustes macroeconômicos, que até hoje inviabilizaram a retomada do crescimento econômico sustentado. No cenário de estagnação, de fortes e rápidas oscilações econômicas e num contexto hiperinflacionário, o país terminou rompendo com a tendência de estruturação do mercado de trabalho inaugurada ainda nos anos 30. A partir dos anos 80, observou-se uma desaceleração na queda do número das ocupações no setor primário da economia, enquanto o setor secundário deixou de apresentar maior contribuição relativa no total das ocupações. **Um inchamento do setor terciário ocorreu, ao mesmo tempo em que o desemprego tornava-se maior e mais precárias eram as ocupações geradas** (POCHMANN, 2002, p. 71, grifos meus).

Sabe-se que as características gerais dos programas macroeconômicos de então se constituíram para, em primeiro plano, tratar de pagamentos da dívida externa; sem, no entanto, relegar outras questões específicas, entre as quais pode se incluir a manutenção da estrutura dos empregos. Segundo Pochmann (2002):

> Ainda na década de 1980, por conta dos condicionantes externos (escassez de recursos financeiros internacionais aos países endividados), o Brasil manteve uma política macroeconômica de geração de elevado superávit comercial, como forma de atender ao pagamento da dívida externa. De acordo com esse objetivo geral, a adoção de um programa exportador e, ao mesmo tempo, de substituição de importações impediu uma drástica queda na geração de postos de trabalho, **apesar da redução na taxa agregada de investimento, da forte oscilação no nível de atividades econômicas, com estagnação do produto.** [...] embora o país **tenha deixado de expandir o nível de assalariamento** da População Economicamente Ativa, **não houve evolução negativa dos empregos assalariados** (POCHMANN, 2002, p. 72, grifos meus).

Entretanto, em que pese uma atuação efetiva do governo, conforme referido, observa-se que as condições gerais da economia não se mantiveram favoráveis e que, especificamente, a taxa de assalariamento dos trabalhadores urbanos não consegue acompanhar a tendência de crescimento das décadas anteriores. Além disso, a composição da População Economicamente Ativa, entre os anos de 1980 e 1991, sofre alterações significativas. De acordo com a fonte referenciada:

> Os empregos assalariados percebem transformações em seus elementos, o dos registrados e dos sem registro em carteira. De cada cem empregos assalariados, 99 foram sem registro e apenas um tinha registro. Entre as ocupações não assalariadas, cresceram as de empregador (4,9% ao ano) e de conta própria (3,5% ao ano). As ocupações sem remuneração sofreram uma queda de (-1,7% ao ano), o desemprego cresceu em (6,6% ao ano), enquanto a taxa de subutilização da força de trabalho foi mantida (POCHMANN, 2002, p. 72-73).

São alterações dessa natureza no mercado de trabalho brasileiro, além de outras, como a expansão das ocupações nos espaços não organizados da economia urbana, que refletem os primeiros sinais de sua desestruturação, ainda nos anos 1980. Os estudos de Pochmann (2002, p. 73-75) revelam que:

> Além da redução na participação relativa de empregos assalariados com registro no total dos assalariados, ocorreu o aumento da participação das ocupações nos segmentos não-organizados da economia urbana. Entre 1980 e 1991, de cada dez ocupações geradas, quatro foram de responsabilidade do segmento não-organizado e cinco do segmento organizado. Enquanto as ocupações do segmento não-organizado cresceram a uma taxa média anual de 4,9%, o segmento organizado apresentou taxa média anual de variação de 2,7%. [...] Devem ser minimizados, todavia, os argumentos que procuram buscar na nova Constituição de 1988 as razões para as debilidades atuais do mercado de trabalho brasileiro, já que neste estava em curso mudanças estruturais desde o início da década.

Contudo, é nos anos 1990 que o Brasil experimenta uma verdadeira desestruturação em seu mercado de trabalho, tendo em vista, além de outros fatores, a redução das ocupações organizadas e a expansão das ocupações em espaços não organizados da economia. Há, de fato, uma desagregação nas relações de trabalho protegidas pela legislação, ao passo que a preferência de contratação por meio dessas relações de trabalho não formais parece criar um sentido mais amplo entre os empregadores nacionais.

Estudos realizados pelo Departamento Intersindical de Estatística e Estudos Socioeconômicos (DIEESE, 2001, p. 11, grifos meus) observam que:

> A década de 90 é um divisor de águas nas trajetórias dos principais indicadores da situação do trabalho no Brasil. Após cinquenta anos de progressivo aumento no trabalho assalariado e formalização das relações de trabalho, **houve drástica regressão no mercado de trabalho, com aumento de todas as formas de desemprego, crescimento dos vínculos de trabalho vulneráveis, queda dos rendimentos reais e concentração da renda.** Mesmo nos piores momentos dos anos 80, assolados pela crise do endividamento externo e pela hiperinflação latente, não houve um retrocesso tão abrangente na situação do trabalho. O crescimento do desemprego, ocorrido no período de 81-83, causou perplexidade, pois o país crescia há mais de dez anos de forma significativa. No entanto, esse desemprego foi rapidamente absorvido após 1984, chegando em 1989 a seus menores índices da década, principalmente devido ao impulso dado pela geração de empregos no setor público. **O mesmo não ocorreu nos anos 90, em que,** nos momentos de retomada do crescimento econômico, como no período de 93 a 97, **as taxas de desemprego continuaram elevadas,** praticamente insensíveis ao ritmo da atividade produtiva. Anos de chumbo para os trabalhadores.

Nesse sentido, pesquisas do Dieese, publicadas em 2001, referentes ao desemprego, foram efetivadas nas regiões metropolitanas de Belo Horizonte, do Distrito Federal, de Porto Alegre, Recife, Salvador e São Paulo, abrangendo uma medida representativa dos indicadores do mercado de trabalho no espaço geográfico brasileiro. Segundo os referidos estudos, mesmo que em diferentes intensidades, o comportamento do desemprego no período dos anos 1990 apresentou tendência de se agravar em todas as regiões pesquisadas. Embora as taxas de desemprego total apresentassem-se elevadas em toda a década, os anos de maior criticidade, nas elevações das taxas desse indicativo, são aqueles a partir de 1996, estendendo-se até ao ano de 1999. Para esse último ano, de acordo com o Dieese (2001, p. 72), as taxas revelaram-se nas regiões metropolitanas de Belo Horizonte (17,9%), do Distrito Federal (21,6%), de Porto Alegre (19,0%), Recife (22,1%), Salvador (27,7%) e São Paulo (19,3%). Assim, tais estudos chegam à conclusão qualitativa de que:

> Essa evolução desfavorável do desemprego é consequência de um medíocre crescimento, nestas regiões, dos níveis globais da ocupação, que não foram suficientes para atender o incremento das suas respectivas PEAs. Paulatinamente, incrementou-se o déficit de postos de trabalho, expresso pela diferença entre o número de empregos gerados (representados pelo total

> de pessoas ocupadas) e o número de pessoas economicamente ativas. Essa evolução [...] resulta em crescentes contingentes de trabalhadores marginalizados da atividade produtiva, com grande desperdício da força de trabalho e aumento de uma das formas mais perversas de exclusão social. [...] A evolução desfavorável do desemprego total é agravada pela elevação simultânea da duração média da procura de trabalho pelos desempregados e a generalização do desemprego, que passou a atingir os mais diversos segmentos da força de trabalho metropolitana (DIEESE, 2001, p. 52-55).

Com esse cenário geral desfavorável, o mercado de trabalho brasileiro, que havia conquistado, entre 1930 e 1970, uma estabilização em termos de segurança e organização para os trabalhadores, parece desmoronar em apenas 10 anos. O tempo de procura por emprego é um reflexo do agravamento por que passaram as relações de trabalho formal no país. Nas observações verificadas, afirma-se que:

> A duração média de procura de trabalho, na maioria das regiões estudadas, aumentou significativamente. [...] no Distrito Federal (quinze meses) e em Salvador (doze meses) a busca por um emprego chegou a levar, em média, um ano ou mais. Nas áreas metropolitanas de Porto Alegre e Belo Horizonte, em 1999, a média ficou em onze meses. Na Grande São Paulo, passou de quatro meses em 1989, para oito em 1998 e atingiu dez meses em 1999 (DIEESE, 2001, p. 55).

Naquele estudo, outro fator a ser considerado na expressão das altas taxas reveladas pelo desemprego é a sua generalização, por meio de todas as faixas etárias e até mesmo da capacitação educacional dos trabalhadores. Assim, descortina-se que:

> Em todas as regiões metropolitanas, verifica-se um elevado crescimento do desemprego em segmentos como jovens, cônjuges/filhos e trabalhadores com menor nível de instrução que, tradicionalmente, já tendem a ter mais dificuldades para encontrar uma ocupação. Ao mesmo tempo, porém, aumenta o desemprego entre a força de trabalho na idade mais produtiva (25 a 39 anos), na parcela madura e experiente (40 anos e mais), entre os chefes de família e **até entre os trabalhadores com níveis de instrução mais elevados,** como os de ensino médio completo ou ensino superior (DIEESE, 2001, p. 56, grifo meu).

Ora, há de fato, uma desconexão de razoabilidade entre essa generalização do desemprego e o segmento de trabalhadores com mais alta instrução. Nesse sentido:

> Essa tendência **relativiza** o argumento de que o investimento social e pessoal em educação é o principal meio de superação do desemprego, **pois houve aumento no desemprego para a população com níveis mais elevados de instrução.** Num mercado de trabalho deprimido e sem perspectiva de crescimento da oferta de postos de trabalho, corre-se, de um lado, o risco de se frustrarem as expectativas dos indivíduos que investiram na sua educação e, de outro, **de se protelar socialmente o foco de direcionamento de políticas econômicas mais eficazes para melhorar a capacidade da economia em gerar postos de trabalho em número suficiente para atender o crescimento da força de trabalho** (DIEESE, 2001, p. 58-59, grifos meus).

O capitalismo é, sem embargo, um sistema de produção eficiente, mas desigual em sua natureza. As observações anotadas anteriormente revelam de forma implícita que: uma distribuição mais favorável dos empregos destinados à mão de obra – População Economicamente Ativa – de que dispõem depende não somente dos recursos e das condições tecnológicas existentes, mas também de uma visão técnica dos administradores da economia, relativamente ao emprego desses recursos disponíveis. Como se pode perceber, estamos nesse ponto, diante de questões decisivas sobre o emprego mais intensivo do trabalho ou do capital. Ou seja, a ideologia participando diretamente, ao escolher quais os fatores produtivos a serem empregados na economia, em determinados período e espaço territorial.

Assim, na condição de agente econômico, as decisões de políticas públicas dos governos na década de 1990 — não escolhendo determinar quais os caminhos mais eficientes na proteção do emprego organizado[18] quase que

[18] "[...], na década de 80, [...] – depois de quinze anos de governos autoritários -, [...] o aumento da desigualdade social e o desemprego, [...] passou a afetar o núcleo mais dinâmico do mercado de trabalho. [...] até hoje **os governos eleitos pelo regime democrático não foram capazes de adotar políticas públicas consistentes para enfrentar o avanço do desemprego e a perversa concentração de renda** que têm caracterizado a economia brasileira nos últimos anos. Desde os anos 90, **a postura oficial do governo de desvincular as questões relativas à geração de emprego da política macroeconômica,** [...], tem sido um dos fatores decisivos para a adoção de um tipo de política social com caráter reativo, **voltada basicamente para a correção pontual das distorções do mercado de trabalho.** [...] **O emprego é visto como um produto secundário do crescimento econômico, e não como um objetivo que deva orientar as políticas econômicas do governo.** A qualidade dos empregos gerados não é questionada e **o desemprego é**, muitas vezes, **tratado como resultado dos desequilíbrios internos do próprio mercado de trabalho**" (DIEESE, 2001, p. 260, grifos meus).

abandonam o trabalho vivo às forças de mercado, que se norteiam por leis de oferta e procura da mão de obra trabalhadora — influíram de sua parte, para que as condições reais no desemprego da população se agravassem. De acordo com o Dieese (2001), não somente as taxas do desemprego total significaram a situação de crise, mas também as de seus três componentes: desemprego aberto, oculto pelo trabalho precário e oculto pelo desalento. Por isso, à medida que estavam se revelando, queriam apontar — de forma análoga ao desemprego total —, o cenário desfavorável das condições sociais no período.

Ademais, as mudanças na estrutura ocupacional, com a queda no potencial de geração de emprego no setor industrial e o aumento das relações de trabalho à margem da legislação trabalhista, são características marcantes nessa fase de expansão do desemprego nacional, o que, efetivamente, terminam por fragilizar mais ainda o mercado de trabalho em destaque. Em relação ao primeiro item, ou seja, a perda de empregos no setor industrial, afirma-se que:

> A queda do emprego na indústria está intimamente relacionada ao padrão de desenvolvimento e à forma recente de inserção internacional, escolhidos pelo Brasil. A adoção de medidas como a abertura comercial abrupta, taxas de juros elevadas, câmbio apreciado (com moeda sobrevalorizada) e redução do papel do Estado **resultaram** não só **num débil e instável crescimento econômico,** como também numa aceleração e intensificação da reestruturação tecnológica e organizacional das empresas. **Esse movimento acabou por eliminar e/ou deslocar postos de trabalho, via racionalização, aumento da produtividade e intensificação do processo de terceirização, nas regiões mais industrializadas.** Como resultado, o setor industrial reduz, em termos absolutos, o seu nível de ocupação e perde sua participação na estrutura ocupacional setorial (DIEESE, 2001, p. 62, grifos meus).

No que diz respeito ao crescimento das relações informais de trabalho em nosso país, sabe-se que representaram, na década de 1990, uma vertente oposta ao percurso do trabalho organizado. Isto é, as formas flexíveis de contratação da mão de obra, entendidas por estudiosos como a contratação do trabalhador diretamente pela empresa, na condição de assalariado sem carteira de trabalho assinada, via empresa terceirizada, ou como trabalhador autônomo, grassaram em terras brasileiras no período em relevo.

Portanto, sob esse olhar, faz-se nesta obra um detalhamento histórico do referido decênio, no âmbito da Região Metropolitana de São Paulo. Pretende-se que tal análise represente uma sinalização ou amostra da amplitude dos estudos realizados pelo Dieese; tendo em vista a significativa dinâmica e o elevado contingente de trabalhadores, naquele espaço territorial do país. Assim, de acordo com o Dieese (2001, p. 64, grifos meus):

> A região metropolitana de São Paulo apresentava **sob a forma de contratação padrão** de mão de obra 79,1% em 1989, passando para 68,4% em 1998 e 66,9% em 1999. Nesses mesmos anos, os assalariados **com carteira no setor privado** eram, respectivamente, 67,4%; 57,4%; e 56,0%. **No setor público,** representavam 6,3%; 4,0%; e 3,7%. **Os estatutários** eram 5,4%; 7,0% e 7,2%. **Sob a forma de contratação flexibilizada,** possuía 20,9% em 1989, passando para 31,6% em 1998 e chegando a 33,1% em 1999. Os assalariados **sem carteira no setor privado**, nesses mesmos anos, eram respectivamente, 11,6%; 17,1%; e 17,9%. **No setor público,** representavam 0,9%; 1,7%; e 1,7%. **Os terceirizados** eram 2,4%; 4,3%; e 4,0%. Por fim, **os autônomos para 1 empresa,** espelhavam 6,0%; 8,5%; e 9,5%, respectivamente, em 1989, 1998 e 1999.

À luz desses dados, podemos atestar que as transformações relativas nas contratações sob a forma padrão sofreram decréscimos de -13,5% (1989 a 1998) e -2,2% (1998 a 1999). Ou seja, entre os anos de 1989 e 1999, as destruições de contratação na forma denominada padrão efetivaram-se a uma velocidade média anual de -1,7%. Pela distribuição considerada, os assalariados com carteira no setor privado sofreram uma diminuição de -14,8% (1989 a 1998) e -2,4% (1998 a 1999), ou -1,8% ao ano, entre 1989 e 1999. Entre os assalariados com carteira do setor público, os decréscimos representaram -36,5% (1989 a 1998) e -7,5% (1998 a 1999), ou uma média de -5,2% ao ano, entre 1989 e 1999. Os estatutários, em sentido oposto, revelaram aumentos de 29,6% (1989 a 1998) e 2,9% (1998 a 1999), ou 2,9% ao ano, considerando o intervalo entre os anos de 1989 a 1999.

Em relação às contratações sob a forma flexibilizada, no geral, afirma-se que as transformações relativas ocorridas apresentaram aumentos de 51,2% (1989 a 1998) e 4,7% (1998 a 1999). Isso significa, entre 1989 e 1999, um crescimento médio de 4,7% ao ano, na referida forma de contratações. Na distribuição em análise, os assalariados sem carteira no setor privado conseguiram crescer 47,4% (1989 a 1998) e 4,7% (1998 a 1999), ou 4,4% ao ano, entre os extremos do período. Os assalariados sem carteira do setor público apresentaram um elevado crescimento de 88,9% (1989 a 1998);

mas, tendo em vista que não houve aumento na variação de proporções observadas no intervalo (1998 a 1999), o registro foi de 0,0%, ou uma média de 6,6% ao ano, entre os anos de 1989 e 1999. Chama-se a atenção para os assalariados terceirizados que conseguiram crescer 79,2% (1989 a 1998) e, em sentido oposto obtiveram decréscimos de -7,0% (1998 a 1999). No entanto, alcançaram um crescimento médio de 5,2% ao ano, entre 1989 e 1999. Concluindo a lista de conceituações utilizadas, os autônomos para uma empresa, apresentaram um crescimento de 41,7% (1989 a 1998) e 11,8% (1998 a 1999), ou uma taxa média de 4,7% ao ano, entre 1989 e 1999.

Desse modo, conforme demonstrado nessas análises, é inequívoca a hegemonia da velocidade nas transformações relativas, no que representa a forma de contratação da força de trabalho em formas flexíveis, comparativamente à forma de contratação padrão, na década de 1990.

Outro elemento que se acrescenta à flexibilização, obviamente aliando-se em sentido desfavorável aos trabalhadores, é o emprego habitual de jornadas de trabalho superiores à legal, que atinge uma parcela significativa dos assalariados. Levando-se em consideração o caso da Região Metropolitana de São Paulo, observa-se que era de 42,7% (em 1989), 40,6% (em 1998) e 42,4% (em 1999) a proporção dos que trabalhavam 45 horas ou mais durante a semana (DIEESE, 2001, p. 68).

Portanto, como consequência de todo esse processo e dos fatores a ele associados, os referidos estudos evidenciam que:

> A perda de dinamismo na geração de empregos nos setores econômicos mais dinâmicos, em especial o industrial, teve como contrapartidas a elevação das taxas de desemprego e o crescimento das formas de trabalho alternativas. O crescimento ocupacional dessas formas, se não for acompanhado pelo crescimento da economia como um todo, tenderá a tornar mais vulneráveis as condições de trabalho e menor a capacidade de geração de renda. (DIEESE, 2001, p. 71).

2.3.1 A dinâmica do salário mínimo na década de 1990

Considerando a geração de renda, é relevante salientar que o salário mínimo[19], enquanto característica de remuneração ao emprego torna-se parâmetro inicial e múltiplo sinalizador da configuração de pagamentos

[19] Voltaremos a falar sobre o salário mínimo na seção 2.4.1.5, em que está posta uma reflexão envolvendo a dinâmica dessa variável, no primeiro decênio do século XXI.

no mundo do trabalho. Ou seja, é a unidade básica e, simultaneamente, de referência multiplicativa (de dispersão), no modo em que são dispostas as retribuições salariais. Essas remunerações constituem-se em renda ou rendimentos do trabalho.

Em relação ao valor do salário mínimo, no sentido de representar a medida básica em dinheiro, oferecida ao trabalhador para aquisição de bens e serviços de subsistência no mercado, vejamos como se comportou essa trajetória na década de 1990. Os valores aqui analisados dizem respeito a seu aspecto real e são medidos aos preços vigentes, em janeiro de 2000. A tabela[20] apresentada a seguir contém as seguintes informações:

Tabela 4 – Valor real do salário mínimo (médias anuais): 1989-1999

Anos	Salário mínimo	
	R$	**Índice**
1989	231,86	100,00
1990	165,69	71,46
1991	173,05	74,64
1992	140,51	60,60
1993	167,31	72,16
1994	141,21	60,90
1995	139,72	60,26
1996	141,96	61,23
1997	144,20	62,19
1998	151,21	65,22
1999	151,83	65,48

Fonte: Dieese (2001)

Obs.: a) Valores em R$ de janeiro de 2000 corrigidos pelo ICV-DIEESE – Estrato 1; b) Os valores médios salariais incluem o 13º salário

Observa-se, na Tabela 4 e no Gráfico 6, os caminhos tortuosos pelos quais passaram o salário mínimo real no período, principalmente na primeira

[20] A Tabela 4, nesta obra, corresponde à Tabela 9 – Valor real do salário mínimo: médias anuais – 1989-1999, reproduzida do livro *A situação do trabalho no Brasil* (DIEESE, 2001, p. 97).

metade da década, quando grassavam os males da inflação no Brasil. Ora, já de 1989 a 1990, a variável analisada sofre um declínio de -28,5%, no entanto vislumbra um crescimento entre 1990 e 1991, em torno de 4,4%. De 1991 a 1992, apresenta-se com outra variação negativa, agora avaliada em -18,8%. No intervalo seguinte, 1992-1993, verifica-se um crescimento alentador de 19,1%, tornando-se o mais elevado nessa primeira metade do período, embora não represente seu ponto máximo relativo, em termos de poder aquisitivo no mercado. Nos intervalos imediatos, 1993-1994 e 1994-1995, experimenta quedas sucessivas de -15,6% e -1,1%. Perceba-se nesse último intervalo, a diminuição dos efeitos inflacionários no salário mínimo, reflexo da implantação do plano real no país, justamente para, em última instância, debelar a inflação da economia nacional, prevalecente na época. De acordo com Giambiagi (2005, p. 151),

> [...] o Plano Real foi originalmente concebido como um programa em três fases: a primeira tinha como função promover um ajuste fiscal que levasse ao "estabelecimento do equilíbrio das contas do governo, com o objetivo de eliminar a principal causa da inflação brasileira"; a segunda fase visava "a criação de um padrão estável de valor denominado Unidade Real de Valor – URV"; finalmente, a terceira concedia poder liberatório à unidade de conta e estabelecia "as regras de emissão e lastreamento da nova moeda *(real)* de forma a garantir a sua estabilidade".

A partir do intervalo 1995-1996, quando se verifica um crescimento de 1,6% no salário mínimo real, há uma dinâmica crescente em sua trajetória. De 1996-1997, repete-se o mesmo crescimento do intervalo anterior. Já entre os anos 1997-1998, com elevação de 4,86%, apresenta-se com a maior variação positiva, na segunda metade da década, porém sem lograr uma representação de máximo relativo, no que diz respeito ao seu poder de compra. Entre 1998-1999, intervalo conclusivo da análise, verifica-se uma discreta elevação de 0,4% na dinâmica da variável em tela. Observe-se o quanto foi difícil, mesmo com a importância dos efeitos positivos do plano real, a recuperação e a manutenção do poder de compra do salário mínimo, entre 1989 e 1999. Registre-se também que toda essa dinâmica ocorre em níveis inferiores ao valor do salário mínimo real de 1989, início dos estudos. Em 1999, seu valor real corresponde a apenas 65,48% do que representava no ano base.

Gráfico 6 – Índice do salário mínimo real – 1989-1999

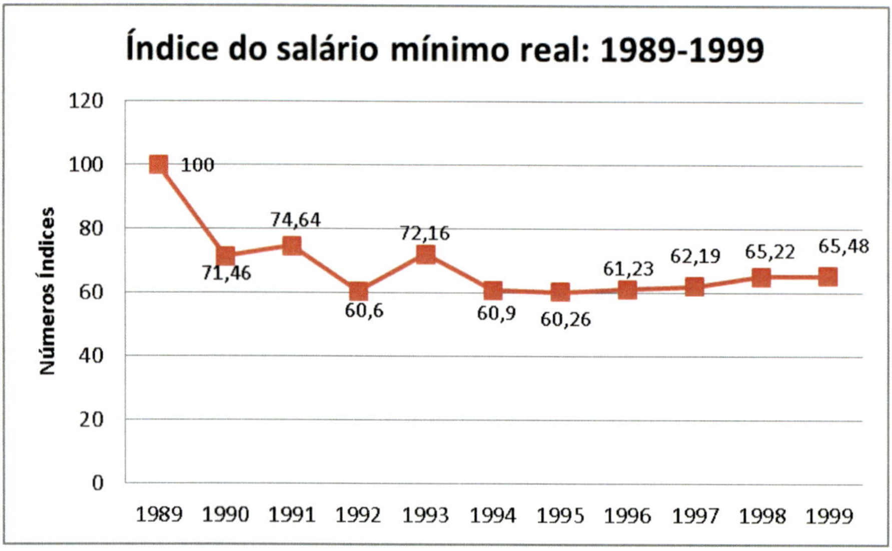

Fonte: elaborado pelo autor com base nas informações da Tabela 4

2.4 ALGUNS INDICADORES DE ATIVIDADE NO MERCADO DE TRABALHO E O DESEMPREGO NA REGIÃO METROPOLITANA DE JOÃO PESSOA-PB

Nesta seção, tratamos de considerações específicas referentes ao mercado de trabalho, procurando desvelar o comportamento e as tendências de elementos importantes para seu funcionamento, como a população em idade ativa, a população economicamente ativa, a população ocupada e a população desocupada. As taxas de atividade, ocupação e desocupação no mercado são outras variáveis estudadas, em complementaridade ao assunto.

De acordo com a organização dos dados na Tabela 5, pode-se constatar inicialmente que há uma evolução ascendente para a população em idade ativa (PIA) no Brasil. Dentre os anos selecionados, a PIA apresenta uma mudança em valores absolutos de 136.910.358 pessoas em 2000 para 161.981.299 pessoas em 2010, acrescendo esse contingente absoluto em 25.070.941 pessoas, o que significa uma variação relativa de 18,3%, com uma taxa média de crescimento de 1,7% ao ano. No término do período em 2010, o aumento absoluto na PEA, de 16.037.186 pessoas, representa uma variação relativa de 20,7%, elevando esse segmento populacional a uma velocidade média de 1,9% ao ano. A taxa de atividade que em 2000 era de 56,6% vê uma mudança nesse indicativo para 57,7%, em 2010. Desse modo, a implicação direta é um aumento relativo na taxa de atividade no período, avaliado em 1,9%.

No Nordeste, a PIA que é de 37.565.737 pessoas em 2000, passa para 44.217.039 pessoas no ano selecionado de 2010, apresentando um aumento em valores absolutos de 6.651.302 pessoas. Isso significa uma variação relativa de 17,7%, com um ritmo de crescimento médio anual de 1,6%, enquanto a PEA apresenta um aumento absoluto de 3.629.479 pessoas, o que reflete uma variação relativa de 18,6%, crescendo a um ritmo médio de 1,7% ao ano. Essas transformações implicam o aumento relativo de sua taxa de atividade no período em 1,0%.

Na Paraíba, a PIA tem seu valor absoluto aumentado em 410.365 (2.750.867 para 3.161.232) pessoas, o que representa uma variação relativa de 14,9%, com um ritmo médio de crescimento de 1,4% ao ano. A PEA, com um aumento absoluto de 217.083 (1.400.627 para 1.617.710) pessoas, apresenta uma variação relativa de 15,5% e uma velocidade média de crescimento de 1,5% ao ano. Essas comparações no estado paraibano permitem afirmar que a taxa de atividade em seu território esteja situada em um patamar quase idêntico: 50,9% em 2000 e 51,2% em 2010. Mesmo assim, registra-se um discreto aumento relativo no período, avaliado em 0,6%.

Na Região Metropolitana de João Pessoa-PB, no ano 2000, a PIA constitui-se de 801.815 pessoas. No ano selecionado de 2010, eleva-se a um patamar de 990.719 pessoas. Essa mudança significa um aumento absoluto de 188.904 pessoas em idade ativa para o trabalho. Pode-se inferir, em relação à mudança desses números, a ocorrência de uma variação relativa em torno de 23,6% no período considerado; e, relativamente ao seu ritmo de crescimento médio, um aumento de 2,1% ao ano. Quanto às pessoas que, potencialmente, já integram o mercado de trabalho da unidade regional em relevo, compondo a sua População Economicamente Ativa (PEA), observa-se igualmente um crescimento absoluto em seu contingente de 111.870 (425.126 para 536.996) pessoas, com uma variação relativa de 26,3% e um ritmo de crescimento médio anual de 2,4%. Ao se comparar o crescimento relativo nas variáveis em destaque, observa-se uma ligeira superioridade na evolução da PEA em relação à trajetória percorrida pela PIA. As taxas de atividades, avaliadas em 2000 (53%) e em 2010 (54,2%), resultam como implicação imediata um crescimento relativo nessa variável, em torno de 2,3% no período.

Tabela 5 – Indicadores de atividade no mercado de trabalho: Brasil, Nordeste, Paraíba e Região Metropolitana de João Pessoa-PB

Territorialidades/ Indicadores	Anos		Variação Relativa (%)	TGCA (% a. a.)
	2000	2010	2000/2010	
Brasil				
População em Idade Ativa	136.910.358	161.981.299	18,3	1,7
População Economicamente Ativa	77.467.473	93.504.659	20,1	1,9
População Ocupada	65.629.892	86.353.839	31,6	2,8
População Desocupada	11.837.581	7.150.820	-39,6	-4,9
Taxa de Atividade (%)	56,6	57,7	1,9	--
Taxa de Ocupação (%)	84,7	92,4	9,1	--
Taxa de Desocupação (%)	15,3	7,6	-50,3	--
Nordeste				
População em Idade Ativa	37.565.737	44.217.039	17,7	1,6
População Economicamente Ativa	19.477.471	23.106.950	18,6	1,7
População Ocupada	16.384.648	20.854.301	27,3	2,4
População Desocupada	3.092.823	2.252.649	-27,2	-3,1
Taxa de Atividade (%)	51,8	52,3	1,0	--
Taxa de Ocupação (%)	84,1	90,3	7,4	--
Taxa de Desocupação (%)	15,9	9,7	-39,0	--
Paraíba				
População em Idade Ativa	2.750.867	3.161.232	14,9	1,4
População Economicamente Ativa	1.400.627	1.617.710	15,5	1,5
População Ocupada	1.200.993	1.478.168	23,1	2,1
População Desocupada	199.634	139.542	-30,1	-3,5
Taxa de Atividade (%)	50,9	51,2	0,6	--
Taxa de Ocupação (%)	85,7	91,4	6,7	--

Territorialidades/ Indicadores	Anos		Variação Relativa (%)	TGCA (% a. a.)
	2000	2010	2000/2010	
Taxa de Desocupação (%)	14,3	8,6	-39,9	--
RMJP-PB				
População em Idade Ativa	801.815	990.719	23,6	2,1
População Economicamente Ativa	425.126	536.996	26,3	2,4
População Ocupada	342.196	481.172	40,6	3,5
População Desocupada	82.930	55.824	-32,7	-3,9
Taxa de Atividade (%)	53,0	54,2	2,3	--
Taxa de Ocupação (%)	80,5	89,6	11,3	--
Taxa de Desocupação (%)	19,5	10,4	-46,7	--

Fonte: IBGE – Censos demográficos 2000 e 2010

Assim, comparando-se as taxas de evolução da PIA em relação às da PEA no Brasil, no Nordeste, na Paraíba e na unidade regional em tela, percebe-se uma ligeira superioridade da segunda variável em relação à primeira. O destaque vai para a hegemonia na elevação da taxa de atividade da Região Metropolitana de João Pessoa-PB (2,3% no período) comparativamente às demais categorias espaciais, entre os anos selecionados de 2000 e 2010.

Para Alves e Assis (2013, p. 6-7, grifo meu):

> Comparando o ritmo de crescimento da PIA e da PEA na Paraíba, observou-se, entre 1991 e 2000, um crescimento superior das taxas de crescimento da segunda em relação à primeira, proporcionando uma elevação na taxa de atividade, que passou de 46,1%, para 50,9%, respectivamente. No segundo subperíodo (2000/2010), o crescimento de ambas (PIA e PEA) ocorreu praticamente na mesma intensidade, e isso fez com que a taxa de atividade na Paraíba em 2010 (51,2%) fosse semelhante à verificada em 2000. [...] Por conta do crescimento da PEA ter sido superior ao da PIA na década de 1990, a taxa de atividade brasileira aumentou 4,8 pontos percentuais. Já na década seguinte, como a diferença no ritmo de crescimento da PEA em relação ao da PIA **não foi tão grande quanto no subperíodo anterior,** observou-se uma desaceleração na dinâmica de crescimento da taxa de atividade no mercado de trabalho brasileiro, como também nordestino.

Pela Tabela 5, ao direcionar o foco de nossa análise à evolução da PEA, considerando agora seus dois componentes (ocupados e desocupados), verifica-se que a população ocupada no Brasil aumenta em 20.723.947 pessoas, o que representa em termos relativos, uma variação de 31,6%, com uma velocidade média de crescimento avaliada em 2,8% ao ano. Enquanto a população desocupada deixa de possuir em seu perfil 4.686.761 pessoas, refletindo assim uma variação relativa de -39,6%. Essa involução ocorre em um ritmo médio de -4,9% ao ano. Isso significa um aumento relativo na taxa de ocupação de 9,1% e, em sentido inverso, uma queda relativa na taxa de desocupação de -50,3%.

No Nordeste, a população ocupada obtém um crescimento absoluto de 4.469.653 pessoas, representando uma variação relativa de 27,3%, com um ritmo de crescimento médio anual em torno de 2,4%. Sua população desocupada experimenta uma involução absoluta de -840.174 pessoas e uma variação relativa de -27,2%, com uma velocidade média de crescimento negativa de -3,1% ao ano. As implicações diretas dessas transformações refletem-se, respectivamente, em um aumento relativo de 7,4% na taxa de ocupação e uma queda relativa de -39,0% na taxa de desocupação.

Na Paraíba, a população ocupada obtém um crescimento absoluto de 277.175 pessoas, representando uma variação relativa de 23,1%, com um ritmo de crescimento médio anual em torno de 2,1%. Sua população desocupada experimenta uma involução absoluta de -60.092 pessoas e uma variação relativa de -30,1%, com uma velocidade média de crescimento negativa de -3,5% ao ano. As implicações diretas dessas transformações refletem-se, respectivamente, em aumento relativo de 6,7% na taxa de ocupação e queda relativa de -39,9% na taxa de desocupação.

A Região Metropolitana de João Pessoa-PB revela um crescimento absoluto de sua população ocupada avaliado em 138.976 pessoas, o que representa uma variação relativa de 40,6%, evoluindo a uma velocidade média de crescimento de 3,5% ao ano. A população desocupada, por sua vez, deixa de possuir em suas fileiras 27.106 pessoas, refletindo uma variação relativa de -32,7%, o que significa uma velocidade média negativa de -3,9% ao ano. Essas transformações proporcionam, respectivamente, um aumento relativo na taxa de ocupação de 11,3% e uma queda relativa na taxa de desocupação, avaliada em -46,7%.

É importante ressaltar que, entre 2000 e 2010, sob a luz dos dados analisados, verifica-se um crescimento na PEA em função do aumento da população ocupada. Sua população desocupada, em sentido contrário, decresce, conforme é revelado pela análise em consideração. Esse fenômeno social, de importante repercussão no mundo do trabalho, ocorre no Brasil, no Nordeste, na Paraíba e na Região Metropolitana de João Pessoa.

De acordo com Alves e Assis (2013), quando examinam o mercado de trabalho paraibano, entre os períodos de 1990 a 2000 e 2000 a 2010, ressalta-se que:

> O descompasso entre produção de riquezas e evolução do mercado de trabalho, nos dois subperíodos analisados, fez com que **o ritmo de expansão da ocupação fosse diferenciado em relação à necessidade de incorporação dos trabalhadores nas atividades econômicas.** [...] enquanto na década de 1990 o aumento relativo da quantidade de pessoas que exercem pressão sobre o mercado de trabalho ocorreu majoritariamente pela expansão do número de desempregados, **na primeira década do século XXI esse aumento deveu-se à expansão do número de ocupados na economia brasileira e regional** (ALVES; ASSIS, 2013, p. 7-8, grifos meus).

2.4.1 O comportamento da população ocupada segundo algumas características básicas

Nesta seção, tecemos considerações específicas sobre o perfil dos ocupados no mercado de trabalho da Região Metropolitana de João Pessoa-PB e do estado paraibano, situando esse perfil ou visão de conjunto, no interior de algumas categorias de análise.

2.4.1.1 Idade

Os dados da Tabela 6 revelam que a evolução da população ocupada nos anos selecionados de 2000 e 2010, de acordo com os grupos de idade, configura seu crescimento relativo total avaliado em 40,6%, na Região Metropolitana de João Pessoa-PB. Esse crescimento ocorre, principalmente em função do crescimento do grupo dos idosos (60 anos ou mais), seguido pelo grupo dos adultos (25 a 59 anos); enquanto na Paraíba, o crescimento relativo total dessa mesma variável, correspondente a 23,1%, apoia-se em primeiro lugar pelo grupo dos adultos, seguido pelo grupo dos idosos. Entretanto, a análise para o grupo dos jovens (15 a 24 anos) revelou-se com um crescimento na Região Metropolitana de João Pessoa e com uma redução no nível de ocupação, para o estado da Paraíba. O exame da faixa etária de 10 a 14 anos apresentou uma redução para essas duas porções, conforme analisado nos referidos espaços geográficos.

Tabela 6 – Pessoas de 10 anos ou mais de idade, ocupadas na semana de referência, por grupos de faixa etária, na Região Metropolitana de João Pessoa-PB e na Paraíba

Grupos de idade	Pessoas Ocupadas		Variação Relativa
	2000	2010	2000/2010 (%)
Região Metropolitana de João Pessoa-PB			
Quantidade (Pessoas)			
10 a 14 anos	3.862	3.719	-3,7
15 a 24 anos	74.556	78.210	4,9
25 a 59 anos	251.091	373.676	48,8
60 anos ou mais	12.652	25.570	102,1
Total	**342.161**	**481.175**	**40,6**
Distribuição (%)			
10 a 14 anos	1,1	0,8	-27,3
15 a 24 anos	21,8	16,3	-25,2
25 a 59 anos	73,4	77,7	5,9
60 anos ou mais	3,7	5,3	43,2
Total	**100,0**	**100,0**	--
Estado da Paraíba			
Quantidade (Pessoas)			
10 a 14 anos	38.808	27.150	-30,0
15 a 24 anos	282.587	269.964	-4,5
25 a 59 anos	796.904	1.071.710	34,5
60 anos ou mais	82.694	109.344	32,2
Total	**1.200.993**	**1.478.168**	**23,1**
Distribuição (%)			
10 a 14 anos	3,2	1,8	-43,8
15 a 24 anos	23,5	18,3	-22,1
25 a 59 anos	66,4	72,5	9,2
60 anos ou mais	6,9	7,4	7,2
Total	**100,0**	**100,0**	--

Fonte: IBGE/Censos demográficos 2000 e 2010 – resultados da amostra

Na unidade espacial em destaque, o grupo dos adultos acresce seu contingente absoluto em 122.585 pessoas, apresentando uma variação relativa de 48,8%, entre os anos selecionados de 2000 e 2010. Essa transformação contribui ainda mais para aumentar sua participação relativa ou distribuição, no total dos ocupados: de 73,4% no início do período atinge, em seu ápice conclusivo, uma representação de 77,7%, o que eleva esse patamar em 5,9%, de acordo com os dados relacionados para análise.

O grupo dos idosos vê seu nível de ocupação crescer em consideráveis 102,1% (12.652 pessoas em 2000 para 25.570 pessoas em 2010), significando esse aumento relativo no total dos ocupados uma mudança em seu nível de distribuição, assim refletida: no ano 2000, os 3,7%, passam a ser 5,3% em 2010, implicando uma variação relativa no período em torno de 43,2%. Chama a atenção seu crescimento, tanto absoluto quanto relativo; o que, em termos de reflexão, atribuímos a ocorrência desse fenômeno social, inicialmente, aos relevantes avanços na ciência em geral – na medicina em particular – contribuindo desse modo para uma melhora na expectativa de vida, ao nascer das pessoas. Em segundo lugar, à efetiva interação entre as políticas do governo de incentivo aos investimentos – públicos e/ou privados – e à necessidade dos empregadores ou demanda por trabalho e condições da oferta de mão de obra, o que implicou elevação dessa faixa etária no mercado de trabalho da unidade espacial.

O grupo dos jovens apresenta um crescimento em seu nível de ocupação por meio da variação relativa de 4,9% (74.556 pessoas em 2000 para 78.210 pessoas em 2010), aumentando em números absolutos 3.654 pessoas nessa faixa etária de ocupação. Mesmo assim, ao contrário dos adultos e dos idosos, expressa uma participação relativa inferior, no total dos ocupados ou em sua distribuição: de 21,8% em 2000, ocupa em 2010 apenas 16,3%, refletindo uma variação relativa no período correspondente a -25,2%.

O grupo inserido entre os 10 e 14 anos de idade apresenta em seu nível de ocupação uma variação relativa de -3,7%, quando possui respectivamente 3.862 e 3.719 pessoas, nos anos selecionados de 2000 e 2010, portanto uma perda nessa faixa etária de ocupação em -143 pessoas. Essa redução contribui para uma expressividade em um patamar inferior no total dos ocupados ou na distribuição: em 2000, com uma expressão participativa de 1,1% no total do conjunto de pessoas em relevo, passa a ocupar em 2010 uma expressividade avaliada em apenas 0,8%. O reflexo dessa variação relativa corresponde a -27,3%, de acordo com os dados em análise.

Na Paraíba, o grupo dos adultos apresenta uma elevação relativa em seu nível de ocupação de 34,5% (796.904 pessoas em 2000 para 1.071.710 pessoas em 2010), o que, em valor absoluto, representa 274.806 pessoas a mais nessa faixa etária de ocupação. Essa transformação contribui ainda mais para aumentar sua importância relativa no total dos ocupados, ou na distribuição: de 66,4% no início do período, atinge em seu término, uma representação de 72,5% elevando esse patamar em 9,2%, conforme os dados relacionados neste exame.

O grupo dos idosos vê seu nível de ocupação relativa crescer em 32,2% (82.694 pessoas em 2000 para 109.344 pessoas em 2010). Esse aumento absoluto de 26.650 pessoas significa uma participação relativa superior no total dos ocupados ou na distribuição: de 6,9% no ano 2000, ocupa em 2010 7,4%, refletindo uma variação de 7,2% no período. Atribuímos a ocorrência desse fenômeno social no território paraibano, inicialmente, aos relevantes avanços na ciência em geral – na medicina em particular – contribuindo assim para uma melhora na expectativa de vida ao nascer das pessoas. Em segundo lugar, à efetiva interação entre as políticas do governo de incentivo aos investimentos – públicos e/ou privados – e à necessidade dos empregadores ou demanda por trabalho e às condições da oferta de mão de obra, o que implicou elevação dessa faixa etária no mercado de trabalho do estado da Paraíba.

O grupo dos jovens apresenta um decréscimo em seu nível de ocupação por meio da variação relativa de -4,5%. Contando em suas fileiras com 282.587 pessoas em 2000 e 269.964 pessoas em 2010, representa, ao contrário dos adultos e dos idosos, uma participação relativa inferior na distribuição ou no total dos ocupados: de 23,5% em 2000 ocupa em 2010 apenas 18,3%, o que reflete uma variação relativa de sua participação no período correspondente a -22,1%.

O grupo inserido entre os 10 e 14 anos de idade apresenta em seu nível de ocupação uma variação relativa de -30,0% quando, nos anos selecionados de 2000 e 2010, possui respectivamente, 38.808 e 27.150 pessoas. Essa redução contribui para uma expressividade em um patamar inferior no total dos ocupados: afirmamos isso uma vez que em 2000, com uma expressão participativa de 3,2% no total do conjunto universo de pessoas analisadas, passa a ocupar em 2010, uma expressividade avaliada em apenas 1,8%. O reflexo dessa variação relativa corresponde a -43,8% de acordo com os dados em exame.

De acordo com nossa avaliação, são essas as transformações ocorridas na Região Metropolitana de João Pessoa-PB e no estado da Paraíba, no interior de suas respectivas populações ocupadas.

Para Alves (2006), analisando a evolução do mercado de trabalho paraibano e considerando aspectos semelhantes entre 1992 e 2003, desvela-se que:

> O decréscimo da participação relativa de crianças e adolescentes no mercado formal foi resultado da combinação de alguns fatores. O primeiro deles foi **a redução da oferta relativa de mão de obra nestes segmentos etários,** provocada pela **redução tanto das taxas de fecundidade quanto das políticas voltadas para o ensino fundamental realizadas no Brasil nas duas últimas décadas.** Outro fator determinante foi **a instituição de normas e ações do poder público e de instituições da sociedade civil visando a inibição ou o desestímulo da contratação de crianças e adolescentes.** O terceiro fator, que deve ter contribuído não só para a redução dos níveis de ocupação da força de trabalho infanto-juvenil, mas também da idosa, diz respeito ao **acirramento da disputa pelos postos de trabalho disponíveis, decorrente das transformações ocorridas no mercado de trabalho ao longo da década de 1990,** tendo no aumento das taxas de desocupação uma de suas principais consequências mais visíveis. Num contexto marcado por redução de postos de trabalho e crescimento da oferta de força de trabalho, era de se esperar que os trabalhadores mais experientes, mais qualificados e com mais vitalidade se destacassem na disputa por novas ocupações. (ALVES, 2006, p. 159, grifos meus).

2.4.1.2 Sexo

De acordo com os dados presentes na Tabela 7, observa-se, na Região Metropolitana de João Pessoa e no estado da Paraíba, um crescimento em termos absolutos e percentuais da população ocupada nos dois segmentos de gênero. Entretanto, a mão de obra ocupada pertencente ao sexo feminino revela-se com hegemonia em sua evolução relativa, no período conclusivo dos exames.

Tabela 7 – Pessoas de 10 anos ou mais de idade, ocupadas na semana de referência, segundo o sexo: Região Metropolitana de João Pessoa-PB e Paraíba

Sexo	Pessoas Ocupadas		Variação Relativa (%)
	2000	2010	2000/2010
	Região Metropolitana de João Pessoa-PB		
	Quantidade (Pessoas)		
Homens	204.035	273.861	34,2
Mulheres	138.161	207.313	50,0
Total	**342.196**	**481.172**	**40,6**
	Distribuição (%)		
Homens	59,6	56,9	-4,5
Mulheres	40,4	43,1	6,7
Total	**100,0**	**100,0**	--
	Estado da Paraíba		
	Quantidade (Pessoas)		
Homens	765.471	886.272	15,8
Mulheres	435.522	591.896	35,9
Total	**1.200.993**	**1.478.168**	**23,1**
	Distribuição (%)		
Homens	63,7	60,0	-5,8
Mulheres	36,3	40,0	10,2
Total	**100,0**	**100,0**	--

Fonte: elaborada pelo autor a partir dos dados do IBGE (Censos demográficos de 2000 e 2010)

O segmento de trabalhadores ocupados do sexo masculino, que em 2000 constitui-se de 204.035 inscritos vê seu quantitativo aumentar para 273.861 cadastrados em 2010, acrescendo esse contingente no modo absoluto, em 69.826 pessoas. Isso representa uma variação relativa de 34,2%, permitindo-se inferir que esse crescimento ocorre a uma taxa média anual avaliada em 3,0%.

O segmento feminino dos ocupados no mercado de trabalho considerado aumenta de forma absoluta, em 69.152 pessoas (no ano 2000, 138.161 e em 2010, 207.313 pessoas), o que significa uma variação relativa de 50,0%, com uma taxa de crescimento médio avaliada em 4,1% ao ano. Assim, no ano selecionado de 2010, as taxas de variação relativa das mulheres ocupadas no mercado de trabalho da unidade espacial em destaque apresentam-se superiores às mesmas taxas pertencentes ao segmento dos homens em ocupação efetiva, no aludido mercado de trabalho.

Desse modo, os trabalhadores ocupados masculinos apresentam uma queda em suas taxas de participação relativa no período: de 59,6% em 2000 passam a ocupar 56,9% em 2010. Isso representa uma involução relativa de -4,5% na distribuição. Ao contrário, as mulheres ocupadas veem suas taxas de participação relativa aumentar: de 40,4% em 2000 passam a representar 43,1% em 2010; significando uma evolução relativa em torno de 6,7%, na distribuição da unidade metropolitana considerada.

Na Paraíba, essas mesmas variáveis indicativas de gênero acompanham a evolução apresentada no mercado de trabalho da Região Metropolitana de João Pessoa e, assim, as mulheres em ocupação, que em 2000 possuem 435.522 pessoas, passam a possuir 591.896 pessoas em suas fileiras no ano selecionado de 2010, o que significa um acréscimo absoluto de 159.374 no segmento feminino, refletindo uma variação relativa de 35,9% e um crescimento médio anual em torno de 3,1%.

O segmento masculino dos trabalhadores em ocupação no território paraibano, que em 2000 é de 765.471 pessoas apresenta uma evolução para 886.272 pessoas em 2010. Isso significa um aumento absoluto de 120.801 homens cadastrados no trabalho, correspondendo a uma variação relativa de 15,8%, o que se reflete em uma taxa média de crescimento avaliada em 1,5% ao ano. No que diz respeito à participação relativa no total de pessoas ocupadas, os homens experimentam uma diminuição de -5,8% e as mulheres, em sentido inverso, uma elevação de 10,2%. Como se vê, mesmo havendo aumento no universo de trabalhadores masculinos, suas taxas de participação relativa revelam-se inferiores a essas mesmas taxas no universo feminino de trabalhadores.

Esses movimentos são desvelados, conforme análise de suas trajetórias, para a Região Metropolitana de João Pessoa e estado da Paraíba, no período em discussão nesta obra.

2.4.1.3 Posição na ocupação

Na observação dos dados contidos na Tabela 8, é possível configurar o perfil dos ocupados na Região Metropolitana de João Pessoa, de acordo com sua posição no trabalho principal. Tendo em vista essa finalidade, caracteriza-se um conjunto de transformações, evidenciando que há efetivamente um crescimento dos empregados em seu total, que se deve mais à expansão dos empregados com carteira de trabalho assinada, acrescido pela evolução dos outros grupos e subgrupos, com diferentes intensidades em sua evolução.

O grupo dos empregados apresenta um crescimento que passa pelas 248.186 pessoas em 2000, chegando às 362.782 pessoas no ano selecionado de 2010, acrescendo-o de forma absoluta em 114.596 pessoas. Isso significa uma variação relativa de 46,2%, com um ritmo de crescimento médio girando em torno de 3,9% ao ano. Essas mudanças implicam uma maior participação desse segmento de trabalho no nível geral de emprego dos ocupados, quando, de 72,5% em 2000, atinge os 75,4% em 2010, elevando-se relativamente em 4,0%.

No interior do universo dos empregados, os que possuem trabalho com a carteira assinada passam de 129.732 para 206.080, crescendo na forma absoluta em 76.348 pessoas. Essa mudança atinge uma variação relativa de 58,9% no período, o que representa uma taxa de velocidade média avaliada em 4,7% ao ano. Desse modo, sua participação relativa, que expressa uma representação inicial de 37,9%, na conclusão do período, passa para 42,8% no total dos ocupados. Isso significa um salto em seu nível de participação relativa no emprego total, representado por 12,9%.

O subgrupo dos militares e funcionários públicos estatutários, que de 37.159 pessoas em 2000 passa para 46.722 em 2010, aumenta seu contingente na forma absoluta, em 9.563 pessoas. Isso reflete uma variação relativa de 25,7% no período, crescendo a um ritmo de 2,3% ao ano. Apesar disso, ocorre uma queda, ao invés de elevação, na participação relativa no total dos ocupados: de 10,9% no ano 2000, passa para 9,7%, em 2010. Sendo assim, sua trajetória configura-se em uma involução relativa de -11,0%, entre os extremos do período.

Os empregados sem carteira de trabalho assinada, que em 2000 constituem-se de 81.296 pessoas, veem esse número chegar a 109.980 pessoas em 2010, acrescendo na forma absoluta, 28.684 pessoas ao seu contingente. A variação relativa é assinalada em 35,3% e a taxa de crescimento médio, em torno de

3,1% ao ano. Porém igualmente ao subgrupo anterior, percebe-se uma queda em sua participação relativa no total dos ocupados, avaliada nesse caso em -4,2%. Esse fato deriva-se de uma posição relativa de 23,8% em 2000, quando em 2010 seu nível de emprego no total da população ocupada se expressa em 22,8%, portanto inferior à expressão relativa no início do período.

O grupo dos trabalhadores por conta própria, que em 2000 constitui-se de 74.595 pessoas atinge em 2010, 94.363 pessoas autônomas, acrescendo em números absolutos, 19.768 pessoas a mais nessa classificação, no mercado de trabalho da RMJP-PB. Ora, a variação relativa no contingente desses trabalhadores se expressa em 26,5%, aumentando a uma taxa média avaliada em 2,4% ao ano. No entanto sua participação relativa no total dos ocupados declina em -10,1% conforme seu nível de emprego passa de 21,8% no ano 2000, para os 19,6% em 2010.

O grupo dos empregadores apresenta uma pequena variação relativa de 0,3% no período, decorrendo do inexpressivo aumento absoluto avaliado em mais 22 empresários no conjunto universo desse segmento da população ocupada. Com essa mudança a mencionada porção de trabalhadores revela um declínio, ao invés de elevação, em sua participação relativa, no total dos ocupados: de 2,5% em 2000 passa para 1,8% em 2010, o que implica uma queda de -28,0% em sua expressão relativa, considerando os extremos do período em tela.

O grupo dos não remunerados que em 2000 é constituído por 7.754 pessoas vê seu contingente declinar para 6.957 pessoas no ano selecionado de 2010, deixando de pertencer a esse nível -797 pessoas. Isso significa uma variação relativa de -10,3% decrescendo esse segmento populacional a uma taxa média avaliada em -1,1% ao ano. A implicação imediata dessas transformações reflete-se em um decréscimo de -39,1% em sua participação relativa no total dos ocupados, uma vez que em 2000, estava em um nível de 2,3%, enquanto no ano 2010, com apenas 1,4% de representação, posicionava-se em um patamar inferior no total das pessoas ocupadas no período em análise.

O grupo dos trabalhadores na produção para o próprio consumo apresenta um aumento absoluto de 5.388 pessoas entre os anos selecionados de 2000 e 2010. Isso reflete a elevada variação relativa de 177,2% no período, evoluindo a uma taxa média de crescimento em torno de 10,7%, ao ano. São essas taxas de variações que permitem a essa categoria da mão de obra situar-se, no início do período, em uma posição relativa no total dos ocupados de 0,9% e, na conclusão desta análise, elevá-la ao nível de 1,8%. O acréscimo relativo nesse caso é de 100,0%, entre os extremos do período.

No total dos trabalhadores ocupados, registra-se um incremento de 40,6% em 2010, com uma taxa média de 3,5% ao ano. Como se pode inferir após essas análises, há efetivamente, um crescimento dos empregados como um todo que se deve mais à expansão dos empregados com carteira de trabalho assinada. Esse crescimento é complementado pela evolução dos outros grupos e subgrupos, que apresentam diferentes intensidades nessas trajetórias de tendências comportamentais, ao longo do tempo. De acordo com o IBGE, entre os anos selecionados de 2000 e 2010, há um incremento no total dos trabalhadores ocupados no emprego do trabalho principal correspondente a 138.976 pessoas, na Região Metropolitana de João Pessoa-PB.

A exceção que se observa é relacionada ao grupo dos trabalhadores não remunerados, que apresenta um decréscimo relativo avaliado em -10,3%, com uma taxa média de crescimento negativa de -1,1% a. a. No entanto, essa tendência de retração no subgrupo dos trabalhadores não remunerados é positiva, tendo em vista que significa uma redução relativa de parte da mão de obra que se encontrava trabalhando sem a devida remuneração. É interessante notar que os demais segmentos, embora assegurem elevações absolutas e percentuais conforme reveladas, estão inseridos em posições relativas inferiores no total dos ocupados, em 2010.

Desse modo, assinale-se que os dados examinados expressam seu comportamento evolutivo, obedecendo às seguintes tendências: de um lado, o aumento do conjunto dos empregados, com destaque para os trabalhadores de carteira assinada e, de outro, a tendência revelada por meio de uma involução relativa dos trabalhadores não remunerados, na economia da Região Metropolitana de João Pessoa-PB. Embora os empregados sem carteira assinada, os trabalhadores por conta própria e os empregadores tenham experimentado aumentos absolutos e relativos, a distribuição dessas referidas categorias em 2010, revelou-se negativa e em níveis menos representativos, no total dos ocupados. O grupo dos que produzem para o próprio consumo logrou aumento absoluto e relativo. Por outro lado, desvela-se que a maioria dos trabalhadores autônomos, com os sem carteira assinada, os não remunerados e os que produzem para o próprio consumo, são efetivamente, elementos pertencentes a ocupações não formais. Assim, pode-se inferir que uma significativa parcela da força de trabalho em destaque ainda pertence ao segmento populacional dos excluídos, isto é, os que trabalham em condições precárias.

Tabela 8 – Pessoas de 10 anos ou mais de idade, ocupadas na semana de referência, por posição na ocupação e categoria do emprego no trabalho principal: Região Metropolitana de João Pessoa-PB

Posição na ocupação e categoria do emprego no trabalho principal	**Pessoas Ocupadas**		**Variação Relativa (%)**	**TGCA (% a.a.)**
	2000	**2010**	**2000/2010**	
Região Metropolitana de João Pessoa-PB				
Quantidade (Pessoas)				
Empregados	**248.186**	**362.782**	**46,2**	**3,9**
Empregados – com carteira de trabalho assinada	129.732	206.080	58,9	4,7
Empregados – militares e funcionários públicos estatutários	37.159	46.722	25,7	2,3
Empregados – outros sem carteira de trabalho assinada	81.296	109.980	35,3	3,1
Conta própria	**74.595**	**94.363**	**26,5**	**2,4**
Empregadores	**8.621**	**8.643**	**0,3**	**0,0**
Não remunerados	**7.754**	**6.957**	**-10,3**	**-1,1**
Trabalhadores na produção para o próprio consumo	**3.041**	**8.429**	**177,2**	**10,7**
Total	**342.196**	**481.172**	**40,6**	**3,5**
Distribuição (%)				
Empregados	**72,5**	**75,4**	**4,0**	--
Empregados – com carteira de trabalho assinada	37,9	42,8	12,9	--
Empregados – militares e funcionários públicos estatutários	10,8	9,7	(-11,0)	--
Empregados – outros sem carteira de trabalho assinada	23,8	22,8	(-4,2)	--
Conta própria	**21,8**	**19,6**	**(-10,1)**	--
Empregadores	**2,5**	**1,8**	**(-28,0)**	--
Não remunerados	**2,3**	**1,4**	**(-39,1)**	--
Trabalhadores na produção para o próprio consumo	**0,9**	**1,8**	**100,0**	--
Total	**100,0**	**100,0**	--	--

Fonte: IBGE

A Tabela 9 mostra a situação referente ao estado da Paraíba. Percebe-se ali uma trajetória percorrida por seus elementos, apontando para uma direção geral e tendencial, semelhante à ocorrida na Região Metropolitana de João Pessoa-PB: ou seja, o aumento dos empregados totais ocorre em grande parte devido ao aumento dos trabalhadores com carteira assinada, destacando-se também o aumento das outras atividades, em maior ou menor grau.

No estado, o grupo dos empregados apresenta um crescimento que passa pelas 680.094 pessoas em 2000 chegando às 923.550 pessoas no ano selecionado de 2010, acrescendo-o de forma absoluta em 243.456 pessoas. Isso significa uma variação relativa de 35,8%, com um ritmo de crescimento médio girando em torno de 3,1%, ao ano. Essas mudanças implicam uma maior participação relativa desse segmento de trabalho no nível geral de emprego dos ocupados, quando de 56,6% em 2000, atinge os 62,5% em 2010, crescendo em torno de 10,4%.

No subgrupo dos que possuem emprego com a carteira assinada percebe-se uma mudança de 264.608 para 402.421 pessoas, aumentando esse contingente em números absolutos, de 137.813 pessoas entre os anos selecionados de 2000 e 2010. Ocorre assim, uma importante variação relativa de 52,1% no período, o que representa uma taxa média de crescimento avaliada em 4,3% ao ano. Desse modo sua participação relativa, que em 2000 se expressa com 22,0%, no ano 2010 atinge 27,2% no total dos ocupados. Essas mudanças significam uma variação relativa no emprego, avaliada em 23,6%.

O subgrupo dos militares e funcionários públicos estatutários apresenta a modificação absoluta de 15.783 pessoas a mais em seu contingente. Isso reflete uma variação relativa de 16,4% no período, crescendo a um ritmo de 1,5% ao ano. Apesar dessa transformação, ocorre uma queda, ao invés de elevação, na participação relativa no total dos ocupados: de 8,0% no começo do período passa para 7,6% em seu término. Sendo assim, sua trajetória na ocupação relativa configura-se em uma involução representada por -5,0% entre os anos selecionados de 2000 e 2010.

Os empregados sem carteira de trabalho assinada, que em 2000 constituem-se de 319.102 trabalhadores veem seu número chegar a 408.962 pessoas em 2010. Há nesse caso, uma mudança absoluta de 89.860 pessoas a mais nessa condição. A variação relativa assinalada é de 28,2% e a taxa média de crescimento configura-se em torno de 2,5% ao ano. Assim, percebe-se uma elevação nesse segmento em relação à sua posição no total dos ocupados avaliada em 4,1%. Esse fato deriva-se de uma participação relativa de 26,6% em 2000, quando em 2010, seu nível de emprego na população ocupada reflete-se no patamar de 27,7%, portanto superior à ocupação relativa assinalada no início do período.

O grupo dos trabalhadores por conta própria, que em 2000 constitui-se de 278.714 pessoas atinge em 2010 o número de 324.772 pessoas autônomas, naquele subconjunto do mercado em destaque. Isso significa um aumento absoluto de 46.058 pessoas no segmento de trabalhadores apontado. Ora, a variação relativa no contingente desses trabalhadores corresponde a 16,5%, crescendo a uma taxa média avaliada em 1,5% ao ano. No entanto sua participação relativa no total dos ocupados declina em -5,2%, quando seu nível de emprego que era de 23,2% no ano 2000 chega aos 22,0% em 2010.

O grupo dos empregadores apresenta um decréscimo relativo (-3,6%) no período, decorrendo de uma queda absoluta avaliada em -748 pessoas na totalidade desse segmento da população ocupada, com uma taxa média de involução avaliada em -0,4% ao ano. Portanto essa porção de trabalhadores revela um declínio ao invés de elevação, em sua participação relativa no total dos ocupados: de 1,7% em 2000 passa para 1,4% em 2010, o que implica uma queda (-17,6%) em sua ocupação relativa no universo dos ocupados, considerando os extremos do período em tela.

O grupo dos não remunerados que em 2000 é constituído por 98.352 pessoas vê seu contingente declinar para 35.021 pessoas no ano selecionado de 2010, com exclusão de 63.331 pessoas. Isso significa uma variação relativa de -64,4% decrescendo esse segmento populacional a uma taxa média avaliada em -9,8% ao ano. A implicação imediata dessas transformações reflete-se em um decréscimo de -70,7% em sua participação relativa no total dos ocupados, uma vez que em 2000, situava-se em um nível de 8,2% e no ano 2010, com apenas 2,4% de representação, ocupava um patamar inferior, de acordo com os dados examinados.

O grupo dos trabalhadores na produção para o próprio consumo apresenta aumento absoluto em 51.742 pessoas – de 123.118 pessoas em 2000, constitui-se de 174.860 pessoas em 2010 –, o que significa uma variação relativa de 42,0% no período, evoluindo a uma taxa média de crescimento em torno de 3,6% ao ano. São essas taxas de variações que permitem a esse segmento populacional situar-se, no início do período, em uma posição relativa no total dos ocupados de 10,3% e, em seu término, elevá-la ao nível de 11,8%, aumentando essa participação relativa em 14,6%.

Portanto, transcorridas as análises dessa dinâmica interna dos trabalhadores ocupados no estado da Paraíba, desvela-se o cenário das transformações efetivas, considerando-se os anos selecionados de 2000 e 2010; acrescendo-se no total desses trabalhadores ocupados, 23,1% ao término daquele recorte temporal, por meio de uma taxa média de 2,1% ao ano. Percebe-se uma trajetória percorrida por seus elementos, apontando para uma direção geral e tendencial, semelhante à ocorrida na Região Metropolitana de João Pessoa-PB: ou seja, o aumento dos empregados totais (277.175 pessoas, no período), ocorre em grande parte devido ao aumento dos trabalhadores com carteira assinada, destacando-se também o aumento das outras atividades, em maior ou menor grau.

Quando se analisa detalhadamente o cenário geral revelado no período, percebe-se a involução relativa do segmento de empregadores e do grupo dos não remunerados. O decréscimo relativo dos empregadores atuando no estado não se transforma, obviamente, em fenômeno positivo para sua economia. Entretanto, no que diz respeito à tendência de retração no subgrupo dos trabalhadores não remunerados, podemos enxergá-la como positiva, tendo em vista que significa uma redução relativa de parte da mão de obra que se encontrava trabalhando sem a devida remuneração. A presente questão pode ser considerada benéfica, a partir da posição final desses trabalhadores. Isto é, se eles agora estão no grupo dos empregados com carteira de trabalho assinada ou no dos trabalhadores na produção para o próprio consumo. Porém, quaisquer dessas alternativas consideradas são obviamente mais compensadoras, quando comparadas ao subgrupo dos trabalhadores não remunerados.

Desse modo, no que diz respeito à participação relativa do conjunto das pessoas ocupadas, reafirma-se o destaque para os empregados com carteira de trabalho assinada, dos trabalhadores na produção para o próprio consumo e dos empregados sem carteira assinada – condição que não os auxilia, tendo em vista a natureza de exclusão desses empregados, de uma relação formal no emprego. O restante dos segmentos assiste a um decréscimo relativo de suas posições na ocupação entre os anos selecionados de 2000 e 2010.

Tabela 9 – Pessoas de 10 anos ou mais de idade, ocupadas na semana de referência, por posição na ocupação e categoria do emprego no trabalho principal: Paraíba

Posição na ocupação e categoria do emprego no trabalho principal	Pessoas Ocupadas		Variação Relativa (%)	TGCA (% a.a.)
	2000	2010	2000/2010	
Estado da Paraíba				
Quantidade (Pessoas)				
Empregados	**680.094**	**923.550**	**35,8**	**3,1**
Empregados - com carteira de trabalho assinada	264.608	402.421	52,1	4,3
Empregados - militares e funcionários públicos estatutários	96.384	112.167	16,4	1,5
Empregados - outros sem carteira de trabalho assinada	319.102	408.962	28,2	2,5
Conta própria	**278.714**	**324.772**	**16,5**	**1,5**
Empregadores	**20.714**	**19.966**	**-3,6**	**-0,4**
Não remunerados	**98.352**	**35.021**	**-64,4**	**-9,8**
Trabalhadores na produção para o próprio consumo	**123.118**	**174.860**	**42,0**	**3,6**
Total	**1.200.993**	**1.478.168**	**23,1**	**2,1**
Distribuição (%)				
Empregados	**56,6**	**62,5**	**10,4**	--
Empregados - com carteira de trabalho assinada	22,0	27,2	23,6	--
Empregados - militares e funcionários públicos estatutários	8,0	7,6	(-5,0)	--
Empregados - outros sem carteira de trabalho assinada	26,6	27,7	4,1	--
Conta própria	**23,2**	**22,0**	**(-5,2)**	--
Empregadores	**1,7**	**1,4**	**(-17,6)**	--
Não remunerados	**8,2**	**2,4**	**(-70,7)**	--
Trabalhadores na produção para o próprio consumo	**10,3**	**11,8**	**14,6**	--
Total	**100,0**	**100,0**	--	--

Fonte: IBGE

Ao estudar a dinâmica interna do mercado de trabalho na Paraíba entre 1983 e 1996, Cavalcanti (1999) direciona seu foco de análise para a força de trabalho conceituada no seguinte aspecto: a População Economicamente Ativa, em termos de seus dois principais agregados, os desempregados e o pessoal ocupado. O exame da população ocupada, por sua vez, é distribuído por meio do comportamento dos (1) empregados com carteira assinada; (2) empregados sem carteira assinada; (3) empregador; (4) empregado por conta própria e (5) trabalhador sem rendimento. As conclusões observadas pelo autor são destacadas a seguir:

> Após uma breve descrição de alguns elementos da dinâmica e transformação recentes da economia paraibana na década de oitenta e nos anos noventa, sob a ótica dos principais indicadores econômicos, evidencia-se a fragilidade e o pouco dinamismo da economia estadual, ainda dominada por uma estrutura produtiva tradicional e incapaz de reduzir o atraso relativo que a separa das economias regional nordestina e brasileira. Com relação à dinâmica do mercado de trabalho, observa-se que, [...] os principais indicadores específicos da situação ocupacional apresentaram os seguintes resultados: **redução do desemprego aberto; aumento do número de empregados no setor formal do mercado de trabalho;** redução expressiva, dos níveis de inserção precária no mercado de trabalho; melhoria relativa, enfim, nas formas de inserção do trabalhador na PEA paraibana; [...] pode-se registrar que o sistema produtivo foi incapaz de gerar uma quantidade relativamente satisfatória de empregos regulares e permanentes, uma vez que **o maior incremento de pessoas ocupadas se verificou, principalmente, através do crescimento do número de trabalhadores sem rendimento.** Isso aumentou, consideravelmente, a precariedade e a fragilidade da mão de obra no mercado de trabalho. As mudanças [...] registradas, **ressaltam a dependência da situação ocupacional no Estado de formas de inserção ligadas aos setores não formais do mercado de trabalho,** resultado de um reduzido grau de desenvolvimento das forças produtivas (CAVALCANTI, 1999, p. 135-136, grifos meus).

Alves e Assis (2013), estudando as transformações do mercado de trabalho no território paraibano na última década do século XX e no primeiro decênio do século XXI, relacionando especificamente, as pessoas de 10 anos ou mais e a sua posição e categoria do emprego no trabalho principal, assinalam em suas conclusões que:

> O conjunto de informações [...] mostra indícios tanto do **aumento dos trabalhadores assalariados, especialmente os com carteira de trabalho assinada,** como também indica **a possibilidade de redução relativa dos trabalhadores informais na economia paraibana, notadamente dos não remunerados.** Isso ocorreu, em grande medida, devido ao crescimento econômico verificado a partir de 2004, às políticas públicas voltadas para o mercado de trabalho, bem como à continuidade do movimento de desconcentração espacial das atividades econômicas, que tem atingido positivamente o Nordeste e, em particular, a Paraíba. Entretanto, nota-se que ainda é bastante alto o número de trabalhadores autônomos (22,0%), que geralmente estão inseridos em ocupações precárias, bem como dos assalariados sem carteira de trabalho assinada (27,7%), que não possuem os direitos trabalhistas e previdenciários garantidos (ALVES; ASSIS, 2013, p. 14, grifos meus).

Diante das ponderações assinaladas nos referidos estudos, em distintos recortes temporais, torna-se fundamental compreender as semelhanças e/ou transformações e avanços relativos da economia e do mercado de trabalho considerados, bem como suas continuidades relativas. Desse modo, em síntese, pode-se afirmar que:

i) a economia paraibana foi apontada em situação de baixo dinamismo e relativamente mais atrasada, comparando-se com as economias regionais do Nordeste e a do Brasil. Porém, de acordo com Cavalcanti (1999), de um lado, o emprego formal apresenta uma melhora considerável e de outro lado, uma elevação do contingente dos trabalhadores sem rendimento, bem como uma dependência do setor ocupacional ligado aos setores informais, no período 1983/1996;

ii) quando os anos selecionados são os de 1991 a 2000 e 2000 a 2010, visívelmente, o grupo dos empregados apresenta continuidade de crescimento, com maior intensidade no subperíodo 2000/2010. O estudo evidencia, nesse crescimento, a relevância para os empregados com a carteira assinada. Também se registra a possibilidade de uma queda relativa dos trabalhadores informais na economia paraibana, com destaque para o grupo dos não remunerados. Essas mudanças ocorrem como resultado do emprego de políticas públicas voltadas para o mercado de trabalho. No entanto, segundo Alves e Assis (2013), a situação de precariedade e fragilidade pertencentes à mão de obra empregada ainda são elementos de preocupação.

2.4.1.4 Renda

Pelo exame das pessoas ocupadas, por meio do comportamento das classes de rendimento nominal médio mensal do trabalho principal, desvendam-se as transformações ocorridas nesse recorte analítico, de acordo com os dados referentes aos anos selecionados de 2000 e 2010. Na Tabela 10, observa-se o detalhamento da análise, que indica uma transferência de renda – em favor dos que estão na base da pirâmide social e em sua proximidade –, entre os que recebem rendimentos do trabalho, na Região Metropolitana de João Pessoa-PB.

A classe dos que recebem até um salário mínimo revela-se com um aumento absoluto de 109.749 pessoas. Isso representa um forte crescimento relativo, avaliado em 105,6%, evoluindo a uma taxa média positiva de 7,5% ao ano, considerando-se os extremos do período. Esses números implicam mudanças na participação relativa desse contingente de assalariados no total dos ocupados, passando de 30,4% em 2000 para 44,4% no ano de 2010, com uma elevação na participação relativa de 46,1%.

A classe dos que ganham entre mais de um até dois salários mínimos passa de 107.780 para 133.548, elevando em 25.768 pessoas seu contingente na forma absoluta. Desse modo, a evolução relativa de 23,9% significa estar crescendo a uma velocidade média de 2,2% ao ano. Entretanto isso implica transformações de sua participação relativa no total de pessoas ocupadas, passando de 31,5% no ano 2000, para 27,8% em 2010. Ou seja, há um decréscimo relativo de -11,7% em seu nível de ocupação, no total das pessoas ocupadas e que recebem rendimentos do trabalho.

O grupo de assalariados compreendido entre os que recebem mais de dois a três salários mínimos atinge um crescimento absoluto de 1.742 pessoas. Isso representa uma variação relativa de 4,9%, evoluindo esse segmento de pessoas na sua faixa de rendimentos a uma taxa média de 0,5% ao ano. No entanto, a mudança nesse montante de incremento relativo torna-se fator preponderante na involução desses assalariados, em sua participação relativa no total dos ocupados: de 10,4% em 2000 passa para 7,8% no ano de 2010, o que se expressa em -25,0% entre os extremos do período.

A classe dos relacionados entre os que ganham mais de três a cinco salários mínimos é diminuída no seu contingente absoluto, em -2.137 pessoas. Isso se reflete como uma involução relativa de -6,3% ou a uma velocidade média decrescente avaliada em -0,6% ao ano. Esses números traduzem uma queda na participação relativa inerente a esse grupo de assalariados, no total das pessoas ocupadas e que recebem rendimentos do trabalho, de 9,9% para 6,6%, respectivamente, de 2000 a 2010. Portanto um decréscimo na participação relativa de -33,3%.

Os que se encontram na classe de assalariados entre mais de cinco a 10 salários mínimos acrescem seu total absoluto em 368 pessoas. Isso representa uma pequena variação relativa de 1,3%, evoluindo a um ritmo médio de apenas 0,1% ao ano, o que significa uma queda, ao invés de elevação, em sua participação relativa no total de ocupados com rendimentos do trabalho. A mudança de 8,3% em 2000 para 6,0% em 2010 reflete-se em -27,7%.

A classe dos assalariados situada entre os que recebem mais de 10 a 20 salários mínimos observa uma exclusão absoluta de 1.599 pessoas. Isso está evidenciado na involução relativa de -11,4% em seu contingente populacional, decrescendo a uma taxa média avaliada em -1,2% ao ano. O reflexo dessas variações significa uma queda em sua participação relativa no total de pessoas ocupadas e com rendimentos do trabalho, passando de 4,1% em 2000 para 2,6%, no ano de 2010, traduzindo-se essa mudança em -36,6%.

As pessoas que recebem mais de 20 salários mínimos também sofrem retrocessos absolutos, nesse caso, de 950 pessoas. Isso significa uma involução relativa de -14,9% ou uma taxa média de decrescimento avaliada em -1,6% ao ano. Essas mudanças traduzem igualmente uma queda em sua participação relativa no interior das pessoas ocupadas e que recebem rendimentos do trabalho: de 1,9% no ano 2000 para 1,1%, em 2010. A transformação com essa mudança de posição na participação relativa entre os anos considerados reflete-se em -42,1%.

Ao considerar as pessoas sem rendimento, é importante assinalar que, entre elas, estão incluídas as que recebem somente em benefícios, tanto em 2000 quanto em 2010. Com essa ressalva, desvenda-se que esse contingente populacional apresenta aumentos absolutos avaliados em 5.028 pessoas. O reflexo associado é um importante incremento relativo de 39,6%, com uma taxa média de crescimento avaliada em 3,4% ao ano. No entanto esses números significam que entre os extremos do período, sua participação relativa no total dos ocupados permanece a mesma, avaliada em 3,7%.

Tabela 10 – Pessoas de 10 anos ou mais de idade, ocupadas na semana de referência, por classes de rendimento nominal mensal do trabalho principal, na Região Metropolitana de João Pessoa-PB

Classes de Rendimento Nominal Médio Mensal do trabalho principal (salário mínimo) (1)	Pessoas Ocupadas		Variação Relativa (%)	TGCA (% a.a.)
	2000	2010	2000/2010	
Região Metropolitana de João Pessoa-PB				
Quantidade (Pessoas)				
Até 1	103.945	213.694	105,6	7,5
Mais de 1 a 2	107.780	133.548	23,9	2,2
Mais de 2 a 3	35.728	37.480	4,9	0,5
Mais de 3 a 5	33.952	31.815	-6,3	-0,6
Mais de 5 a 10	28.604	28.972	1,3	0,1
Mais de 10 a 20	14.085	12.486	-11,4	-1,2
Mais de 20	6.391	5.441	-14,9	-1,6
Sem rendimento (2)	12.711	17.739	39,6	3,4
Total	**342.196**	**481.172**	**40,6**	**3,5**
Participação Relativa (%)				
Até 1	30,4	44,4	46,1	--
Mais de 1 a 2	31,5	27,8	(-11,7)	--
Mais de 2 a 3	10,4	7,8	(-25,0)	--
Mais de 3 a 5	9,9	6,6	(-33,33)	--
Mais de 5 a 10	8,3	6,0	(-27,7)	--
Mais de 10 a 20	4,1	2,6	(-36,6)	--
Mais de 20	1,9	1,1	(-42,1)	--
Sem rendimento (2)	3,7	3,7	0,0	--
Total	**100,0**	**100,0**	--	--

Fonte: IBGE/Censos demográficos 2000 e 2010 – resultados gerais da amostra

Notas: (1) salário mínimo utilizado para cálculos, ano 2000, R$ 151,00; ano 2010, R$ 510,00; (2) as pessoas que receberam somente em benefícios estão incluídas em 2000 e 2010

Após essa análise do comportamento dos rendimentos do trabalho entre as pessoas ocupadas, pode-se inferir que, nas classes de rendimento nominal médio mensal até um, mais de um a dois e mais de dois a três salários mínimos, há variações absoluta e relativa importantes, com destaque para os que recebem até um salário mínimo mensal no trabalho principal. As classes de assalariados que se encontram recebendo mais de três a cinco, mais de 10 a 20 e mais de 20 salários mínimos sofrem quedas absolutas e relativas em seus contingentes populacionais. Desse modo, passam a ter uma participação relativa no total de pessoas ocupadas, em um nível inferior, ao término do período. Apenas a classe de assalariados que se encontra recebendo mais de cinco a 10 salários mínimos observa pequenas elevações, tanto absolutas quanto relativas, em seu contingente populacional, embora esses incrementos não sejam capazes de elevá-la a uma participação relativa superior no total dos ocupados. Pelo contrário, verifica-se um decréscimo na participação relativa nesse segmento de assalariados no extremo conclusivo do recorte temporal. O grupo dos sem rendimento – em que se incluem também as pessoas com benefícios – mesmo apresentando uma variação relativa positiva, situa-se no mesmo nível de estabilidade em sua participação relativa no total dos ocupados, considerando os anos selecionados de 2000 e 2010. Em suma, de acordo com os dados analisados pode-se afirmar que há uma maior quantidade absoluta e relativa de pessoas na base da pirâmide social – e próximas dela– recebendo em classes de salários mínimos. E, ao contrário, uma menor quantidade absoluta e relativa quanto mais se distancia da base dessa pirâmide, em termos de percepção em classes de salários mínimos. Isso indica uma transferência de renda – em favor dos que estão na base da pirâmide social e em suas proximidades –, entre os que recebem rendimentos do trabalho, na Região Metropolitana de João Pessoa-PB. Ou seja, há de fato, no universo examinado, uma desconcentração de renda no primeiro decênio do século XXI, nos termos em análise.

Por outro lado, ao se utilizar o Índice de Gini[21] considerando nesse ponto os diferentes graus que separam os rendimentos do trabalho distribuídos no estado da Paraíba – tomado como um *"conjunto universo"* da Região Metropolitana de João Pessoa-PB – verifica-se uma redução nesses graus de diferenças. Em 2000, esse parâmetro era avaliado em 0,604 e, no ano 2010, em 0,580. Ora, esses números traduzem um decréscimo relativo nos referidos indicadores de desigualdades citadas, em medidas próximas

[21] Índice de Gini da distribuição do rendimento nominal mensal das pessoas de 10 anos ou mais de idade, com rendimento, por condição de atividade na semana de referência, de acordo com o IBGE (Tabela 2.906, anos selecionados de 2000 e 2010).

de -4,0% ou uma taxa média de decrescimento em torno de -0,4% ao ano. Isso indica uma desconcentração nos rendimentos do trabalho, no modo em que foram distribuídos por meio de suas classes, examinando-se o começo e a conclusão do período.

Em relação à cidade central João Pessoa e ao município de Cruz do Espírito Santo,[22] duas realidades espaciais com significativas diferenciações, verifica-se uma tendência de comportamento semelhante à que ocorre na unidade regional metropolitana, na trajetória desse recorte analítico, entre os anos selecionados de 2000 e 2010. Ou seja, mesmo com algumas particularidades em suas classes de rendimentos do trabalho, ambos os municípios espelham transferências de renda, no sentido de beneficiar as classes inferiores de salário mínimo. Registra-se em João Pessoa, uma distribuição mais profícua de rendimentos médios. Desde a classe até um salário mínimo – maior incremento das classes – passando pela mais de um a dois salários mínimos – iniciando-se ali, uma variação decrescente – caminhando pelas demais subsequentes e chegando ao ponto da classe representada pelas pessoas que ganham mais de cinco a 10 salários mínimos – menor incremento até essas classes.

Em Cruz do Espírito Santo, revela-se uma diminuição relativa negativa a partir das classes de rendimento compreendidas entre as de mais de um a dois salários mínimos, continuando essa tendência nos grupos reunidos em mais de dois a três, mais de três a cinco, e mais de cinco a 10 salários mínimos. Isto é, nessas classes de distribuição de rendimentos do trabalho, entre as pessoas ocupadas em seu trabalho principal, há uma variação relativa negativa ou involução no período em análise. Esse comportamento específico da variável em causa significa que a desconcentração de renda, naquele município, já se inicia a partir da classe que recebe entre mais de um a dois salários mínimos. Essa realidade, nos dois municípios em relevo, pode ser compreendida pela observação das Tabelas 11 e 12 e em suas análises, a seguir.

No município de João Pessoa (Tabela 11), a classe dos que recebem até um salário mínimo revela-se com um aumento absoluto de 66.049 pessoas. Isso representa um forte crescimento relativo, avaliado em 116,9%, evoluindo a uma taxa média positiva de 8,0% ao ano, considerando-se os extremos do período. Esses números implicam mudanças na participação relativa desse

---

[22] A escolha do município de Cruz do Espírito Santo justifica-se pelas seguintes razões: em 2010, caracteriza-se como um município em que predomina a população residente rural em relação à população urbana. Nessa espacialidade há uma significativa concentração fundiária, segundo estudos de Moreira e Targino, em: *A economia paraibana* (2006, p.51). Ainda porque, no referido município, há um evidente distanciamento nas variáveis analisadas neste livro, comparativamente às verificadas na cidade central - João Pessoa - do nosso arranjo metropolitano.

contingente de assalariados no total dos ocupados, passando de 25,2% em 2000 para 38,3% no ano de 2010. Essa elevação na participação relativa é avaliada em 51,9%.

A classe dos que ganham entre mais de um até dois salários mínimos passa de 68.445 para 94.446, elevando em 26.001 pessoas seu contingente na forma absoluta. Desse modo, a evolução relativa de 38,0% significa estar crescendo a uma velocidade média de 3,3% ao ano. Mesmo com incremento de trabalhadores nesse nível, isso implica transformações em sua participação relativa no total de pessoas ocupadas, passando de 30,5% no ano 2000 para 29,5% em 2010. Ou seja, há um decréscimo relativo de -3,3% em seu nível de ocupação, no total das pessoas ocupadas que recebem rendimentos do trabalho ao final do período.

O grupo de assalariados compreendido entre os que recebem mais de dois a três salários mínimos obtém um crescimento absoluto de 3.509 pessoas. Isso representa uma variação relativa de 13,4%, evoluindo a uma taxa média de 1,3% ao ano. Esse incremento relativo, no entanto, implica a involução desses assalariados, em sua participação relativa no total dos ocupados: de 11,6% em 2000, passa para 9,2% no ano de 2010, o que se expressa em -20,7%.

A classe dos relacionados entre os que ganham mais de três a cinco salários mínimos é acrescida em seu contingente absoluto, de 578 pessoas. Isso significa uma variação relativa de 2,2%, ou uma taxa média de crescimento avaliada em 0,2% ao ano. Esses números traduzem uma queda na participação relativa, inerente a esse grupo de assalariados, no total das pessoas ocupadas e que recebem rendimentos do trabalho, de 11,5% para 8,2%, respectivamente, de 2000 a 2010. Portanto um decréscimo na participação relativa de -28,7%.

Os que se encontram na classe de assalariados entre mais de cinco a 10 salários mínimos acrescem seu total absoluto em 490 pessoas. Isso representa uma pequena variação relativa de 2,0%, evoluindo a uma taxa média de 0,2% ao ano, o que significa uma queda em sua participação relativa no total de ocupados com rendimentos do trabalho. A mudança de 10,8% em 2000 para 7,7% em 2010 reflete-se no retrocesso avaliado em -28,7%.

A classe dos assalariados situada entre os que recebem mais de 10 a 20 salários mínimos observa uma perda absoluta de 1.039 pessoas. Isso está evidenciado na involução relativa de -8,4% em seu contingente populacional, decrescendo a uma taxa média avaliada em -0,9% ao ano. O reflexo dessas variações significa uma queda em sua taxa de participação relativa no total de pessoas ocupadas e com rendimentos do trabalho, passando de 5,5% em 2000 para 3,5% no ano de 2010, traduzindo-se esse retrocesso em -36,4%.

As pessoas que recebem mais de 20 salários mínimos também sofrem retrocessos absolutos, nesse caso, de 716 pessoas. Isso significa uma involução relativa de -12,7% ou uma taxa média de decrescimento avaliada em -1,4% ao ano no período considerado. Essas mudanças traduzem igualmente uma queda em sua participação relativa no interior das pessoas ocupadas e que recebem rendimentos do trabalho: de 2,5% no ano 2000 para 1,5% em 2010. A mudança de posição na participação relativa reflete-se em -40,0% ao término do período.

Ao considerar as pessoas sem rendimento, lembremo-nos de que, entre elas, estão incluídas as que recebem somente em benefícios, tanto em 2000 quanto em 2010. Com esse registro, descortina-se que esse contingente populacional apresenta aumentos absolutos avaliados em 1.085 pessoas. O reflexo associado, a exemplo do que ocorre na Região Metropolitana de João Pessoa-PB, é um importante incremento relativo de 21,4%, com uma taxa média de crescimento avaliada em 2,0% ao ano. No entanto esses números significam que, se em 2000, sua participação relativa no total dos ocupados era de 2,3% e em 2010 passou para 1,9%, há um decréscimo relativo na trajetória dessa variável, que se expressa em -17,4%.

Portanto os resultados da análise em João Pessoa mostram que, nas classes de rendimentos do trabalho compreendidas em até um e prosseguindo ao ponto da que está situada em mais de cinco a 10 salários mínimos, há aumentos absolutos e relativos das pessoas beneficiadas pela renda do trabalho, com destaque para os três primeiros grupos dessa pirâmide social. Nas classes posicionadas em mais de 10 a 20 e mais de 20 salários mínimos, no sentido inverso das primeiras, ocorrem diminuições absolutas e relativas nas quantidades de pessoas que auferem rendimentos do trabalho. No grupo de pessoas classificadas como sem rendimento – incluídas as pessoas que recebem somente em benefícios – revelam-se aumentos importantes, tanto absolutos quanto relativos.

No que diz respeito à participação relativa no total de pessoas ocupadas e com rendimentos do trabalho na capital da Paraíba, apenas a classe dos que recebem até um salário mínimo ocupa um patamar superior no ápice do período analisado. Todas as outras classes de rendimento posicionam-se em níveis relativos inferiores no ano de 2010, quando se considera o ano selecionado de 2000 enquanto período inicial do exame.

Tabela 11 – Pessoas de 10 anos ou mais de idade, ocupadas na semana de referência, por classes de rendimento nominal mensal do trabalho principal, no município de João Pessoa-PB

Classes de Rendimento Nominal Médio Mensal do trabalho principal (salário mínimo) (1)	Pessoas Ocupadas		Variação Relativa (%)	TGCA (% a.a.)
	2000	2010	2000/2010	
Município de João Pessoa				
Quantidade (Pessoas)				
Até 1	56.511	122.560	116,9	8,0
Mais de 1 a 2	68.445	94.446	38,0	3,3
Mais de 2 a 3	26.091	29.600	13,4	1,3
Mais de 3 a 5	25.755	26.333	2,2	0,2
Mais de 5 a 10	24.261	24.751	2,0	0,2
Mais de 10 a 20	12.401	11.362	-8,4	-0,9
Mais de 20	5.630	4.914	-12,7	-1,4
Sem rendimento (2)	5.062	6.147	21,4	2,0
Total	**224.157**	**320.113**	**42,8**	**3,6**
Participação Relativa (%)				
Até 1	25,2	38,3	51,9	--
Mais de 1 a 2	30,5	29,5	(-3,3)	--
Mais de 2 a 3	11,6	9,2	(-20,7)	--
Mais de 3 a 5	11,5	8,2	(-28,7)	--
Mais de 5 a 10	10,8	7,7	(-28,7)	--
Mais de 10 a 20	5,5	3,5	(-36,4)	--
Mais de 20	2,5	1,5	(-40,0)	--
Sem rendimento (2)	2,3	1,9	(-17,4)	--
Total	**100,0**	**100,0**	--	--

Fonte: IBGE/Censos demográficos 2000 e 2010 – resultados gerais da amostra

Notas: (1) salário mínimo utilizado para cálculos: ano 2000, R$ 151,00; ano 2010, R$ 510,00; (2) as pessoas que receberam somente em benefícios estão incluídas em 2000 e 2010

No município de Cruz do Espírito Santo (Tabela 12), a classe dos que recebem até um salário mínimo revela-se com um aumento absoluto de 1.351 pessoas. Isso representa um forte crescimento relativo, avaliado em 76,5%, evoluindo a uma taxa média positiva de 5,8% ao ano, considerando-se os extremos do período. Esses números implicam mudanças na participação relativa desse contingente de assalariados no total dos ocupados, passando de 41,9% em 2000 para 60,9% no ano de 2010. Essa elevação na participação relativa é avaliada em 45,3%.

A classe dos que ganham entre mais de um até dois salários mínimos passa de 1.080 para 768, diminuindo em 312 pessoas seu contingente na forma absoluta. Desse modo, a involução relativa de -28,8% significa estar decrescendo a uma velocidade média de -3,4% ao ano. Isso implica transformações em sua participação relativa no total de pessoas ocupadas, passando de 25,6% no ano 2000 para 15,0% em 2010. Ou seja, há um decréscimo relativo de -41,4% em seu nível de ocupação, no total das pessoas ocupadas que recebem rendimentos do trabalho.

O grupo de assalariados compreendido entre os que recebem mais de dois a três salários mínimos obtém um decrescimento absoluto de 95 pessoas. Isso representa uma perda relativa de -44,2% ou uma taxa média de -5,7% ao ano. Essa simbiose econômico-social reflete na involução desses assalariados, em sua participação relativa no total dos ocupados: de 5,1% em 2000 passa para 2,3% no ano de 2010, o que se expressa em -54,9%.

A classe dos relacionados entre os que ganham mais de três a cinco salários mínimos é diminuída em seu contingente absoluto por 69 pessoas. Isso significa uma involução relativa de -56,6% ou uma taxa média de crescimento avaliada em -8,0% ao ano. Esses números traduzem uma queda na participação relativa, inerente a esse grupo de assalariados, no total das pessoas ocupadas e que recebem rendimentos do trabalho, de 2,9% para 1,0%, respectivamente, de 2000 a 2010. Portanto um decréscimo na participação relativa de -65,5%.

Os que se encontram na classe de assalariados entre mais de cinco a 10 salários mínimos veem excluídos, em seu total absoluto, 44 pessoas. Isso representa uma queda relativa de -72,1% ou uma taxa média de -12,0% ao ano, o que significa uma diminuição em sua participação relativa no total de ocupados com rendimentos do trabalho. A mudança de 1,4% em 2000 para 0,3% em 2010 reflete-se em -78,6%.

A classe dos assalariados situada entre os que recebem mais de 10 a 20 salários mínimos registra somente 13 pessoas nessa condição, no ano 2000. Sem registro algum em 2010. Por esse motivo, não podemos fazer comparações ao longo do período. Em termos de participação relativa no total das pessoas ocupadas, em 2000, a posição dessa classe de rendimentos do trabalho é avaliada em apenas 0,3%.

A classe dos que recebem mais de 20 salários mínimos são apenas três pessoas no ano 2000. Também aqui não se realizam comparações entre os extremos do período, por ausência de elementos de análise, em 2010. Desse modo, no ano 2000, a participação relativa dessa classe de rendimentos do trabalho, no total das pessoas ocupadas, refletia-se em diminutos 0,1%.

Ao considerar as pessoas sem rendimento, sabendo que, entre elas, estão inclusas as que recebem somente em benefícios, tanto em 2000 quanto em 2010, revela-se que esse contingente populacional apresenta aumentos absolutos avaliados em apenas 89 pessoas. O reflexo associado é um incremento relativo de 9,4% ou uma taxa média de crescimento de 0,9% ao ano. Esses números significam que, se em 2000, sua participação relativa no total dos ocupados era de 22,6%, e em 2010 passou para 20,3%, há um decréscimo relativo nessa participação, refletindo-se em -10,2%.

Desse modo, os resultados da análise em Cruz do Espírito Santo indicam forte crescimento no grupo que recebe até um salário mínimo. A partir da classe de rendimentos do trabalho de mais de um a dois, passando pelas demais subsequentes e alcançando a classe mais de cinco a 10 salários mínimos, observam-se diminuições absolutas e relativas nas quantidades de pessoas que integram esses grupos. Nas classes em mais de 10 a 20 e mais de 20 salários mínimos, constam informações apenas para o ano 2000. Para o grupo de pessoas classificado como sem rendimento – ali incluídos os que recebem somente em benefícios – revelam-se crescimentos absoluto e relativo no período.

Naquele município de Cruz do Espírito Santo, no tocante à sua participação relativa no universo de pessoas ocupadas e com rendimentos do trabalho, apenas a classe dos que recebem até um salário mínimo ocupa uma posição relativa superior no ápice do período analisado. Todas as outras classes de rendimento posicionam-se em níveis relativos inferiores no ano de 2010, se o marco para o início dos estudos é o ano selecionado de 2000.

Tabela 12 – Pessoas de 10 anos ou mais de idade, ocupadas na semana de referência, por classes de rendimento nominal mensal do trabalho principal, no município de Cruz do Espírito Santo

Classes de Rendimento Nominal Médio Mensal do trabalho principal (salário mínimo) (1)	**Pessoas Ocupadas**		**Variação Relativa (%)**	**TGCA (% a.a.)**
	2000	**2010**	**2000/2010**	
Município de Cruz do Espírito Santo				
Quantidade (Pessoas)				
Até 1	1.766	3.117	76,5	5,8
Mais de 1 a 2	1.080	768	-28,8	-3,4
Mais de 2 a 3	215	120	-44,2	-5,7
Mais de 3 a 5	122	53	-56,6	-8,0
Mais de 5 a 10	61	17	-72,1	-12,0
Mais de 10 a 20	13	--	--	--
Mais de 20	3	--	--	--
Sem rendimento (2)	950	1.039	9,4	0,9
Total	**4.210**	**5.114**	**21,5**	**2,0**
Participação Relativa (%)				
Até 1	41,9	60,9	45,3	--
Mais de 1 a 2	25,6	15,0	(-41,4)	--
Mais de 2 a 3	5,1	2,3	(-54,9)	--
Mais de 3 a 5	2,9	1,0	(-65,5)	--
Mais de 5 a 10	1,4	0,3	(-78,6)	--
Mais de 10 a 20	0,3	--	--	--
Mais de 20	0,1	--	--	--
Sem rendimento (2)	22,6	20,3	(-10,2)	--
Total	**100,0**	**100,0**	--	--

Fonte: IBGE/Censos demográficos 2000 e 2010 – resultados gerais da amostra

Notas: (1) salário mínimo utilizado para cálculos: ano 2000, R$ 151,00; ano 2010, R$ 510,00; (2) as pessoas que receberam somente em benefícios estão incluídas em 2000 e 2010

2.4.1.5 A dinâmica do salário mínimo no primeiro decênio do século XXI

É relevante neste ponto, lembrar que o salário significa um pagamento efetivado pelo empresário ao trabalhador, em troca da aquisição de seus serviços. Ou seja, no interior do capitalismo, em sua dinâmica direcionada à consecução do produto interno bruto, o desempenho de funções realizadas pelo trabalhador trata-se apenas de uma mercadoria dentre as demais. E, segundo os estudiosos do assunto, compreende uma:

> Remuneração em dinheiro recebida pelo trabalhador pela venda de sua força de trabalho. Costuma-se incluir também como parte integrante do salário, vestimentas e calçados especiais, alimentação e transporte que a empresa coloca à disposição do empregado. Há ainda o que se convencionou chamar de salários indiretos, que são os benefícios sociais originários de contribuições feitas pelos patrões, pelo Estado e, em parte, pelo conjunto dos trabalhadores. São os auxílios de doença, o abono familiar, os seguros de vida etc (DICIONÁRIO DE ECONOMIA, 1985, p. 387).

É interessante ainda salientar que:

> Constituindo um dos principais objetos de análise do pensamento econômico, os salários têm sido estudados desde os primórdios da Economia Política. **Para David Ricardo,** um dos principais defensores da teoria da subsistência, **o salário de um trabalhador deve ser determinado pelo número de artigos indispensáveis à sua subsistência.** Isto é, **limita-se a um nível mínimo necessário à perpetuação da classe trabalhadora.** Ricardo dizia também que **o aumento ou diminuição da mão de obra é regulado pela pressão demográfica** (maior ou menor índice de nascimentos) **o que,** consequentemente, **termina influindo no preço dessa mercadoria** (DICIONÁRIO DE ECONOMIA, 1985, p. 387, grifos meus).

No intercâmbio das relações socioeconômicas existentes na modernidade, é necessário que os agentes econômicos estejam atentos a uma diferenciação entre salário nominal e salário real, pois a elevação geral dos preços de uma economia torna ilusória a configuração do salário nominal em relação a seu verdadeiro poder de compra. Desse modo, para melhor compreensão, as referidas vertentes salariais estão classificadas a seguir:

> Salário Nominal **é a soma em dinheiro que o trabalhador recebe em troca da sua força de trabalho.** Não proporciona uma idéia precisa do salário real, pois sua verdadeira magnitude dependerá do nível de preços correspondentes dos bens e serviços (e também dos impostos) que o trabalhador deve adquirir para a manutenção e a reprodução de sua vida e de sua família. Salário Real **é o nível do salário em relação a seu próprio poder de compra em determinado momento** (DICIONÁRIO DE ECONOMIA, 1985, p. 388-389, grifos meus).

Após essas observações, direcionamos nossa atenção ao que se entende como o menor salário pago ao trabalhador, de acordo com as normas estruturadas em legislação existente. Isto é, ao que se convencionou chamar de salário mínimo,[23] sob os ditames da lei, nas sociedades modernas. Portanto: "Salário mínimo é a menor remuneração permitida por lei para trabalhadores de um país ou de um ramo de atividade econômica. Sua fixação representa uma intervenção do Estado no mercado de trabalho, ou – como ocorre em muitos países – resulta de negociações coletivas entre empregados e empregadores." (DICIONÁRIO DE ECONOMIA, 1985, p.388).

No Brasil, a ideia de um valor salarial mínimo destinado aos trabalhadores começou a ser debatida, segundo o Dicionário de Economia (1985), em 1931, com a criação do Ministério do Trabalho, mas, formalmente, só foi decretado em 2 de julho de 1940. Nesse sentido observe-se que:

> Sua criação representou uma vitória das forças políticas que conduziram o processo de industrialização do país, interessadas na construção de um mercado interno de consumo. Naquela época, *68,7%* da população ocupada ganhava um salário mínimo e a maior parte dos assalariados do setor privado urbano recebia próximo do seu valor (DIEESE, 2001, p. 95).

No entanto, em que pese a relevante intenção dos planejadores da época, efetivamente, sua trajetória histórica (1940 a 1999) é palmilhada por vias nem sempre condizentes a seu objetivo, que era o de calcular o salário mínimo oferecendo condições suficientes para suprir as necessidades básicas do trabalhador urbano das diversas regiões do país. De fato:

> Durante a década de 1940, o salário mínimo se consolidou como referência básica para a remuneração dos trabalhadores sem

[23] Como se pode perceber, a ideia referente a valores nominal e real também se aplica, efetivamente, ao salário mínimo.

> qualificação, mas injunções políticas impediram que seu valor real fosse preservado, chegando a ficar oito anos sem nenhum reajuste (1944–1951). Foi na década de 1950 que o salário mínimo alcançou seus valores mais elevados em termos reais. Em 1957, [...], o salário mínimo anualizado para o município de São Paulo, por exemplo, correspondia a 2,7 vezes a renda per capita nacional. [...] naquela década, seu valor chegou a quase 90% do salário médio industrial. **As comissões tripartites foram oficialmente extintas após o golpe militar de 1964 e o Poder Executivo Federal passou a fixar o valor da menor remuneração do país de forma independente da evolução do custo de vida, das necessidades básicas do trabalhador e do aumento da produtividade da economia.** [...] **mesmo no período de maior crescimento econômico** (1968–1974), **o salário mínimo perdeu poder de compra.** A recuperação parcial ocorrida no período 1975–1982 é insuficiente para reverter uma tendência evidente de deslocamento, entre o valor do salário mínimo e os frutos do desenvolvimento econômico. Desde 1975, o valor anualizado dessa remuneração é menor do que a renda nacional per capita, chegando ao final do milênio representando apenas 28,6% da renda gerada por habitante. O crescimento acelerado das taxas de inflação, principalmente na segunda metade dos anos 1980, também é responsável pela queda acentuada do valor do salário mínimo que, apesar da sua unificação nacional pelo maior valor regional a partir de 1984, **chega aos anos 1990 carregando consigo não só o peso da inflação, mas principalmente, do descaso de sucessivos governos com um instrumento fundamental de proteção de renda dos trabalhadores de base** (DIEESE, 2001, p. 95-96, grifos meus).

Contudo, no que se refere ao recorte temporal pesquisado nesta obra, os valores do salário mínimo real no Brasil conseguem manter crescentes seu poder de compra. Ou seja, descontada a inflação, eles propõem a configuração material do que podem adquirir no mercado, em termos de sua cesta básica de bens e serviços. Esse crescimento do salário mínimo real é resultante de uma política econômica do governo, direcionada à proteção do trabalhador e ao estímulo do consumo interno, verificados no período. As informações constantes na Tabela 13 e no Gráfico 7 são esclarecedoras, relativamente ao que se afirma, sobre o comportamento da referida variável.

Tabela 13 – Valor e índice do salário mínimo real – 2000 a 2010

Ano	Salário mínimo	
	R$	**Índice**
2000	151,00	100,00
2001	167,18	110,72
2002	165,02	109,31
2003	181,23	120,02
2004	182,46	120,83
2005	199,19	131,91
2006	225,31	149,21
2007	234,19	155,09
2008	241,50	159,93
2009	259,41	171,79
2010	268,65	177,91

Fonte: elaborado pelo autor com base em IBGE, contas regionais – IPCA, dezembro de cada ano

Tomando-se como referência o salário vigente em 2000, já no ano seguinte revela-se um aumento real de 10,7%. No que se refere a 2001-2002 ocorre uma pequena queda (-1,3%) no salário mínimo real. No entanto, quando se compara com o ano base, constata-se um crescimento avaliado em 9,3%. A partir do ano 2003 há uma recuperação no salário mínimo real de 9,8% em relação ao ano anterior e verifica-se em 2004, uma discreta elevação de 0,7%. Entre 2004-2005, o salário mínimo real eleva-se em 9,2%. No intervalo posterior (2005-2006), a variação positiva corresponde a 13,1%, revelando-se a mais elevada no período. Entre 2006-2007 ocorre um crescimento de 3,9% para no intervalo 2007-2008, verificar-se outro aumento próximo ao anterior, avaliado em 3,1%. Entre 2008-2009, o crescimento verificado é de 7,4% enquanto no intervalo que o sucede (2009-2010), a variação positiva corresponde a apenas 3,7%. Perceba-se que a dinâmica do salário mínimo situa-se em níveis superiores ao seu valor correspondente no ano 2000. Portanto trata-se de uma dinâmica verificada acima da inflação. Observe-se também a sequência crescente e ininterrupta no poder de compra dessa variável entre 2003 e 2010. Nesse ano apontado, o aumento correspondente em relação a 2000 atinge a significativa sinalização de 77,9%. Isto é, no ápice do período, ele chega a valer 1,78 vezes em termos reais, comparativamente ao período inicial da pesquisa. Desse modo, ao contrário do que se passa na década de 1990 – principalmente em sua primeira metade –, os efeitos deletérios da inflação não interferem nos valores do salário mínimo. Em outras palavras, pode-se afirmar que os aumentos outorgados ao salário mínimo, em relação ao período inicial, foram sempre superiores aos aumentos verificados na alta geral dos preços durante o recorte temporal em análise.

Gráfico 7 – Índice do salário mínimo real – 2000 a 2010

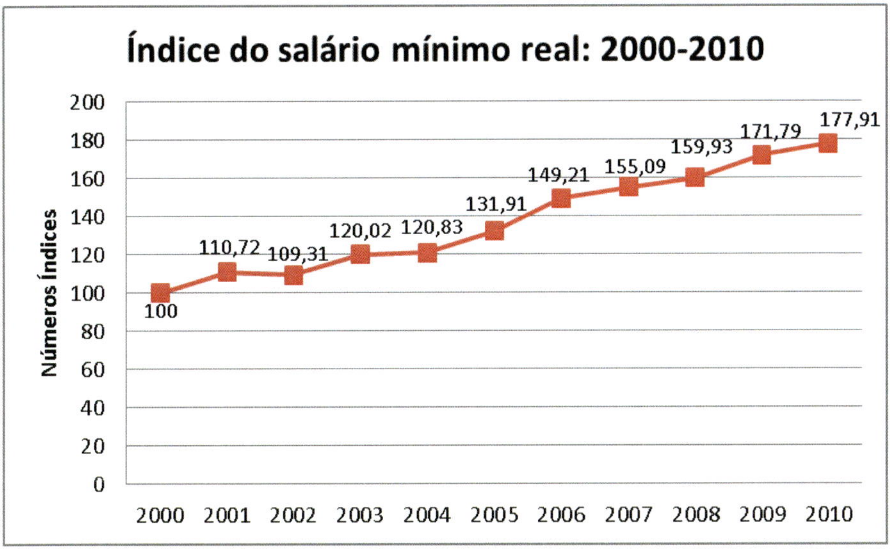

Fonte: elaborado pelo autor com base em IBGE, contas regionais – IPCA, dezembro de cada ano

De acordo com Neri (2011), surge uma nova classe média no cenário brasileiro, evidenciando a sua presença nessa primeira década do século XXI. O aspecto assinalado por esse autor não é o das classes sociais vistas pelo olhar dos sociólogos, tais como: operariado, burguesia, capitalistas etc. Mas a "nova classe média" caracteriza-se pela interpretação da significativa literatura de medidas de pobreza e de bem-estar social, fundamentada em renda domiciliar per capita. Dessa forma, o autor alinha a sua visão acadêmica a esses aspectos, organizando uma metodologia[24] que procura estudar a sociedade por meio de parâmetros macroeconômicos e métodos estatísticos considerados mais inovadores, pode-se afirmar.

Como observa Neri (2011, p. 18, grifos meus):

> O lado do produtor se apoia na literatura de economia do trabalho, leia-se emprego, mas também na de empreendedorismo. Se empregadores e por conta própria são trabalhadores, eles também são empresários, pois vivem do lucro. São capitalistas, **mas sem capital na maioria dos casos, ficando apenas com os riscos e não as riquezas capitalistas.** [...] ao fim e ao cabo, **fluxos e estoques de dinheiro podem trazer, ou não, a felicidade para cada um e para os seus.** Acoplamos em nossos estudos de maneira complementar as atitudes e expectativas em relação às suas vidas tal como desenvolvido na **literatura da felicidade,** que apenas mais recentemente ganhou a atenção e talvez alguma respeitabilidade por parte dos economistas.

Portanto o autor reveste-se de construções interessantes em seu conteúdo para explicar o cenário econômico-histórico em destaque. Conectamos partes de seu pensamento em nossos estudos, com a certeza dos humanos, aventurando afirmar que nunca é demais insistir na tentativa heroica de explicar uma "teoria", ou uma maneira de se enxergar a realidade. Nesse aspecto observa-se que:

> Nova classe média dá **o sentido positivo e prospectivo** daquele que realizou, e continua a realizar, **o sonho de subir na vida.** Aonde você vai chegar é mais importante do que de onde você veio ou onde está. **Nova classe média** não **é definida** pelo ter, mas **pela dialética entre ser e estar olhando para a posse de ativos e para decisões de escolha entre o hoje e o amanhã.** Mais do que assíduos frequentadores de templos de consumo, **o que caracteriza a nova classe média brasileira é o lado do produtor.** A nova classe média busca construir seu futuro em bases sólidas que sustentem o novo padrão adquirido. [...] Crédito ao consumidor e benefícios

[24] A metodologia utilizada por Neri (2011) incorpora estudos em elementos tais como: "temas de sustentabilidade e percepções das pessoas", envolvendo precipuamente, "[...] as relações concretas entre fluxos de renda e estoques de ativos abertos, do produtor e do consumidor. Também da literatura clássica de consumo e poupança. [...] Contempla incertezas, hábitos, altruísmo, imperfeições do mercado de capitais e até miopia como casos específicos. Mesmo se a família não planeja o futuro, ela irá sofrer ao longo do tempo as consequências de não fazê-lo." (NERI, 2011, p. 18). No entanto, a referida metodologia não pertence aos objetivos da nossa pesquisa, mas, em alguns aspectos, auxilia e até concorre para esclarecer o seu entendimento geral.

> oficiais fazem parte da cena da classe C, mas como coadjuvantes. O protagonista é o lado do produtor, **do empregado formal em particular. A carteira de trabalho é o maior símbolo da ascensão como ato consumado, e o concurso público é o seu platônico objeto de desejo.** Já o pequeno empreendedor continua relegado a um segundo plano aqui, dadas as dificuldades burocráticas, fiscais, creditícias e de valores (NERI, 2011, p. 19, grifos meus).

Desse modo, no contexto de planificações acadêmicas e no universo dinâmico de suas pesquisas empíricas, depara-se o mencionado autor com algumas surpresas paradoxais que destoam do pensamento comum em nosso país, referente ao tema que envolve o empreendedorismo. Assim é que: "Ao contrário do que reza a lenda, o Brasil não é celeiro de pequenos grandes empreendedores, **mas de grandes empreendedores do tipo fordista,** desses que, depois de florescer no **hostil ambiente de negócios tupiniquim,** aspiram competir em seus respectivos segmentos globais" (NERI, 2011, p. 19, grifos meus).

Na linha de uma visão geral dos estudos de Neri (2011), acrescentamos algumas ponderações que julgamos importantes para nossa pesquisa, tanto nas ausências quanto nos pontos positivos, conjecturadas pela imbricação da obra, referenciada nesse ponto do livro. Desse modo:

> Há deficiência crônica nas políticas públicas de apoio produtivo, do curso profissionalizante ao crédito produtivo popular, jogando contra o "brasileiro profissão esperança". O instrumento-chave para liberar o potencial produtivo de nosso trabalhador seria a educação regular, que, embora ainda esteja num nível classe E, tem melhorado na quantidade, na qualidade, e nas prioridades tanto da população (passou de 7ª para 2ª na lista de preocupações do brasileiro) como da elite empresarial. **A falta de preocupação com a educação colocava nossa elite econômica no pior dos mundos.** Ser nova classe média também é consumir serviços públicos de melhor qualidade no setor privado, aí incluindo colégio privado, plano de saúde e o produto prêmio, que é a previdência complementar. [...] Em nossa visão, baseada em renda sobre nova classe média, aninhamos expectativas subjetivas das pessoas e seus respectivos estoques de ativos físicos, humanos e sociais. [...] **Com base na classificação das pessoas em grupos de renda, são incorporadas expectativas e atitudes e a renda permanente é aquela na qual**

> **os estoques de ativos são convertidos em fluxos.** [...] **A classe C** aufere em média a renda média da sociedade, ou seja, **é classe média no sentido estatístico. Nossa nova classe média está compreendida** entre aqueles acima da metade mais pobre e um pouco abaixo dos 10% mais ricos pouco depois da virada do século, segundo uma combinação de bases de pesquisas domiciliares (NERI, 2011, p. 19-20, grifos meus).

Diante dessas considerações, pode-se inferir que essa nova classe média brasileira – no sentido proposto pelo autor – existe concretamente e é parte integrante de sua população total. O que precisa ser enfatizado neste ponto da análise é a constatação de que as pessoas consignadas em tal situação apresentam mudanças consideráveis em seus níveis materiais de vida. Ou seja, em melhores condições materiais, contribuem efetivamente para aumentar o consumo das famílias e, como implicação, expandir o produto interno bruto por meio do aumento desse consumo. Conforme é verificado pelo nosso instrumental de análise, há uma desconcentração de renda na Região Metropolitana de João Pessoa-PB na primeira década do século XXI, acarretando melhoras significativas nos níveis de consumo e de vida em parte da sua população. Isso significa que o recorte espacial em apreço, nesse aspecto, caminha na mesma direção do Brasil como um todo, no período escolhido para esta pesquisa.

Entretanto, tendo em vista um exame sobre a proporção de pobres na população total e com isso considerando a estagnação e declínio dessa pobreza[25] no Brasil, entre 1995 e 2008, Rocha (2010) revela em seus estudos que essa variável apresenta uma estagnação entre 1995 e 2004, quando se situa em 33,2%, praticamente no mesmo patamar verificado para o ano de 1995. Assim é que:

> A partir de então (2004), **com a retomada da atividade econômica de forma sustentada, a proporção de pobres declina todos os anos, atingindo mínimos históricos a cada ano desde 2005.** A proporção de pobres atingida em 2008, 22,7%, corresponde a um declínio médio de 2,6 pontos percentuais anualmente desde 2004. É interessante observar

[25] "Para a obtenção dos indicadores de pobreza apresentados, [...] foram utilizadas, a cada ano, 24 linhas de pobreza localmente específicas, com o objetivo de levar em conta os diferenciais de estrutura de consumo e de preços nas diferentes regiões e áreas urbanas, rurais e metropolitanas no país. As linhas de pobreza se baseiam no consumo observado entre populações de baixa renda em cada região e área de residência, **e seus valores são atualizados anualmente**, de acordo com a variação local de preços por grupo de produtos." (ROCHA, 2010, p. 323, grifo meu).

> que o aumento relativamente forte dos preços alimentares nos anos de 2007 e 2008 foi incapaz de interromper a tendência de redução da pobreza, **já que estes aumentos foram largamente compensados por ganhos de renda, tanto devido a melhorias no mercado de trabalho, quanto à expansão das transferências previdenciárias e assistenciais.** Ademais, a participação da alimentação no orçamento das famílias diminui continuamente, sendo que, mesmo dentre as famílias pobres, já deixou há muito de ser o grupo de despesa mais importante, pelo menos nas áreas urbanas e metropolitanas. Na metrópole de São Paulo, por exemplo, os gastos alimentares correspondiam a 28% do valor da linha de pobreza em 2008 (ROCHA, 2010, p. 323-324, grifos meus).

Embora tenha se verificado uma situação importante, com a materialidade efetiva no declínio da pobreza no Brasil, isso não significa dizer que o fenômeno socioeconômico assinalado ocorra de maneira semelhante em todo o território nacional. Esses registros aparecem de uma forma evidente nos estudos referenciados, conforme dispostos a seguir:

> [...] ela **[a queda dos indicadores de pobreza]**, se deu de forma mais acentuada nas regiões mais desenvolvidas e dinâmicas do país. Trata-se, portanto, de um processo diverso do observado no período 1995-2004 quando a proporção de pobres ficou estagnada para o país como um todo. Naquele período, a estagnação da proporção encobria mudanças espaciais da pobreza, por exemplo, melhorias nas áreas rurais e agravamento nas áreas metropolitanas, ou ainda, melhorias no Norte e Nordeste e agravamento no Sudeste. [...] **Desde 2004, a pobreza cai mais fortemente nas regiões Sul e Sudeste,** enquanto as demais regiões têm melhoria mais atenuada, **o que é um comportamento típico da fase de expansão econômica, quando o resultado mais favorável ocorre nas áreas mais desenvolvidas** (ROCHA, 2010, p. 325, grifos meus).

Como se vê, as ponderações assinaladas sobre a trajetória da proporção de pobres, revelada pelas referidas pesquisas, agora mostram as diferenciações espaciais em suas avaliações e revelam que elas ocorrem com especificidades e melhorias, na inteireza do território brasileiro. No entanto Rocha (2010) chama a atenção para características específicas na evolução recente da pobreza no país.

> [...] o comportamento do indicador de pobreza nas áreas urbanas, rurais e metropolitanas: **a proporção de pobres cai nas três áreas em ritmo semelhante.** Então, na fase ascendente do ciclo, não são mais as metrópoles que ficam na dianteira e as áreas rurais que apresentam progressos amortecidos. **Os resultados se aproximam porque hoje existe uma maior heterogeneidade de comportamento dentro de cada estrato de residência.** Assim, embora a metrópole paulista continue como ponta de lança na retomada do crescimento, outras metrópoles ficam para trás, mostrando dificuldades estruturais para reagir, como é o caso de Recife. **Nas áreas rurais** ocorre fato semelhante: **enquanto o Nordeste rural apresentou uma reação relativamente fraca à retomada, a proporção de pobres no Centro-Oeste rural caiu fortemente desde 2004.** Assim, embora as diferenças urbano-rurais se mostrem atenuadas, e, certamente, a área rural não seja há muito o lócus privilegiado da pobreza brasileira [...] **as diferenças regionais persistem e, como tradicionalmente, têm se acentuado na fase de expansão da renda** (ROCHA, 2010, p. 325-326, grifos meus).

Desse modo quando se compara a evolução de habitantes e a proporção de pobres na população total do país, em áreas selecionadas no período 1995-2008, observa-se que, segundo os estudos referenciados, os movimentos demográficos e de incidência de pobreza, em uma trajetória simultânea, apresentam-se como fortes causas das medidas então reveladas. Assim, considerando o Brasil metropolitano, urbano e rural, verifica-se que:

> Em 1995, viviam 19,8% da população brasileira na área rural, mas 24,7% dos pobres brasileiros. [...] Este quadro evoluiu para um quase equilíbrio das duas participações em 2004 e 2008 apesar do ligeiro agravamento no último ano. Este resultado se explica porque a proporção de pobres na área rural vem se reduzindo de forma sustentada, como também porque o declínio da população rural é inexorável. Embora esta tendência venha favorecendo o Nordeste, onde a população rural é mais numerosa e a pobreza rural mais crítica, não foi capaz de alterar de forma fundamental a questão regional no que concerne à posição relativa do Nordeste na pobreza nacional: a região continua a concentrar 45% dos pobres brasileiros, portanto bem acima da sua participação de 29% na população brasileira, **resultados praticamente idênticos aos de mais de uma década atrás** (ROCHA, 2010, p. 327-328, grifos meus).

Portanto, ainda que ocorram sinalizações evidentes sobre tendência de queda na proporção da pobreza em relação à população total no país, que sejam identificadas efetivamente suas medidas espaciais em áreas selecionadas, percebe-se que, apesar de uma mudança na sua evolução recente, em tempos de expansão de renda, os fatores que contribuem para tal não são capazes de modificar situações estruturais. O exemplo concreto é caracterizado pela situação relativa da Região Nordeste, conforme os termos grafados pela fonte referenciada.

De outro lado, é de suma importância ressaltar que a evolução da pobreza, em qualquer período, tem uma ligação muito forte com a renda auferida pelas famílias pobres. No caso específico, em relação às ocorrências sobre a evolução da pobreza e à sua situação mais recente em 2008, de acordo com Rocha (2010, p. 328-329, grifos meus):

> Resultam de um conjunto de fatores que determinam como se forma a renda das famílias brasileiras ao longo do tempo, já que **a pobreza é medida levando em conta o valor total de todos os tipos de rendimentos recebidos por todos os membros da família repartido entre eles.** O componente mais importante da renda, [...], **é o rendimento do trabalho, que decorre do funcionamento do mercado, tanto no que se refere à sua capacidade de gerar postos de trabalho, mas quanto ao nível de rendimento pago às diferentes categorias de trabalhadores.** Até 2004, em função do baixo dinamismo da atividade econômica, o mercado de trabalho teve um desempenho fraco em termos de expansão de postos de trabalho, e, ademais, houve queda do rendimento médio. **Neste contexto,** e considerando que a renda do trabalho representa cerca de ¾ da renda das famílias, **a estabilidade da proporção de pobres, tal como se verificou no período 1995-2004, se deveu à evolução demográfica favorável, à expansão das políticas previdenciária e assistencial, e às mudanças distributivas do rendimento do trabalho relativamente favoráveis aos indivíduos que percebem rendimentos mais baixos.** [...] **A renda média das famílias brasileiras cresceu 23,6% em termos reais entre 2004 e 2008, ritmo idêntico ao observado para o rendimento do trabalho.** Aposentadorias e pensões evoluíram aproximadamente ao mesmo ritmo (24,0%), **o que tem a ver tanto com** o envelhecimento da população e **o aumento do contingente de idosos protegidos por mecanismos de previdência social, quanto com a política de aumento**

real do salário-mínimo no período, a cujo valor corresponde a grande maioria dos pagamentos realizados sob esta rubrica.

Assim as observações relatadas, sobretudo as que dizem respeito ao crescimento da renda média das famílias brasileiras e às políticas de governo executadas no período, podem explicar por que a base da pirâmide social, tendo em vista a população ocupada no país, experimenta a percepção de aumentos em sua participação relativa, no total da distribuição de rendimentos médios do trabalho durante o intervalo temporal em pesquisa.

CAPÍTULO III

EMPREGO FORMAL OU ORGANIZADO E SUAS MODIFICAÇÕES NA REGIÃO METROPOLITANA DE JOÃO PESSOA-PB, EM ANOS SELECIONADOS E NO PERÍODO 2003 - 2010

3.1 O EMPREGO FORMAL NA REGIÃO METROPOLITANA DE JOÃO PESSOA-PB

O emprego formal ou organizado, em nosso recorte espacial é uma importante variável a ser discutida nesta parte do livro. Ao se direcionar o foco das questões para o exame nas estruturas produtivas da Região Metropolitana de João Pessoa-PB, a partir de informações agregadas, como a da composição setorial do emprego organizado, ver-se-á que existe uma similitude na configuração e na trajetória desveladas no período, quando se confrontam com o movimento assumido, ao longo do tempo, na análise dos valores adicionados brutos para a sua economia. Ou seja, a mobilidade dos recursos produtivos tende para uma dinâmica, originando-se no setor primário, passando pelo secundário e indo aportar no setor terciário. Principiando em 2000,[26] pouco antes de existir oficialmente a unidade regional em discussão, os dados na Tabela 14 procuram traduzir essa realidade.

[26] Nesse ponto, o interesse é identificar o comportamento histórico da variável, antes da existência formal da Região Metropolitana de João Pessoa-PB, com o objetivo de eventuais comparações em períodos subsequentes.

Tabela 14 – Região Metropolitana de João Pessoa-PB – emprego organizado segundo os setores da economia, 2000 e 2010

Atividades	Ano 2000		Ano 2010		Variações	
	Absoluto	**%**	**Absoluto**	**%**	**Absoluta**	**Relativa (%)**
Extrativa mineral	224	0,1	108	0,0	-116	-51,8
Indústria de transformação	24.949	11,9	40.038	11,7	15.089	60,5
Serviços industriais de útil. Pública	4.868	2,3	5.076	1,5	208	4,3
Construção civil	9.486	4,5	24.501	7,2	15.015	158,3
Comércio	20.127	9,6	44.928	13,2	24.801	123,2
Serviços	48.855	23,3	77.666	22,8	28.811	60,0
Administração pública	91. 677	43,8	141.770	41,6	50.093	54,6
Agropecuária	9.255	4,4	7.077	2,1	-2.178	-23,5
Total da RMJP	**209. 441**	**100,0**	**341.164**	**100,0**	**131.723**	**62,9**

Fonte: Ministério do Trabalho e Emprego, Relação Anual de Informações Sociais (Rais) – 2000 e 2010

Ainda no ano 2000, início do primeiro decênio do século XXI, dentre os setores genéricos da economia regional metropolitana, o setor primário, com 9.255 trabalhadores de carteira assinada, sinaliza para uma expressão relativa na força de trabalho correspondente a diminutos 4,4%.

O setor terciário, ali representado pelas atividades do comércio, dos serviços e da administração pública, é o de maior peso relativo, com 76,7% das atividades produtivas. O destaque vai para a administração pública com 43,8%, e para os serviços, que representam 23,3% no total. O comércio reflete suas atividades em 9,6% do conjunto global, na Região Metropolitana de João Pessoa-PB.

O setor secundário por sua vez, configurado por subsetores como os da extrativa mineral, da indústria de transformação, dos serviços industriais de utilidade pública e da construção civil, responde por 19,7% das atividades agregadas na unidade regional. Assim, mantém-se na posição de segundo lugar entre os setores, no conjunto do emprego formal ou organizado. O destaque segue para a indústria de transformação, com 11,9% no total regional.

Como se percebe, naquele ano inicial dessa pesquisa, o total de trabalhadores no emprego formal do arranjo metropolitano em relevo correspondia, em números absolutos, a 209.441 pessoas.

Considerando os extremos do período e as transformações nas variáveis agregadas, pode-se observar que no setor terciário, em 2010, existiam na Região Metropolitana de João Pessoa-PB 264.364 trabalhadores de carteira assinada, o que respondia por um peso relativo de 77,5% no total do recorte espacial em tela. A administração pública, no interior do terciário, correspondia em números absolutos a 141.770 pessoas empregadas, representando 41,6% do total. Assim, em relação a 2000, obteve 50.093 pessoas a mais trabalhando com a carteira assinada, o que significa uma variação relativa de 54,6%. Nos serviços, contava-se com 77.666 (22,8%) pessoas trabalhando de forma organizada. A variação na forma absoluta foi de 28.811 pessoas a mais, representando um aumento relativo de 60,0%. O comércio, contabilizando 44.928 (13,2%) pessoas no emprego formal, evoluiu na forma absoluta em 24.801 trabalhadores a mais, o que representou uma elevada variação relativa de 123,2%. Ora, todas essas variações representam, sem embargo, importantes aumentos na quantidade de trabalhadores para o setor terciário em 2010.

No setor secundário destacamos por um lado, os 40.038 (11,7%) trabalhadores formais na indústria de transformação, em 2010. Nesse ápice conclusivo do período, há um aumento absoluto de 15.089 pessoas trabalhando com carteira assinada, o que reflete uma variação relativa de 60,5%. Há que se anotar, nos serviços industriais de utilidade pública, os 5.076 (1,5%) trabalhadores inscritos com a carteira assinada. Com o ganho das 208 pessoas a mais ali trabalhando, implica-se uma variação relativa de 4,3%. Por outro lado, há que se registrar uma exclusão de 116 empregos formais nas atividades da indústria extrativa mineral, o que significa uma involução relativa, no extremo do período, avaliada em -51,8%.

No que diz respeito ao setor primário da economia em apreço, com os 7.077 (2,1%) trabalhadores formais contabilizados ao longo do tempo em análise, quando confrontados com os 9.255 (4,4%) existentes no ano 2000, experimenta uma exclusão significativa em suas fileiras, correspondente a 2.178 pessoas que ali estavam trabalhando. Ora, isso quer significar em termos práticos, uma involução relativa de -23,5%.

Assim, em 2010, o emprego formal acresce em 131.723 postos de trabalho, relativamente a 2000. De acordo com as informações agregadas aos setores, esse é o processo de composição e mobilidade dos recursos produtivos, aqui representados pelo trabalho humano. Portanto, mesmo com os saldos negativos do setor primário da economia e da indústria extrativa mineral, há obviamente, um ganho de empregos formais em nosso recorte espacial, conforme demonstrado nesta obra.

O Gráfico 8 expressa a composição relativa do emprego formal em sua inteireza, na Região Metropolitana de João Pessoa, por setores genéricos da economia, nos primeiros 10 anos do século XXI.

Gráfico 8 – Região Metropolitana de João Pessoa-PB: composição relativa do emprego formal, 2000 e 2010

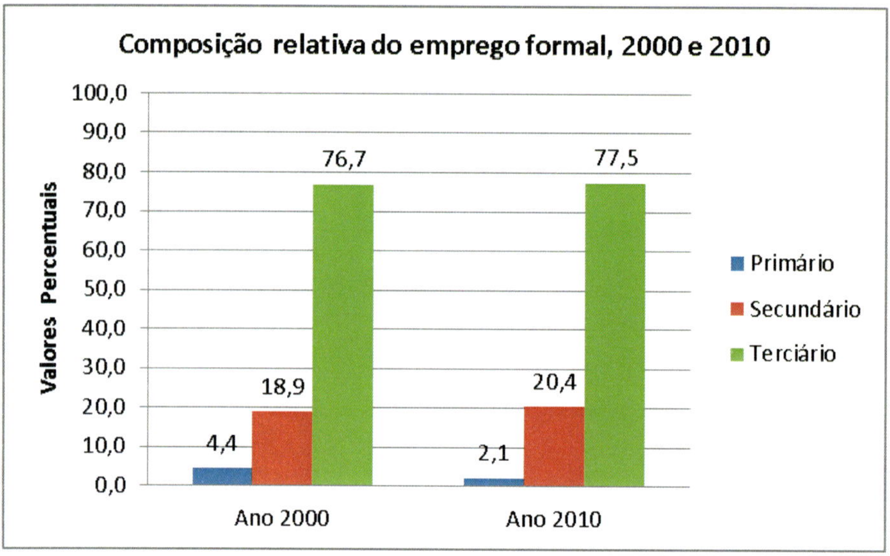

Fonte: elaborado pelo autor com base nas informações da Tabela 14

É pertinente assinalar que, em estudos anteriores, à luz de informações referenciadas pelo Ministério do Trabalho e Emprego (Rais), Lima (2013, p. 140-141) atesta que:

> No ano 2000, o emprego formal ou organizado, avaliado sob o aspecto agregado e constituindo-se de 209.441 trabalhadores com a carteira assinada, sinalizava com 61,8% do total da força de trabalho no Estado da Paraíba, com essas mesmas características. Em 2010, então com 341.164 pessoas, essa variável passa a representar 58,9%, no total da Paraíba. No que diz

> respeito às variações e ritmos de crescimento, o setor primário experimenta uma involução relativa de -23,5%, decrescendo a uma taxa média anual de -2,6%, ao ano. Os outros setores da economia, por sua vez, experimentam crescimentos em seus contingentes de trabalhadores no emprego formal. Para o setor secundário, 76,4% de variação relativa e uma taxa de crescimento médio anual, avaliada em 5,8%. Enquanto o setor terciário crescia 64,5%, a um ritmo de 5,1% ao ano.

Como se vê, as dinâmicas históricas percorrem caminhos e sentidos idênticos – no subconjunto e no conjunto universo- e configuram-se em saldos totais positivos, nas quantidades específicas do emprego formal. Entretanto, mister faz-se acrescentar: o crescimento dessa variável em si mesmo não implica situação socioeconômica boa ou ótima, no âmbito do recorte espacial em relevo e/ou no estado paraibano, quando comparado à evolução de outros espaços geográficos e estados nordestinos. Nesse aspecto, em um período mais duradouro, observa-se que:

> O povo da Paraíba está se distanciando dos padrões de vida compatíveis com o elevado progresso econômico, tecnológico, social e cultural do mundo contemporâneo. [...] A economia paraibana tornou-se relativamente regressiva. A sua renda per capita é uma das menores do Nordeste. [...] Esse desempenho econômico de longo prazo vem tendo terríveis repercussões sociais. Destaca-se aí, a baixa qualidade de vida da população da Paraíba, em relação à da grande maioria dos estados do Nordeste. A contabilidade sinistra da gravidade dessa situação paraibana se sintetiza nas suas taxas de mortalidade infantil, analfabetismo, expectativa de anos de vida e déficit habitacional, entre outros. O Estado é detentor do quarto menor índice de desenvolvimento humano (IDH) do país. As contas regionais e nacionais do Brasil publicadas pelo IBGE confirmam a continuidade da involução econômica da Paraíba, no Nordeste. Nos anos 1960 e 1970 [...], era a quarta maior. Dos anos 1980 aos 1990 foi progressivamente perdendo posição. Em 2002, passou a ser a quinta maior. Em 2005, a sexta maior economia estadual da região. [...] O PIB de João Pessoa, no período de 2002-2009, sempre foi um dos três menores, entre os das capitais dos Estados do Nordeste. A renda per capita da capital paraibana se manteve como a terceira menor, nos aludidos anos (POLARI, 2012, p. 39-41).

Embora seja essa a configuração econômica e social em longo prazo, como atestam as informações das contas regionais e nacionais do IBGE, os dados econômicos assinalados se, por um lado refletem pontualmente o que explica Polari (2012), por outro ângulo traduzem apenas as possibilidades reais do recorte espacial em relevo e do estado da Paraíba. Isto é, elas representam as participações relativas de contribuição a uma totalidade[27]. Esse aspecto, embora "diminuto", possui obviamente sua significância no conjunto universo que está sendo analisado. Sem a existência delas, em consequência, o todo em sua parte real, também sofreria modificações ou até mesmo poderia não existir, conforme efetivamente estivesse configurado. Em outras palavras e com outro olhar, as aludidas participações relativas, obviamente, também possuem características alternativas e concretas: quer para fins de comparação ou mesmo de complementaridade a um determinado somatório regional e/ou nacional; modificando sua importância no contexto global.

Quanto às possibilidades potenciais – e a elas também são feitas as devidas relevâncias pelo autor apontado – não se concretizam, no sentido de atingirem um ideal. Por isso, suas implicações sociais, com um forte impacto negativo para a maioria da população, preocupam sobremaneira a quaisquer pessoas que, por ventura, estejam se debruçando sobre o assunto. Mister deve-se acrescentar às inquietações assinaladas, em termos de realizações dos agentes econômicos[28], em um determinado território e intervalo temporal, o que fazer para se desembaraçar de situações estruturais dessa natureza? Ou seja, qual o papel adequado a ser desenvolvido pelo governo, empresas e consumidores, no sentido de melhorias nas estruturas de uma sociedade, em um tempo qualquer?

Por outro ângulo, é significativo registrar em nosso exame neste ponto, o fato de que os recursos produtivos ao longo do tempo parecem obedecer à tendência teórica de abandonarem o setor primário e concentrarem-se nos setores secundário e terciário das economias em geral e da Região Metropolitana de João Pessoa-PB, foco da nossa análise. Assim Lima (2013, p. 143) assinala em estudos anteriores relativos à matéria em discussão:

[27] Por exemplo, de acordo com os dados coletados na Rais – Ministério do Trabalho e Emprego, a participação relativa do total do emprego formal na RMJP-PB, levando-se em consideração o Nordeste e o Brasil, em 2000 é, respectivamente, de 4,8% e 1,3%. Essa relação, no ano 2010, traduz-se em 4,3%, tomando-se o Nordeste como referência, e 1,3% quando a comparação é feita com o Brasil. Esses números revelam que diminui em -10,4% a participação relativa do recorte espacial em destaque, quando a comparação é feita com o Nordeste, e continua a mesma em relação ao Brasil; considerando-se as informações iniciais e conclusivas do período.

[28] Sabe-se que os investimentos sistemáticos em educação, ciência e tecnologia, podem elevar o nível potencial e a qualidade de vida em qualquer sociedade – ofertando-a conhecimento, saúde e cidadania – ao longo do tempo.

> [...] levando-se em consideração a participação relativa nos setores da economia, tanto na RMJP-PB como no próprio Estado, da quantidade da força de trabalho em si; as suas trajetórias reveladas não se distanciam da "teoria", conforme compreendida consensualmente. Ou seja, a literatura especializada nessa temática, admite como uma tendência, mudanças estruturais da economia, ao longo do tempo e do espaço. Em outras palavras: as sociedades que organizam os seus modos de produção sob a ótica capitalista apresentam como tendências, diminuições relativas no setor primário e/ou aumentos relativos, nos setores secundário e terciário.

3.2 A ESTRUTURA DO EMPREGO NA MANCHA URBANA DA REGIÃO METROPOLITANA DE JOÃO PESSOA-PB

De acordo com os estudos inerentes à constituição da Região Metropolitana de João Pessoa-PB, os municípios que mais guardam proximidade com a cidade polo, a capital do estado paraibano, são Bayeux, Cabedelo e Santa Rita. Obviamente, quando nos reportamos ao termo proximidade, estamos falando em um conjunto de características como: limites geográficos circunvizinhos, processos de dinâmicas econômicas e culturais interligados, semelhantes graus de urbanização dos municípios etc. Em estudos anteriores, Alonso e Lima (2014, p. 86-87) observam que:

> [...] a análise referente aos municípios constituintes da região metropolitana de João Pessoa-PB que de fato poderiam expressar certo caráter metropolitano, isto a partir das respectivas estruturas produtivas, tem-se a dizer que Bayeux, Cabedelo e Santa Rita envergam uma realidade de núcleos pertencentes a uma protometrópole, [...] Cabedelo, Bayeux e Santa Rita, em conjunto com João Pessoa conformam, de fato, a principal mancha urbana metropolitana.

Portanto, na distribuição das atividades produtivas do arranjo metropolitano em discussão, pelo interior de seus principais municípios é desvelada uma semelhança na estrutura do emprego. O segmento de maior peso é, claramente, o setor terciário, se em sua constituição estão presentes as atividades do comércio, dos serviços e da administração pública. Assim definido, no ano 2000, o peso do setor terciário chega a representar 84,5% em João Pessoa, 62,3% em Cabedelo, 49,3% em Bayeux e apenas 25,9% em Santa Rita. No interior do terciário, o maior peso dos serviços no município de Cabedelo

(24,4%), relativamente a Bayeux (18,7%) e Santa Rita (9,6%), explica-se pela existência do Porto de Cabedelo naquela cidade e pelo desenvolvimento de atividades como administração técnica profissional, transporte e comunicações, alojamento e comunicações, e também, da administração pública. Em Santa Rita, as participações relativas do comércio (4,1%) e dos serviços (9,6%), no âmbito interno do terciário, influenciam na obtenção de sua baixa posição relativa no emprego formal da mancha urbana considerada. Em compensação, o setor secundário naquele município é forte, atingindo 50,4% em seu peso relativo, com destaque para a indústria de transformação que, sozinha, contribui relativamente ao total do emprego formal, com 50,0%. Complementando o conjunto global, os demais municípios da RMJP-PB, todos reunidos, perfazem um somatório relativo a 44,2%, que representa o peso no setor terciário, em relação ao total do emprego formal, naquelas sete cidades restantes e que fazem parte da unidade regional em apreço. Essa é uma leitura que se depreende, à luz das informações constantes na Tabela 15.

Tabela 15 – Emprego organizado segundo os setores, 2000 (%)

Atividades	Bayeux	Cabedelo	João Pessoa	Santa Rita	Demais municípios da RMJP-PB
Extrativa mineral	0,0	0,0	0,1	0,1	0,9
Indústria de transformação	40,7	14,3	7,4	50,0	18,2
Serviços industriais de util. Pública	4,6	0,2	2,6	0,2	0,3
Construção civil	5,2	11,0	4,8	0,1	1,1
Comércio	10,9	16,5	9,9	4,1	5,6
Serviços	18,7	24,4	25,4	9,6	10,6
Administração pública	19,7	21,4	49,2	12,2	28,0
Agropecuária	0,2	12,1	0,6	23,7	35,3
Total	**100,0**	**100,0**	**100,0**	**100,0**	**100,0**
Valores absolutos	**6.563**	**7.871**	**170.401**	**12.862**	**11.744**

Fonte: Ministério do Trabalho e Emprego, Rais – 2000

Ao se direcionar a análise para o ano 2010, percebe-se que a estrutura produtiva do emprego continua guardando similitude ao início do período, em 2000. Ou seja, ainda é o setor terciário que apresenta o maior peso relativo quando comparado com os setores primário e secundário do aglomerado urbano em nossa economia regional. A diferença agora é o setor primário que, à exceção do município de Bayeux, diminui de tamanho em João Pessoa, Cabedelo e Santa Rita. Porém, no referido setor terciário, o conjunto de atividades compreendido pelo comércio, pelos serviços e pela administração pública alcança uma representação de 83,4% em João Pessoa, 72,1% em Bayeux e 71,4% em Cabedelo, cabendo ao município de Santa Rita uma sinalização de apenas 33,2%, destoando nesse ponto dos outros municípios da mancha urbana em nosso arranjo metropolitano.

Mesmo com esse tamanho relativo, o segmento terciário de Santa Rita experimenta uma expansão, quando se olha para o ano 2000, início do período. Os demais municípios da RMJP-PB respondem por 52,4% no segmento terciário, em relação ao conjunto de todas as suas atividades produzidas.

Quanto ao setor secundário é novamente Santa Rita, com 50,1% de participação relativa no seu total de atividades, no ápice conclusivo do período, o município que se sobressai, em confronto com os demais. Desse montante do emprego formal relativo ao segmento secundário no referido município, a indústria de transformação responde por 48,5% das atividades desenvolvidas. Cabedelo com 28,5%, Bayeux com 27,7%, e João Pessoa com 16,3%, têm desse modo, a configuração de suas participações relativas no setor secundário. Assim, pode-se afirmar que de acordo com os dados verificados nesses estudos, a Tabela 16 permite-nos inferir uma leitura, conforme interpretada nos termos antecedentes.

Tabela 16 – Emprego organizado segundo os setores, 2010 (%)

Atividades	Bayeux	Cabedelo	João Pessoa	Santa Rita	Demais municípios da RMJP-PB
Extrativa mineral	0,0	0,1	0,0	0,1	0,2
Indústria de transformação	25,1	15,0	6,6	48,5	33,0
Serviços Industriais de utilidade pública	0,5	0,0	1,8	0,1	0,1
Construção civil	2,1	13,4	7,9	1,4	1,6
Comércio	19,7	18,4	13,2	6,1	12,5
Serviços	18,4	21,7	25,5	7,6	6,4
Administração pública	34,0	31,3	44,7	19,5	33,5
Agropecuária	0,2	0,0	0,3	16,7	12,7
Total	**100,0**	**100,0**	**100,0**	**100,0**	**100,0**
Valores absolutos	**9.369**	**16.162**	**272.668**	**19.618**	**23.347**

Fonte: Ministério do Trabalho e Emprego, Rais – 2010

Em síntese, quando nos referimos aos municípios da Região Metropolitana de João Pessoa-PB, circunvizinhos à capital do estado paraibano e que implicam a formação da principal mancha urbana ali existente, a presença do emprego formal no setor terciário, constituído pelo comércio, pelos serviços e pela administração pública, é determinante. Em todos eles, o desenvolvimento das atividades na administração pública apresenta-se como uma tendência marcante, mas o município de João Pessoa tem a hegemonia nesse segmento, provavelmente por ser a capital da Paraíba e concentrar em seus limites parte relevante da estrutura administrativa estadual, municipal e federal. Entretanto, dentre as sedes municipais de Bayeux, Cabedelo, João Pessoa e Santa Rita, destacamos o núcleo urbano de Santa Rita, no interior de seu setor secundário, pelas atividades da indústria de transformação.

Os Gráficos 9, 10, 11 e 12, nos anos selecionados de 2000 e 2010, reúnem as informações agregadas relativas ao emprego formal, por meio dos setores primário, secundário e terciário, na economia dos municípios que constituem a mancha urbana, em nossa unidade metropolitana regional.

Gráfico 9 – Município de Bayeux: composição relativa do emprego formal, 2000 e 2010

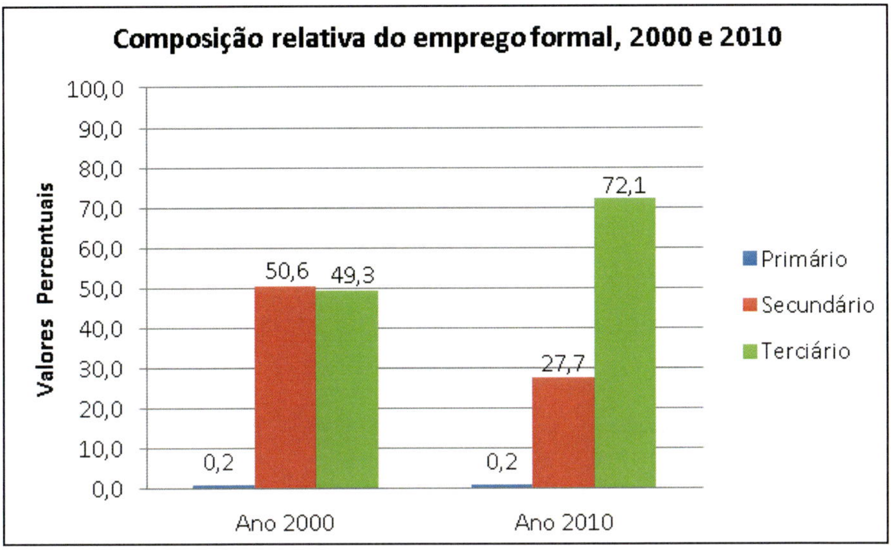

Fonte: elaborado pelo autor com base em Ministério do Trabalho, Rais

Gráfico 10 – Município de Cabedelo: composição relativa do emprego formal, 2000 e 2010

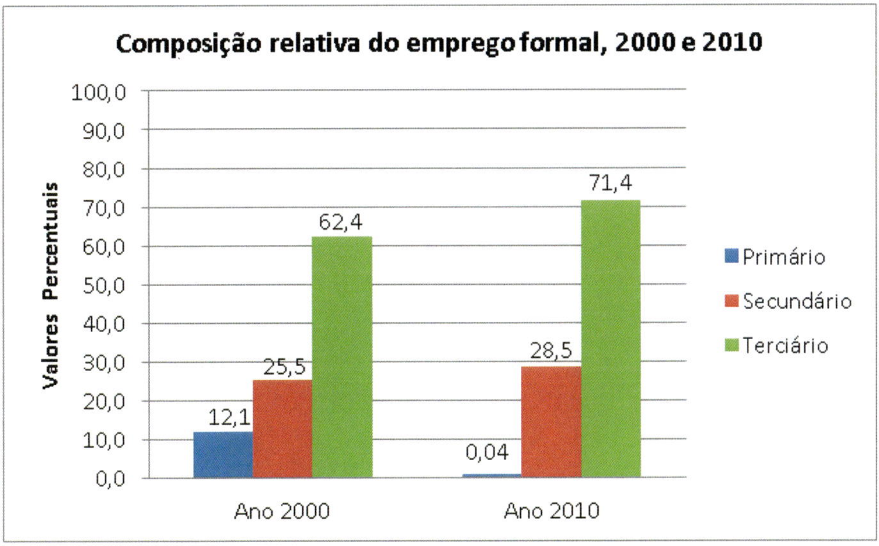

Fonte: elaborado pelo autor com base em Ministério do Trabalho, Rais

Gráfico 11 – Município de João Pessoa: composição relativa do emprego formal, 2000 e 2010

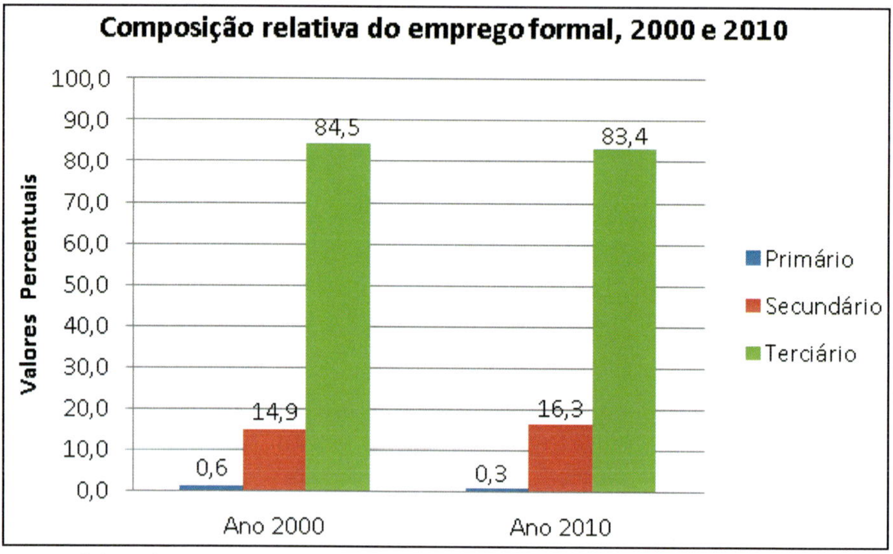

Fonte: elaborado pelo autor com base em Ministério do Trabalho, Rais

Gráfico 12 – Município de Santa Rita: composição relativa do emprego formal, 2000 e 2010

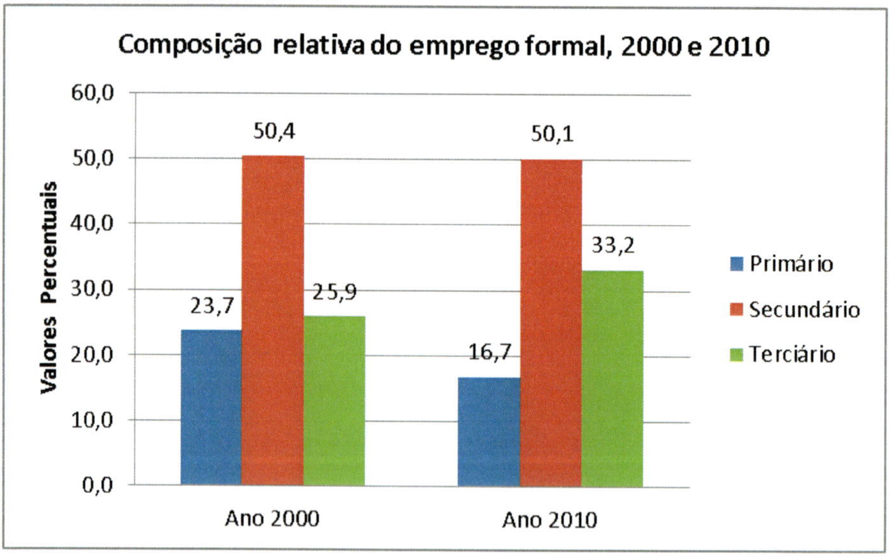

Fonte: elaborado pelo autor com base em Ministério do Trabalho, Rais

A desagregação das informações referentes ao emprego organizado na atividade industrial permite a compreensão de certas características produtivas nos municípios de Bayeux, Cabedelo, João Pessoa e Santa Rita. Nas Tabelas 17 e 18 estão presentes os dados mais relevantes sobre a atividade da indústria de transformação, importante componente do emprego industrial.

No ano 2000, o que inicialmente podemos destacar na estrutura industrial dos municípios, pela ótica da distribuição do emprego organizado conforme as principais atividades da indústria de transformação é o peso que tem, em Bayeux, a indústria têxtil, abrangendo 55,5% do emprego industrial total[29]. Se ao referido segmento adicionam-se as atividades das indústrias de calçados e de alimentos e bebidas, obtém-se um percentual de 86,2% no total da indústria de transformação.

No município de Cabedelo, onde se observa uma especialização na indústria de alimentos e bebidas, com a mão de obra formal chegando a 64,9%, ao se considerar também os segmentos das indústrias de madeira e mobiliário e dos minerais não metálicos, essa concentração atinge 84,4% do emprego industrial, ora em discussão.

A capital do estado e núcleo urbano central da região aqui examinada, por seu turno, revela-se como especializada na indústria têxtil, chegando a concentrar nessa atividade 33,9% do emprego industrial. Se a esse segmento são adicionados os segmentos da indústria de alimentos e bebidas, papel e gráfica e indústria de calçados, obtém-se uma concentração de 75,7% no total da indústria de transformação.

O município de Santa Rita apresenta o maior peso relativo na indústria de alimentos e bebidas, alcançando índice de 43,2%, no emprego industrial. Quando se adiciona a essa atividade os segmentos da indústria de calçados e da indústria têxtil, a concentração do trabalho formal salta para 92,0% no conjunto universo da indústria de transformação.

Os demais municípios da Região Metropolitana de João Pessoa-PB, todos reunidos, apresentam uma especialização na indústria de alimentos, chegando a abranger 52,6% do emprego industrial total. Adicionando-se às atividades desenvolvidas na referida indústria, os segmentos dos minerais

---

[29] O emprego industrial definido neste livro é composto pelas atividades da indústria extrativa mineral, da indústria de transformação e dos serviços industriais de utilidade pública. Entretanto assinale-se que o exame referido nas Tabelas 17 e 18 remete a sua essência tão somente às atividades da indústria de transformação. Isso implica, nesse instante particular, que a denominada indústria de transformação seja identificada como emprego industrial total.

não metálicos e da indústria têxtil, obtém-se para esses municípios, uma concentração de 92,2% do emprego industrial total.

Tabela 17 – Composição do emprego formal na indústria de transformação – 2000

Indústria de Transformação	**Bayeux**		**Cabedelo**		**João Pessoa**		**Santa Rita**		**Demais municípios da RMJP-PB**	
	Abs.	**%**	**Abs.**	**%**	**Abs.**	**%**	**Abs.**	**%**	**Abs.**	**%**
Minerais não metálicos	124	4,6	106	9,4	1.044	8,3	424	6,6	586	27,5
Metalúrgica	35	1,3	41	3,6	320	2,5	38	0,6	3	0,1
Mecânica	37	1,4	0	0,0	31	0,2	1	0,02	0	0,0
Eletrônica e de comunicação	0	0,0	0	0,0	165	1,3	4	0,1	1	0.05
Material de transporte	0	0,0	21	1,9	44	0,3	0	0,0	0	0,0
Madeira e mobiliário	22	0,8	114	10,1	213	1,7	16	0,2	0	0,0
Papel e gráfica	1	0,04	0	0,0	1.395	11,1	0	0,0	93	4,4
Borracha, fumo e couros	50	1,9	1	0,1	656	5,2	9	0,1	70	3,3
Indústria química	99	3,7	103	9,1	590	4,7	26	0,4	1	0,05
Indústria têxtil	1.481	55,5	10	0,9	4.265	33,9	1.547	24,1	258	12,1
Indústria de calçados	545	20,4	0	0,0	1.264	10,0	1.588	24,7	0	0,0
Alimentos e bebidas	275	10,3	732	64,9	2.600	20,7	2.778	43,2	1.121	52,6
Total	**2.669**	**100,0**	**1.128**	**100,0**	**12.587**	**100,0**	**6.431**	**100,0**	**2.133**	**100,0**

Fonte: Ministério do Trabalho e Emprego, Rais – 2000

No que diz respeito às configurações do emprego industrial ou indústria de transformação, considerados nesta seção como idênticos, e levando o foco para o ano 2010, salta aos olhos a importância que tem, no município de

Bayeux, o peso da indústria de calçados, atingindo 45,1% do emprego industrial total. Se ao referido segmento adicionam-se as atividades na indústria de alimentos e bebidas e na indústria química, obtém-se um percentual de 74,1% no total da indústria de transformação.

No município de Cabedelo, onde se observa uma especialização na indústria de alimentos e bebidas, verifica-se que a mão de obra empregada formalmente chega a 56,3%. Ao se considerar também os segmentos das indústrias química, das indústrias de madeira e mobiliário e dos minerais não metálicos, essa concentração atinge 90,5% do emprego industrial em consideração.

A capital do estado e núcleo urbano central da Região Metropolitana de João Pessoa-PB, por sua vez, continua com sua especialização na indústria têxtil, chegando a concentrar 29,3% do emprego industrial. Se a esse segmento são adicionados os segmentos da indústria de alimentos e bebidas, dos minerais não metálicos, papel e gráfica e indústria química, obtém-se uma concentração de 82,2% no total da indústria de transformação.

O município de Santa Rita apresenta o maior peso relativo na indústria de alimentos e bebidas, alcançando um índice de 36,8% no emprego industrial. Quando se adiciona a essa atividade os segmentos da indústria química, da indústria de calçados e da indústria têxtil, a concentração do trabalho formal salta para 88,7% no conjunto universo da indústria de transformação.

Os demais municípios da Região Metropolitana de João Pessoa-PB, todos reunidos, apresentam uma especialização na indústria de alimentos e bebidas, chegando a abranger 39,5% do emprego industrial total. Adicionando-se às atividades desenvolvidas na referida indústria, os segmentos da indústria química e dos minerais não metálicos, obtém-se para esses municípios, uma concentração de 88,2% do emprego industrial total.

Tabela 18 – Composição do emprego formal na indústria de transformação – 2010

Indústria de Transformação	Bayeux		Cabedelo		João Pessoa		Santa Rita		Demais municípios da RMJP-PB	
	Abs.	%	Abs.	%	Abs.	%	Abs.	%	Abs.	%
Minerais não metálicos	137	5,8	187	7,7	2.427	13,5	617	6,5	903	11,7
Metalúrgica	55	2,3	95	3,9	463	2,6	106	1,1	47	0,6
Mecânica	33	1,4	19	0,8	622	3,5	38	0,4	20	0,3
Eletrônica e de comunicação	0	0,0	3	0,1	67	0,4	15	0,2	0	0,0
Material de transporte	0	0,0	20	0,8	21	0,1	0	0,0	0	0,0
Madeira e mobiliário	206	8,7	211	8,7	646	3,6	208	2,2	6	0,08
Papel e gráfica	14	0,6	28	1,2	2.003	11,1	36	0,4	382	5,0
Borracha, fumo e couros	30	1,3	31	1,3	730	4,0	55	0,6	175	2,3
Indústria química	280	11,9	432	17,8	1.385	7,7	1.738	18,3	2.853	37,0
Indústria têxtil	135	5,7	34	1,4	5.290	29,3	1.572	16,5	279	3,6
Indústria de calçados	1.062	45,1	0	0,0	664	3,7	1.629	17,1	0	0,0
Alimentos e bebidas	404	17,1	1.367	56,3	3.708	20,6	3.499	36,8	3.051	39,5
Total	**2.356**	**100,0**	**2.427**	**100,0**	**18.026**	**100,0**	**9.513**	**100,0**	**7.716**	**100,0**

Fonte: Ministério do Trabalho e Emprego, Rais – 2010

As transformações no emprego industrial total, no ápice do período então investigado, ou seja, em 2010, fazem nascer uma nova radiografia socioeconômica na estrutura do emprego organizado. O município de Bayeux abandona sua especialização na indústria têxtil para colocar sua hegemonia em atividades na indústria de calçados e o trabalho coadjuvante na sua constelação de fatores produtivos na indústria química. O município de Cabedelo acresce às suas atividades de alimentos e bebidas, da indústria química e de madeira e mobiliário, os esforços do trabalho humano na indústria dos minerais não metálicos, ao engendrar seu produto interno bruto.

A cidade polo, João Pessoa, mesmo diminuindo de tamanho sua indústria têxtil, não deixa de ser forte nessa atividade, bem como em alimentos e bebidas. Porém, nos outros segmentos, quase abandona sua especialização na indústria de calçados e transfere recursos produtivos de seu emprego formal para as atividades dos minerais não metálicos, da indústria química e de alimentos e bebidas. O núcleo urbano de Santa Rita acresce à sua constelação de fatores produtivos as atividades da indústria química. Nos demais municípios do nosso recorte espacial, os recursos antes destinados à indústria têxtil e parte dos que estavam nas atividades de alimentos e bebidas são transferidos para a indústria química e para os minerais não metálicos.

Assim, conforme detalhado pela imbricação dos diversos segmentos industriais nos municípios em destaque, pode-se revelar a importância de cada um, em particular, para a estrutura produtiva do referido emprego formal. São revelações como essas, espelhadas pelos dados do Ministério do Trabalho e Emprego (Rais) e em reflexão nesta obra, que explicam parte substancial das dinâmicas econômica e demográfica existentes na porção contígua e nos demais municípios reunidos da Região Metropolitana de João Pessoa-PB.

3.3 CLASSES DE RENDIMENTO

Com vistas a atingir melhor caracterização dos municípios da mancha urbana, enfatizam-se, a partir desse ponto, alguns aspectos relacionados a níveis de rendimento existentes em cada um deles, e na Paraíba como um todo. São escolhidas determinadas classes do salário mínimo para refletir sobre uma dinâmica de fluxo nominal, pertinente ao quantitativo de trabalhadores envolvidos e a uma consequente demanda global,[30] advinda desse fluxo, enquanto porção da renda nominal agregada.

[30] Observa-se a importância da reflexão sobre a potencial demanda agregada dos trabalhadores em determinados níveis de renda e no seu somatório, por um lado, e na demanda individual, por outro. É a seu poder de compra efetivo – ***tanto individual, quanto coletivo*** – a que me reporto neste ponto e a uma dinâmica econômica, advinda desse poder, que pode determinar aspecto substancial das condições de vida de uma sociedade.

Tabela 19 – Pessoas de 10 anos ou mais com rendimento até determinada faixa de salário mínimo (%) – 2010

Classes de rendimentos	Bayeux	Cabedelo	João pessoa	Santa Rita	Demais municípios da RMJP-PB	PARAÍBA
Mais de 1/2 a 1 Salário mínimo	27,3	20,9	20,5	27,4	26,4	12,7
Mais de 5 a 10 Salários mínimos	0,9	5,6	5,2	0,9	0,8	2,0
Sem rendimento	27,4	34,7	32,0	37,6	41,7	36,1

Fonte: IBGE – Censo demográfico, 2010; Tabela – 3548; salário mínimo utilizado: R$ 510,00

Desse modo, os dados apresentados na Tabela 19 destacam o grande percentual das pessoas de 10 anos ou mais com níveis de renda extremamente baixos nos municípios de Santa Rita, Bayeux, Cabedelo e João Pessoa. Nos dois primeiros esses níveis chegam a atingir mais de 27 pontos percentuais, enquanto nos dois últimos essa representação apesar de ser inferior, ultrapassa os 20 por cento. Nos demais municípios da região metropolitana, todos reunidos, a faixa de rendimento que compreende "*mais de ½ a 1 salário mínimo*" representa 26,4%. Esse dado, por si só, espelha o grande peso relativo no interior dessa faixa de rendimento para o conjunto restante e para cada um desses municípios da unidade regional considerada. O estado da Paraíba, comparativamente às cidades referidas, destoa um pouco da ressonância revelada pelos dados, quando concentra apenas 12,7% nesse mesmo nível de rendimento. Entretanto, é esse o fato revelado pelos dados: dezenas de milhares de pessoas concentradas em um nível de renda que chega, no máximo, até um salário mínimo.

As diferenças também surgem quando são estabelecidas as comparações no segundo nível de remuneração (*mais de 5 a 10 salários mínimos*) entre Bayeux e Santa Rita, de um lado, e Cabedelo e João Pessoa, de outro. Nos dois primeiros municípios, menos de 1% das pessoas de 10 anos ou mais está situada nessa faixa de rendimento; enquanto nos núcleos urbanos de Cabedelo e João Pessoa, a concentração de trabalhadores assim remunerados ultrapassa os 5%, com certa folga. Os demais municípios da região metropolitana em destaque acompanham o "diminuto" peso relativo encontrado em

Bayeux e Santa Rita, com precisamente 0,8%, todos reunidos. O estado da Paraíba novamente destoa da estrutura relativa desvelada, com 2,0% nessa mesma faixa de renda. Portanto, nessa faixa de rendimento mais elevado, os dados revelam uma concentração inferior de pessoas.

No entanto há um terceiro foco em nossa análise (*a classe de pessoas definida como sem rendimento*), em que está presente quase uma uniformidade, tanto nos quatro municípios da porção contígua quanto no restante dos elementos que constituem a Região Metropolitana de João Pessoa-PB e até mesmo no estado da Paraíba: o elevado peso relativo que ultrapassa com certa margem os 30,0%, à exceção apenas do município de Bayeux que se estabelece em torno de 27,4%. Dessa forma, os dados refletem uma grande concentração de pessoas ali situadas. Ademais, assinale-se a presença de um importante componente nessa faixa de rendimentos, a saber, a inclusão de pessoas que recebem somente em benefícios. Naturalmente, a implicação positiva nesse caso é o aumento implícito no consumo das famílias.

3.4 O EMPREGO FORMAL POR GRAU DE INSTRUÇÃO

De outro lado, ao se considerar o emprego formal por grau de instrução em alguns estratos específicos[31] da população trabalhadora, nos anos escolhidos de 2000 e 2010 é possível analisar a dinâmica dessa variável no interior do recorte espacial em relevo. De acordo com informações da Rais constantes na Tabela 20, há mudanças importantes naquele cenário educacional ao longo do tempo.

Saltam aos olhos as transformações por que passam os estratos de ensino escolhidos para o presente exame. Desde as pessoas consideradas analfabetas, até as que atingem o nível superior completo, inclusive as faixas intermediárias, como: as da 5ª série completa fundamental, o fundamental completo e o médio completo. Igualmente, são significativas as marcas deixadas pelas pessoas que não concluem os referidos cursos no interior dos recortes temporal e espacial da nossa pesquisa. É o que se constata nas linhas a seguir.

[31] Tendo em vista a denominação em categorias de ensino, ao longo da história educacional brasileira, já houve referência aos estudantes da 8ª série completa e aos do 2º grau completo. Existe uma correspondente expressão aos do ensino fundamental completo e aos do ensino médio completo. Para mais detalhes em relação a mudanças nas características de nomenclatura do ensino consultar a Lei de Diretrizes e Bases da Educação/Lei n.º 9.394, de 20/12/1996 (BRASIL, 1996).

No estrato denominado como *analfabetos* existiam 9.058 pessoas, o que representava 4,3% do total de trabalhadores no início do período. Em 2010, essa expressão relativa passa a sinalizar apenas 1,3%, o que, sem embargo, indica uma melhora substancial na situação examinada. Assim, nesses 10 anos, considerando os extremos do período há uma diminuição absoluta de 4.570 trabalhadores no estrato de qualificação selecionado. A variação percentual negativa (-50,5%) no estrato dos analfabetos indica o quanto foi importante o investimento na qualificação educacional. Ou seja, em nosso recorte espacial ocorre certamente uma melhora da sociedade trabalhadora, como consequência de políticas públicas nas administrações federal, estadual e municipal no período, com vistas à erradicação do analfabetismo. Desse modo, os trabalhadores no emprego formal e menos qualificados são, no ápice do recorte temporal escolhido, em menor proporção.

No ano 2000, os trabalhadores no ápice da 5ª série, no *completo fundamental*, concentravam 14.639 pessoas, representando 7,0% no conjunto universo do emprego formal. Ao final do período, com 27.550 pessoas, a expressão correspondente sinalizava para 8,1%. Os 12.911 trabalhadores a mais nesse estrato educacional significam um ganho relativo de 88,2% em 2010.

Na categoria de ensino denominada como *fundamental completo*, em 2000, existiam 22.113 pessoas, equivalendo a 10,6% do total dos trabalhadores. No ano 2010, agora concentrando 31.443 pessoas e representando 9,2% de todo o emprego formal, há uma pequena diminuição nessa expressão relativa. No entanto os números indicam uma variação absoluta de 9.330 pessoas a mais, que prosseguem a vida, trabalhando e instruindo-se por meio da educação usual. Ademais, isso significa uma variação relativa de 42,2% nesse estrato de ensino em 2010.

Quando o foco da análise é direcionado para a categoria do ensino *médio completo*, revela-se a existência de 39.270 pessoas em 2000, equivalendo a 18,7% do total de trabalhadores. No ano 2010, quando a concentração é de 122.326 pessoas, a correspondente participação relativa sinaliza para 35,8%. O significativo acréscimo absoluto de 83.056 pessoas, nesse estrato da referida categoria de ensino, representa a elevada variação relativa de 211,5% no marco posterior do período em tela.

Em 2000, os trabalhadores com o nível *superior completo* enumeravam 74.605 pessoas e representavam 35,6% no total do emprego formal. A concentração de 89.700 pessoas, para o ano 2010, correspondia a uma expressão relativa de apenas 26,3% nesse estrato de escolaridade. Apesar dessa posição relativa inferior, as mudanças absolutas que acrescentam 15.095 pessoas a mais, agora detentoras de um título superior de ensino, correspondem a um acréscimo percentual de 20,2% no final do período.

É pertinente observar a presença das categorias de ensino denominadas *mestrado* e *doutorado*, no conjunto universo do trabalho organizado, a partir do ano 2010. A primeira, com 984 pessoas, correspondendo a 0,3%, e a segunda, reunindo 183 pessoas, sinalizando para diminutos 0,05%, mas que contribuem desse modo, para uma elevação no perfil educacional do emprego formal total.

No que diz respeito aos trabalhadores organizados formalmente e que não lograram concluir seus cursos, observa-se enquanto compensação a esse fato, a diminuição da participação relativa, ao final do período, em quase todas as categorias de ensino escolhidas para a pesquisa. Assim, o estrato *até 5ª incompleto* passou de 8,5% em 2000 para 5,6% em 2010. A categoria de ensino *6ª a 9ª fundamental*, de 7,4% em 2000 para 5,3% em 2010. O estrato *médio incompleto*, de 5,7% em 2000 para 5,4% em 2010. O único estrato que não obedece a essa tendência é o *superior incompleto*, que salta de 2,2% em 2000 para 2,7% de participação relativa no emprego total em 2010.

Outra maneira de explicar a dinâmica do processo descrito em linhas precedentes, utilizando o instrumental metodológico empregado, é, certamente, direcionar a análise para a velocidade média de crescimento das categorias de ensino arroladas na pesquisa. Praticamente, todas as taxas médias de crescimento anual (TGCA) dos cursos completados são superiores às dos que ainda não lograram êxito. É assim com o estrato dos analfabetos que apresenta uma desaceleração média de -6,8% ao ano. A *5ª série do completo fundamental* sinaliza com essa variável em 6,5% ao ano. O *fundamental completo*, com 3,6% ao ano e o curso *médio completo*, com a elevada taxa média de crescimento de 12,0% ao ano. A exceção que se apresenta é apenas para a instrução no terceiro grau de ensino. Ou seja, as pessoas posicionadas na conceituação de *superior incompleto* apresentam uma TGCA de 7,2% ao ano, maior do que aquela sinalizada pelas que conseguem concluir o curso no ensino superior; com essa variável estimada em apenas 1,9% ao ano.

Tabela 20 – Perfil de escolaridade do emprego formal na Região Metropolitana de João Pessoa-PB

Grau de Instrução (Estratos)	Ano 2000		Ano 2010		Variações		T.G.C.A (% a. a.)
	Valor Absoluto	Part. Relativa (%)	Valor Absoluto	Part. Relativa (%)	Absoluta	Relativa (%)	
Analfabetos	9.058	4,3	4.488	1,3	-4.570	-50,5	-6,8
5ª completo fundamental	14.639	7,0	27.550	8,1	12.911	88,2	6,5
Fundamental completo	22.113	10,6	31.443	9,2	9.330	42,2	3,6
Médio completo	39.270	18,7	122.326	35,8	83.056	211,5	12,0
Superior completo	74.605	35,6	89.700	26,3	15.095	20,2	1,9
Mestrado	--	--	894	0,3	894	--	--
Doutorado	--	--	183	0,05	183	--	--
Até 5ª incompleto	17.898	8,5	19.001	5,6	1.103	6,2	0,6
6ª a 9ª fundamental	15.413	7,4	18.005	5,3	2.592	16,8	1,6
Médio incompleto	11.851	5,7	18.342	5,4	6.491	54,8	4,5
Superior incompleto	4.594	2,2	9.232	2,7	4.638	101,0	7,2
Total de trabalhadores na RMJP-PB	**209.441**	**100,0**	**341.164**	**100,0**	**131.723**	**62,9**	**5,0**

Fonte: elaborado pelo autor a partir dos dados da Rais, 2000 e 2010

Portanto, à luz das informações exploradas, as mudanças referentes à dinâmica dos trabalhadores formais na Região Metropolitana de João Pessoa-PB, ao concluir seu grau de instrução, permitem-nos afirmar que, levando-se em conta os anos de 2000 e 2010, são 121.469 pessoas (89,1% do total)[32] que

[32] Nesse caso, o total de trabalhadores é composto pelo somatório das variações absolutas, de cada estrato de ensino (completos + incompletos), concentrando, assim, 136.293 pessoas em 2010. Outra forma de se chegar ao total referido é acrescentar ao resultado da soma algébrica da variação absoluta (Tabela 20), o número de pessoas que, em 2010, adquire a condição de se instruir a partir da categoria básica de formação, ou seja, aquelas 4.570 pessoas que deixam a condição de analfabetos no final do período. De outra maneira – é somente uma questão do olhar – os cálculos podem considerar apenas o total de 131.723 pessoas, resultado algébrico das variações absolutas em 2010.

atingem essa condição. Enquanto outras, que perfazem um somatório de 14.824 (10,9% do total), no emprego organizado, não completam o curso de forma integral. Há desse modo, inequívoca maioria de trabalhadores mais qualificados ao longo do período.

Não obstante esse panorama favorável, referente ao nível de escolaridade no emprego formal, é relevante uma ponderação mais acurada sobre as mudanças que vêm ocorrendo nas formas de organização da produção de bens e serviços e no modo como se qualificam os trabalhadores desde o final do século XX e início do terceiro milênio. Assim, de acordo com Pochmann (2011, p. 56, grifos meus)[33]

> Frente ao aumento da expectativa média de vida e das competências laborais, cresce a demanda para que a educação siga, cada vez mais, a marcha da formação para a vida toda, rompendo com a lógica do século XX de somente haver ensino para as fases mais precoces do ciclo da vida humana. Adiciona-se a isso o avanço da sociedade pós-industrial neste início do século XXI, com postos de trabalho gerados, fundamentalmente, no setor terciário das economias **(trabalho imaterial),** cuja natureza formativa diverge acentuadamente da inserção e trajetória laboral contínua no interior das atividades primárias e secundárias da produção **(trabalho material).** [...] novas formas de organização da produção de bens e serviços implicam no exercício laboral para além do exclusivo local de trabalho. Ou seja, a possibilidade do exercício crescente do trabalho imaterial em qualquer local, sobretudo com o uso de **novas tecnologias de comunicação e informação**, que tornam o ser humano quase "plugado" 24 horas por dia no trabalho heterônomo. [...] o avanço tecnológico gerador de ganhos importantes de produtividade material e imaterial na sociedade pós-industrial, aumenta a pressão por mais tempo de trabalho.

Entretanto, se há, de um lado, a implicação de reconhecimento para os benefícios associados às mudanças contemporâneas no mundo do trabalho, conforme se registra a seguir:

---

[33] Registre-se que o livro *O Trabalho no Brasil pós-neoliberal*, de Marcio Pochmann, foi escrito em intervalo temporal posterior à década de 1990 e anterior ao Golpe Institucional, ocorrido no Brasil em 2016, que retirou do poder a presidente Dilma Rousseff. Como se sabe, nos anos 1990, o país foi administrado pelos governos de Fernando Collor (abertura comercial abrupta da economia), Itamar Franco (inserção do Brasil na economia globalizada) e Fernando Henrique Cardoso (escolha pela economia neoliberal). No período desses governos, houve uma acentuada inclinação para se contratar a mão de obra sob as formas flexíveis de produção e a ocorrência de cenários desfavoráveis ao comportamento geral do emprego no país.

> A partir do final do século XX, nota-se que a emergência da sociedade pós-industrial torna-se compatível com o surgimento de novas formas de valorização do trabalho humano para além da obrigação estrita pela sobrevivência. A crescente postergação do ingresso dos jovens no mercado de trabalho e a maior redução no tempo do trabalho dos adultos, em combinação com a ênfase no ciclo educacional ao longo da vida, representam novas possibilidades para o trabalho no mundo, especialmente quando a expectativa de vida pode se aproximar dos cem anos de idade (POCHMANN, 2011, p. 60).

De outro lado, a dinâmica inflexível do mundo contemporâneo impõe ao trabalhador um preço considerável em sua entrada no mercado de trabalho e, posteriormente, em sua formação continuada. A saber:

> Desde o último quartel do século XX, encontram-se em curso inéditos requisitos da formação do trabalhador, mais condizentes com as alterações no conteúdo e nas condições de produção e gestão em rede, por empresas cada vez mais internacionalizadas. Por conta da possível inadequação entre demanda de trabalho mais exigente e oferta de trabalhadores com menor preparação, os requisitos de qualificação profissional e elevação das habilidades para o exercício laboral tornaram-se crescentes, **cada vez mais distantes** dos tradicionais sistemas de educação e formação profissionais herdados da sociedade urbano-industrial. Parte disso pode ser constatada pela constituição das chamadas **universidades corporativas** associadas às grandes empresas transnacionais. **Estas escolas de orientação patronal** buscam ofertar qualificação ao trabalhador por toda a sua vida laboral, especialmente **nos mercados internos de trabalho** (POCHMANN, 2011, p. 60-61, grifos meus).

Dessa forma, no referido cenário econômico-social, reside o que podemos identificar como um ponto de estrangulamento no que diz respeito ao crescimento individual, quando a formação e a educação do trabalhador são direcionadas em função tão somente da produção e apenas desse aspecto. É como se estivéssemos diante da escassez no interior da abundância. Isto é, um aprendizado intenso, específico e renovado, mas voltado principalmente, para os ditames permanentes de elevar a eficiência na ocupação profissional; parecendo não deixar espaços a quem vive do trabalho, para as preferências individuais nas escolhas de uma arte amada, ou pelo menos, postergá-la para um tempo mais distante, quase inatingível. Por isso:

> Ao contrário do analfabetismo tradicionalmente identificado nos séculos XIX e XX pelo desconhecimento pleno da língua de origem, ganha destaque atualmente o **analfabetismo funcional** imposto pela mudança técnica e informacional. Em geral, as perspectivas dos estudos realizados tendem a fazer maior referência às possibilidades de expansão das ocupações profissionais que utilizam maior informação e às atividades multifuncionais, sobretudo àquelas sustentadas por exigências crescentes de maior escolaridade e qualificação profissional. Nesse sentido, os perfis ocupacionais tendem a se relacionar com a crescente capacitação tecnológica. Mas, **o cenário em construção para o mundo do trabalho** parece refletir mais as mutações marcadas pela **maior insegurança e competição, resultando na ampliação do analfabetismo funcional** (POCHMANN, 2011, p. 61, grifos meus).

Assim, nas aludidas transformações da organização da produção de bens e serviços e do trabalho das economias urbano-industriais para as economias pós-industriais, é observada, em ritmo cada vez mais acentuado, a existência de que:

> Novos conhecimentos científicos e tecnológicos encontram-se associados às exigências empresariais de contratação de empregados com polivalência multifuncional, maior capacidade motivadora e ampliadas habilidades laborais no exercício do trabalho. Estes requisitos profissionais, indispensáveis ao ingresso e à permanência no interior do mercado de trabalho em transformação, seriam passíveis de atendimento somente por meio de um maior nível educacional de qualidade dos trabalhadores e aprendizagem continuada. Mas isso, por si só, não corresponde, necessariamente, à garantia de elevação do nível nacional de ocupações, nem mesmo à melhor qualidade no uso e remuneração da força de trabalho. [...], cabe destacar, para além da forma de inserção na Divisão Internacional do Trabalho, **o papel que possui a estrutura produtiva na determinação interna do nível geral de ocupação** (POCHMANN, 2011, p. 61, grifo meu).

Portanto, ao se ponderar sobre o tema referido nas economias capitalistas, ou seja, a sua estrutura produtiva e a trajetória da composição da força de trabalho nas atividades primária, secundária e terciária, ver-se-á que é justamente nessa última[34] onde ocorre a verificação de maior concentração do emprego nas sociedades modernas e contemporâneas. Como afirma Pochmann (2011, p. 61-62, grifos meus):

> A estrutura ocupacional das economias capitalistas vem, em maior ou menor medida, seguindo as tendências de longa duração de transição do trabalho primário (agropecuário) passando do trabalho manufaturado até atingir o trabalho no setor terciário. Desde a década de 1950 que o setor industrial vem perdendo participação relativa no total da ocupação. Com o movimento de redução relativa do emprego no setor industrial, ganha cada vez mais destaque o setor terciário na ocupação da maior parcela de trabalhadores, uma vez que o setor primário vem reduzindo a sua participação relativa no total da ocupação. **A expansão do setor terciário tem sido intensa,** nem sempre suficiente para compensar a queda na participação relativa das ocupações nos setores industrial e agropecuário, **embora em ritmo inferior ao da expansão da força de trabalho, o que significa a presença de alto desemprego da mão de obra.** Neste contexto é que a reorganização em curso do trabalho material e imaterial pressupõe uma profunda reflexão a respeito da formação profissional ao longo do século XXI. Com os avanços da nova economia da tecnologia, os sistemas de formação educacional e formativos para o exercício do trabalho heterônomo herdados da sociedade urbano-industrial tornam-se cada vez mais insuficientes.

Como visto em considerações anteriores, a tendência de redução da força de trabalho nos setores primário e secundário das economias capitalistas revela-se uma constante. Por sua vez, o setor terciário amplia o contingente de trabalhadores em suas fileiras ao longo do tempo. Entretanto, chama-se a atenção nesse ponto para a relevância de fatores conjugados no contexto em pauta e que, pela implicação no processo, têm influência decisiva nas consequências socioeconômicas. Como bem afirma Pochmann (2011): (i) embora intensa a expansão do setor terciário, nem sempre é suficiente para compensar a queda na participação relativa das ocupações nos setores industrial e agropecuário; (ii) o ritmo de expansão da força de trabalho é superior ao ritmo de expansão do setor terciário; (iii) isso resulta na presença de alto desemprego da mão de obra, desfavorável às sociedades em geral.

[34] O encolhimento do setor secundário e, por consequência, dos empregos regulares e regulamentados termina muitas vezes sendo substituído por ocupações no setor terciário, **mas nem sempre na mesma quantidade, qualidade e remuneração dos empregos anteriores** (POCHMANN, 2002, p. 87, grifo meu).

Dessa forma, tendo em vista as diversas modificações por que passam a expectativa de vida das pessoas e a organização da produção de bens e serviços e do trabalho, ao longo do tempo, com as inevitáveis consequências no total de ocupações das atividades primária, secundária e terciária, torna-se, de fato, uma necessidade o repensar dos sistemas de educação e a formação de trabalhadores, para o transcurso do século XXI. Assim, afirma-se a relevância de que, em caso de reflexões relativas ao tema, estejam incluídos fundamentos essenciais, como os registrados a seguir:

> O resgate da educação e da formação profissional deve compreender o saber como elemento central do rearranjo básico entre os atores sociais, como a postergação do ingresso no mercado de trabalho e a conexão alongada com os segmentos populacionais envelhecidos. [...] **O entendimento entre os atores sociais relevantes pressupõe condição necessária para a maior eficiência alocativa dos meios de produção.** Sem isso, o processo de metamorfose no trabalho, cada vez mais assistido pelas organizações educacionais das grandes corporações transnacionais, tende a obstaculizar as possibilidades de universalização das oportunidades educacionais e laborais geradas nas sociedades fundadas no conhecimento (POCHMANN, 2011, p. 64-65, grifo meu).

3.5 O EMPREGO FORMAL NOS ANOS SELECIONADOS DE 2003, 2007 E 2010

Como será visto adiante com mais detalhe, o exame da evolução do nível do emprego total com a carteira assinada, em 2003, 2007 e 2010, mostra que, em 2007 e 2010, no aspecto absoluto, apresenta-se mais elevado, relativamente a 2003, em quase todos os núcleos urbanos da Região Metropolitana de João Pessoa-PB. A exceção desse fato econômico-social ocorre apenas para os municípios de Caaporã e Cruz do Espírito Santo. O primeiro em 2010, comparativamente a 2007 e o segundo em 2007 e 2010, confrontados com o ano 2003. Ambos experimentam um declínio no total de seus postos de trabalho, como se demonstra em análises para os anos assinalados. Entretanto esses casos isolados não representam obstáculos ao crescimento do emprego formal da região no ápice do período.

A Tabela 21 apresenta informações relativas ao emprego formal para os municípios da Região Metropolitana de João Pessoa-PB. A seleção dos anos 2003, 2007 e 2010 é justificada pelos seguintes motivos: o ano 2003, porque significa o marco inicial do processo de constituição institucional metropolitano do presente estudo; o ano 2007, por se tratar de um ponto do intervalo, já na primeira metade do segundo subperíodo pesquisado – imagina-se com essa escolha, a probabilidade de um perfil próximo a se consolidar, tanto no que diz respeito a permanências quanto a mudanças nas variáveis investigadas – e o ano 2010 porque foi definido como o extremo superior do intervalo a ser estudado.

Ademais, a existência de uma contagem da população, referenciada pelo IBGE, para os referidos anos, é outro fator considerado para a nossa escolha nesse período em foco. Esses dados permitem realizar uma comparação relativa entre a soma global do emprego e o total de habitantes na região em análise, confrontando-os com o conjunto dessas informações no território do estado da Paraíba.

Assim, em 2003 e de acordo com o IBGE, a Região Metropolitana de João Pessoa-PB com 1.046.081 habitantes, ao se comparar com os 3.516.694 moradores no estado paraibano, reflete sua participação relativa em 29,7% naquele território. Em 2007, essa participação relativa é observada em 30,3%. No ano 2010, a expressividade aqui investigada encontra-se em um patamar ligeiramente superior, aproximando-se de 31,1%.

Quanto ao emprego formal total, segundo referências da Rais (Relação Anual de Informações Sociais), a RMJP-PB, em 2003, com 229.446 pessoas empregadas, quando confrontadas com os 383.867 trabalhadores de carteira assinada no estado paraibano expressa-se com uma participação relativa de 59,8%. Em 2007, esse indicativo se espelha em torno de 58,6%, nível ligeiramente inferior ao do início do período. Em 2010, com uma participação relativa na ordem de 58,9% do total das pessoas com carteira assinada na Paraíba, enxerga-se um aumento discreto para essa variável em relação a 2007. No entanto, conclui o período nivelando-se um pouco abaixo, quando confrontada com o ano de 2003.

Portanto, na confrontação dos números referentes ao emprego formal total e população total, nos espaços da Região Metropolitana de João Pessoa-PB e do estado da Paraíba, desvela-se uma concentração relativa superior do emprego formal em relação à concentração da população nos anos selecionados de 2003, 2007 e 2010.

Tabela 21 – Região Metropolitana de João Pessoa-PB: ganhos (+) e perdas (-) no total do emprego formal, nos anos selecionados de 2003, 2007 e 2010 (pessoas)

Municípios	**2003 (a)**	**2007 (b)**	**2007-2003 (c=b-a)**	**% (d=c/a)**	**2010 (e)**	**2010-2007 (f=e-b)**	**% (g=f/b)**
Alhandra	1.937	2.349	412	21,3	3.302	953	40,6
Bayeux	6.725	8.607	1.882	28,0	9.369	762	8,8
Caaporã	2.619	4.624	2.005	76,6	4.588	-36	-0,8
Cabedelo	8.581	11.690	3.109	36,2	16.162	4.472	38,3
Conde	1.521	2.544	1.023	67,3	2.963	419	16,5
Cruz do Espírito Santo	1.210	924	-286	-23,6	1.087	163	17,6
João Pessoa	184.853	220.564	35.711	19,3	272.668	52.104	23,6
Lucena	1.351	1.522	171	12,7	1.870	348	22,9
Mamanguape	2.909	4.874	1.965	67,5	5.477	603	12,4
Pitimbu	380	678	298	78,4	845	167	24,6
Rio Tinto	1.369	2.597	1.228	89,7	3.215	618	23,8
Santa Rita	15.991	17.712	1.721	10,8	19.618	1.906	10,8
Total	**229.446**	**278.685**	**49.239**	**21,5**	**341.164**	**62.479**	**22,4**

Fonte: Ministério do Trabalho e Emprego, Rais

Relativamente aos dados existentes sobre o emprego total, assinale-se que eles são considerados em 31 de dezembro de cada ano selecionado. Segundo esses dados, percebe-se que, entre 2003 e 2007, com exceção de Cruz do Espírito Santo, os municípios apresentam evolução satisfatória no emprego formal total. Na Região Metropolitana de João Pessoa-PB, essa trajetória reflete-se positivamente no conjunto global da variável em apreço.

De fato, em 2003, Alhandra registrava 1.937 empregos formais passando a contabilizar 2.349 pessoas com carteira assinada em 2007, o que significa, em taxa média anual, um aumento de 4,9%, ou de 21,3% no período. Em Bayeux, registrou-se um aumento de 1.882 empregos, o que se traduziu em taxa média anual de 6,4%, ou de 28,0% no período. Caaporã, com um ganho absoluto de 2.005 trabalhadores, registrou um expressivo aumento de 76,6% (2.619 para 4.624 empregos) no período e, em termos de taxa média anual, 15,3%. Cabedelo obteve um aumento de 3.109 empregos, o que significa uma taxa média anual de 8,0%, ou 36,2% no período. Conde registrou 1.521 empregos em 2003 e 2.544 empregos em 2007, o que representa 67,3% no período ou uma taxa média anual de 13,7%.

Cruz do Espírito Santo, o único município a sofrer perdas na variável denominada empregos formais (1.210 a 924), entre começo e término desse primeiro cenário da análise, apresenta uma taxa média anual de -6,5%, o que significa a variação de -23,6%, no período. Ou seja, em relação às perdas relativas nesse primeiro subperíodo, elas refletem maior ou menor dinamismo em atividades econômicas, tais como indústria de transformação, serviços industriais, construção civil e administração pública, as quais, reunidas, obtêm mais 157 empregos, enquanto os serviços e a agropecuária perdem juntos, 443 empregos. Desse modo, as perdas superam os ganhos, o que implica resultados negativos (RAIS, 2003, 2007, 2010).

João Pessoa, a cidade central do recorte espacial em exame, com 184.853 empregos formais em 2003, vê seu indicativo aumentar para 220.564 pessoas de carteira assinada em 2007, o que significa em termos de taxa média anual, 4,5%, ou 19,3% no período. Lucena, em pleno litoral norte, registrava no ano 2003, 1.351 pessoas de carteira assinada e em 2007, 1.522 empregos formais, o que representa, reportando-se à taxa média anual, 3,0%, ou 12,7% no período. Mamanguape, um dos municípios que mais evoluiu, de 2.909 para 4.874 empregos organizados entre 2003 e 2007, apresentou uma taxa média anual de 13,8%, ou 67,5% no período. Pitimbu sinalizou uma evolução de 78,4% (380 para 678) empregos formais no período, o que, em termos de taxa média anual, significa um crescimento em torno de 15,6%. Rio Tinto, que em 2003 registrava 1.369 empregos formais passou a contar com 2.597 pessoas de carteira assinada em 2007. Isso, em termos de taxa média anual, significa estar crescendo a um ritmo de 17,4%, ou 89,7% no período. Na série das cidades em análise, o município de Santa Rita, que em 2003 registrou 15.991 empregos formais, aumentou esse indicativo para 17.712 pessoas de carteira assinada em 2007, o que significa uma taxa média anual de apenas 2,6%, ou 10,8% no período.

Portanto as transformações por que passaram os municípios da Região Metropolitana de João Pessoa-PB, no que diz respeito a seus estoques de emprego formal total, nesse primeiro subperíodo (2003 a 2007), permitiram a esse recorte espacial obter uma evolução de 21,5% (229.446 para 278.685) no nível dessa variável. Em termos de taxa média anual isso se traduz num aumento de 5,0%.

No segundo subperíodo (2007-2010), o emprego formal total continua evoluindo positivamente, com exceção apenas para o município de Caaporã, que experimentou um pequeno decréscimo, suficiente, contudo, para tornar sua evolução negativa ao término de 2010. Entretanto o percurso desempenhado pela variável, em seu nível absoluto, é de configuração ascendente, em quase todos os municípios da unidade espacial em destaque, perfilado por distintas intensidades em suas variações relativas, o que, na conclusão do segundo cenário, confere à Região Metropolitana de João Pessoa-PB um desempenho superior ao do primeiro subperíodo (2003-2007).

Desse modo, Alhandra contabilizava 2.349 empregos formais em 2007 e 3.302 pessoas com a carteira assinada em 2010, o que significa, em taxa média anual, um aumento de 11,9%, ou de 40,6% no período. Em Bayeux, registra-se um aumento absoluto de empregos (8.607 para 9.369) o que se traduz por meio da taxa média anual, em um ritmo de crescimento avaliado em 2,8%, ou na evolução de 8,8%, se considerarmos os extremos do subperíodo mencionado.

O município de Caaporã apresenta um decréscimo de 36 pessoas (4.624 para 4.588) entre 2007 e 2010, correspondendo a uma pequena involução relativa (-0,8%) inferior a um ponto percentual, o que se traduz, em termos de taxa média anual, em -0,3%. Essa situação explica-se pelas perdas relativas no total do emprego formal nas atividades da indústria extrativa mineral, na indústria de transformação e na construção civil, que totalizaram 237 trabalhadores e dos ganhos no setor de comércio, serviços, administração pública e agropecuária, juntos, alcançando 201 trabalhadores no mesmo ano. Portanto as perdas superam os ganhos, no ano 2010, implicando resultados negativos (RAIS, 2003, 2007, 2010).

Cabedelo, com incremento no emprego em 4.472 pessoas entre 2007 e 2010, processou esse movimento a uma taxa média anual de 11,3%, ou 38,3% no período. Conde registrou 2.544 empregos em 2007 e 2.963 empregos em 2010, o que representa em termos de taxa média anual, 5,2%, ou 16,5% no período. Cruz do Espírito Santo registrou um aumento de 163 pessoas (924 para 1.087) trabalhando com a carteira assinada. Isso se reflete, em termos de taxa média anual, em 5,5%, ou 17,6% no período. João Pessoa, a cidade polo da região, com 220.564 empregos formais em 2007, vê seu indicativo aumentar para 272.668 pessoas com carteira assinada em 2010, o que significa em termos de taxa média anual, 7,2% ou 23,6% no período. Lucena registrava no ano 2007, 1.522 pessoas com carteira assinada e em 2010, 1.870

empregos formais, o que representa, reportando-se à taxa média anual, 7,0% ou 22,9% no período.

Mamanguape aumentou o estoque de empregos organizados (4.874 para 5.477), entre 2007 e 2010, apresentando uma taxa média anual de 3,9% ou 12,4% no período. Pitimbu sinalizou uma evolução de 24,6% (678 para 845) empregos formais no período, o que, em termos de taxa média anual, significa um crescimento em torno de 7,5%. Rio Tinto, que em 2007 registrava 2.597 empregos formais, passou a contar com 3.215 pessoas de carteira assinada em 2010. Isso, em termos de taxa média anual, significa um crescimento de 7,3% ou 23,8% no período. O município de Santa Rita que em 2007 registrou 17.712 empregos formais aumentou esse indicativo para 19.618 pessoas de carteira assinada em 2010, o que significa uma taxa média anual em torno de 3,4% ou 10,8% no período.

De acordo com as informações da Rais, são essas as mudanças que delineiam a trajetória do emprego formal total na Região Metropolitana de João Pessoa-PB, nessa análise do subperíodo (2007-2010). Elas permitem à unidade espacial em foco, o percurso de clara evolução ascendente, no nível da variável em exame, que aumenta de 278.685 para 341.164 pessoas com a carteira assinada. Essa variação traduz-se em termos de taxa média anual, em 6,9%, ou 22,4%, quando se reporta às transformações conclusivas, no aludido subintervalo temporal.

No que diz respeito às informações do emprego industrial, elas demonstram que em parte considerável dos municípios verificou-se, de 2003 a 2007, maior intensidade do aumento nessa variável, comparativamente ao incremento do emprego total organizado, o que, no subperíodo posterior (2007 a 2010), depreende-se o inverso. Isto é, uma inferior intensidade do aumento no emprego industrial, em comparação ao incremento do emprego total organizado. Nesse cenário, embora continue uma ascendência no processo de evolução do emprego industrial[35], as taxas de crescimento apresentam-se mais baixas do que as do primeiro subperíodo. A exceção a essa tendência é verificada apenas para os municípios de Bayeux e Lucena, com respectivamente, 15,4% e 207,2% no segundo subperíodo. Considerando esse intervalo temporal, os municípios de Caaporã, Conde e Pitimbu revelam-se

[35] A comparação que se faz nesse ponto é no interior do conjunto de empregos industriais. Isto é, o foco está na particular evolução desses empregos no arranjo metropolitano em apreço. Assim, nove municípios apresentam essa característica de evoluir em menor escala proporcional, no segundo subperíodo (2007-2010). A exceção que se assinala aponta para os municípios de Alhandra, Bayeux e Lucena, com taxas evolutivas superiores, comparativamente aos anos (2003-2007). (Veja-se a Tabela 22)

com taxas negativas de crescimento em seu emprego industrial. Os dados da Tabela 22 auxiliam na compreensão desses fatos.

Em relação ao município de Alhandra, revela-se que ele registrava em 2003, 510 empregos industriais (2,0% da RMJP-PB) e em 2007, 457 pessoas com a carteira assinada (1,3% da RMJP-PB), o que significa, em termos de taxa média anual, um decréscimo de -2,7% ou de -10,4% no período. Em termos de participação relativa na região, ocorre um significativo decréscimo de -35,0% (2,0% para 1,3%) no subperíodo. As perdas relativas no total do emprego industrial explicam-se no cruzamento do maior ou menor dinamismo econômico, ao término de 2007, nas atividades da indústria de transformação. Assim, reunindo-se os segmentos de produtos minerais não metálicos, de borracha, fumo e couros e da indústria têxtil encontram-se ganhos de empregos (+13), enquanto nas atividades de alimentos e bebidas, perdas de empregos (-66), o que implicou perdas totais de 53 pessoas com a carteira assinada, segundo referências da Rais.

Em Bayeux, registrou-se um decréscimo de empregos industriais (2.577 para 2.042) entre 2003 e 2007, o que se traduziu numa taxa média anual de -5,7% ou de -20,8% no período. Em termos de participação relativa na unidade espacial em foco, há uma involução de -41,4% (9,9% para 5,8%), no subperíodo. Percebem-se mudanças acentuadas no interior da composição do emprego industrial, entre 2003 e 2007. As intensas perdas nos segmentos da indústria têxtil, de borracha, fumo e couros, da indústria química e da indústria mecânica explicam o lado negativo da queda do emprego industrial. Por seu turno, o ramo da indústria de calçados torna-se responsável isoladamente, por 93,6% dos ganhos dos empregos na indústria ao término de 2007. O restante dos ganhos do emprego industrial nesse ano (6,4%) é proporcionado pelas atividades de alimentos e bebidas, de papel e gráfica, de madeira e mobiliário, de material de transporte e da indústria metalúrgica. Desse modo, comparando-se o movimento das atividades que compõem a indústria de transformação nos anos selecionados, o município sofre a perda de 535 empregos industriais, de acordo com a Rais, ao término desse primeiro subperíodo.

Caaporã, com um ganho absoluto de 1.777 trabalhadores na indústria (19,2% na RMJP-PB) registrou um expressivo aumento de 176,1% (1.009 para 2.786 empregos) no período 2003-2007. Esse acréscimo relativo, em termos de taxa média anual, traduz-se em 28,9% e explica-se, na composição da indústria de transformação, pelo significativo aumento de 1.772 trabalhadores no segmento de alimentos e bebidas e de mais cinco pessoas com a carteira assinada no ramo dos minerais não metálicos. No que diz respeito à participação do município no emprego industrial da região, ocorre um significativo aumento de 102,6% (3,9% para 7,9%) naquele subperíodo (RAIS, 2003-2007).

Cabedelo, com 1.120 empregos industriais em 2003 (4,3% da RMJP-PB) aumentou para 1.860 (5,3% da RMJP-PB) pessoas com carteira assinada em 2007, o que significa uma taxa média anual de 13,5% ou 66,1% no período. Em termos de participação no emprego industrial da unidade territorial como um todo, há um aumento de 23,3% (4,3% para 5,3%) no subperíodo. Na dinâmica econômica do município, percebe-se uma efetiva mobilidade da mão de obra pelos segmentos diversos que compõem a indústria de transformação, exceto para as atividades industriais de elétrico e comunicação e da indústria de calçados, sem postos de trabalho, nos anos selecionados de 2003 e 2007. Como responsáveis pela obtenção e manutenção de mais empregos, destacam-se as atividades da indústria metalúrgica (+5), de madeira e mobiliário (+17), de papel e gráfica (+16), de borracha, fumo e couros (+18), da indústria química (+154) e de alimentos e bebidas (+602); enquanto por seu lado, os segmentos de produtos minerais não metálicos (-9), da indústria mecânica (-38), de material e transporte (-14) e da indústria têxtil (-11), revelam-se como aqueles que perdem empregos. Ao término desse período, obtém-se em Cabedelo um incremento absoluto de 740 postos de trabalho (8,0% na RMJP-PB) no emprego industrial (RAIS, 2003, 2007).

Conde, em 2003, registrou 378 empregos industriais (1,5% da RMJP-PB) passando esse indicativo em 2007, para 1.027 trabalhadores na indústria (2,9% da RMJP-PB), o que representa em termos de taxa média anual 28,4% ou o expressivo aumento de 171,7% no período. Tendo em vista a participação do município no emprego industrial da região, há um significativo aumento de 93,3% (1,5% para 2,9%) entre os anos selecionados de 2003 e 2007. Essa dinâmica econômica explica-se pela obtenção de saldos positivos em postos de trabalho nas atividades dos minerais não metálicos, que inscreve adicionalmente 63 trabalhadores nas indústrias de papel e gráfica (+121), indústria química (+468) e alimentos e bebidas (+3). Há uma perda na atividade de material de transporte avaliada em (-6) trabalhadores. Nesse subperíodo, a mobilidade da mão de obra nos segmentos industriais assinalados permite ao município a significativa inclusão de 649 trabalhadores no emprego formal ou organizado, o que significa (7,0% na RMJP-PB) (RAIS, 2003, 2007).

Cruz do Espírito Santo, que registrava 114 empregos industriais (0,4% da RMJP-PB) em 2003 aumentou para 241 trabalhadores na indústria (0,7% da RMJP-PB) em 2007, o que, em termos de taxa média anual, significa 20,6% ou 111,4% no período. Em termos de participação do município no emprego industrial da região, ocorre um aumento de 75,0% (0,4% para 0,7%) no subperíodo. A explicação para isso, por meio da composição do emprego industrial na indústria de transformação, ocorre pelos saldos positivos de postos de trabalho nos segmentos industriais de alimentos e bebidas (+141) e indústria química (+3), bem como os saldos negativos dessa variável no ramo de produtos minerais não metálicos (-17). A dinâmica econômica de Cruz do Espírito Santo, naquele subperíodo, permite a obtenção de 127 empregos industriais adicionais no mercado de trabalho organizado (1,4% na RMJP-PB), segundo referências da Rais.

João Pessoa, a cidade polo do arranjo metropolitano em discussão, registrava 11.411 empregos industriais (44,1% da RMJP) em 2003 e 15.159 trabalhadores com a carteira assinada na indústria (43,1% da RMJP-PB) em 2007, o que significa em termos de taxa média anual, 7,4% ou 32,8% no subperíodo. Isso se traduz no que diz respeito à variação absoluta, em 3.748 postos de trabalho adicionais (40,4% na RMJP-PB) na indústria do município. Se por um lado, a participação no emprego industrial da região sofre um decréscimo relativo de -2,3% (44,1% para 43,1%), entre os anos selecionados nesse subperíodo, por outro lado, ao término de 2007, o município posiciona-se em nível absoluto, mais elevado do que no início de 2003. A dinâmica econômica local explica a trajetória da mobilidade na mão de obra na obtenção e na manutenção dos postos de trabalho referidos. Assim, as atividades industriais responsáveis pelos saldos líquidos ou ganhos de empregos são as de produtos minerais não metálicos (+479), a indústria mecânica (+354), madeira e mobiliário (+223), papel e gráfica (+533), borracha, fumo e couros (+20), a indústria química (+210), a indústria têxtil (+1.043), a indústria de calçados (+134) e alimentos e bebidas (+848). Por seu turno, os segmentos identificados com os saldos líquidos negativos ou perdas de empregos são: a indústria metalúrgica (-50), elétrico e comunicação (-27) e material e transporte (-19). Anote-se que, segundo referências da Rais, João Pessoa é a única sede urbana da região que apresenta pessoas trabalhando em todos os segmentos industriais, na composição do emprego formal da indústria de transformação.

No litoral norte, o município de Lucena registrava em 2003, 130 pessoas com a carteira assinada na indústria (0,5% da RMJP-PB) enquanto no ano de 2007, esse indicativo aumentava para 237 empregos industriais (0,7% da RMJP-PB) o que representa, reportando-se à taxa média anual, 16,2% ou 82,3% no período. Em termos de participação do município no emprego industrial da região, há um aumento de 40,0% (0,5% para 0,7%) no subperíodo. Essa dinâmica econômica no município explica-se, tendo em vista a composição do emprego na indústria de transformação, pelos aumentos líquidos de postos de trabalho nas atividades de papel e gráfica (+2), na indústria têxtil (+18) e alimentos e bebidas (+87), que, à luz das informações secundárias, inscrevem a mais 107 trabalhadores (1,2% na RMJP-PB) na indústria naquele subperíodo.

Mamanguape aumentou seu estoque de empregos industriais (1.749 para 2.049) entre 2003 e 2007, o que se traduz em 4,0%, se nos referimos à taxa média anual, ou 17,2% no período. A inclusão de 300 trabalhadores adicionais no mercado de trabalho organizado (3,2% na RMJP-PB) permite ao município a elevação do nível em seus estoques de emprego industrial em fins de 2007. Entretanto, apesar de mais trabalhadores organizados em Mamanguape, se levarmos em conta sua participação no emprego industrial do arranjo metropolitano em foco, há uma involução relativa de -14,7% (6,8% para 5,8%) no subperíodo. Assim, a dinâmica econômica do município, vista pela composição da indústria de transformação, explica os saldos líquidos de empregos industriais nas atividades de produtos minerais não metálicos (+42), indústria química (+5), indústria de calçados (+133) e indústria de alimentos e bebidas (+330). Enquanto, por seu lado, a indústria metalúrgica (-2), a indústria mecânica (-41), a indústria de elétrico e comunicação (-1), a indústria de papel e gráfica (-2), a indústria de borracha, fumo e couros (-163) e a indústria têxtil (-1) apresentam perdas líquidas ao término do primeiro subperíodo (RAIS, 2003, 2007).

Pitimbu sinalizou uma evolução de 33,3% empregos industriais (de seis para oito) no período, o que, em termos de taxa média anual, significa um crescimento em torno de 7,5%. Assim, de acordo com informações da Rais, tanto em 2003, quando havia apenas seis empregos industriais, quanto em 2007, estabelecendo-se em oito pessoas com carteira assinada na indústria, o município revela-se com um peso inexpressivo na unidade espacial. Da mesma forma, os dois trabalhadores adicionais inscritos na indústria, no mercado de mão de obra organizada, são insignificantes em termos de participação relativa na variação do emprego industrial, da Região Metropolitana de João Pessoa-PB, em fins do primeiro subperíodo.

Rio Tinto que em 2003, registrava 130 empregos industriais (0,5% da RMJP-PB), passou a contar com 701 pessoas com carteira assinada na indústria (2,0% da RMJP-PB) em 2007. Isso, em termos de taxa média anual, significa um crescimento de 52,4% ou 439,2% no período. A participação relativa do emprego industrial na região aumenta em 300% (0,5% para 2,0%) nesse intervalo temporal. As atividades industriais de alimentos e bebidas no município, com um saldo líquido de 460 postos de trabalho, revelam-se, isoladamente, como a grande responsável pelo salto quantitativo dos empregos industriais ao término do primeiro subperíodo. Os segmentos da indústria têxtil (+53), da indústria metalúrgica (+35), dos produtos minerais não metálicos (+31), da indústria química (+2) e de madeira e mobiliário (+1), complementam os saldos líquidos positivos dos empregos industriais. Por seu lado, as atividades de borracha, fumo e couros (-11) são identificadas como as que apresentam saldos líquidos negativos naquela variável. A dinâmica econômica de Rio Tinto, por meio dessa mobilidade na mão de obra da indústria de transformação, obtém 571 postos de trabalho adicionais (6,2% na RMJP-PB) entre os anos selecionados de 2003 e 2007.

O município de Santa Rita que em 2003 registrou 6.753 empregos industriais (26,1% da RMJP-PB) aumentou esse indicativo, em 2007, para 8.595 pessoas com carteira assinada (24,4% da RMJP-PB) na indústria, o que significa uma taxa média anual de 6,2% ou 27,3% no período. Como se revela, embora a participação do emprego industrial na região tenha sofrido uma queda de -6,5% (26,1% para 24,4%), no referido intervalo temporal, o nível absoluto da variável caminhou em sentido inverso, ocupando uma posição mais elevada. Nessa tendência de movimento na mão de obra, apenas as atividades industriais de material de transporte permaneceram em uma posição estanque, dentre todos os segmentos que compõem a indústria de transformação. Com isso, à luz das informações da Rais, foi possível ao município a obtenção de 1.842 postos de trabalho adicionais (19,9% na RMJP-PB) no subperíodo em análise.

Desse modo, as transformações por que passaram os municípios da Região Metropolitana de João Pessoa-PB, no que diz respeito a seus estoques de emprego industrial, nesse primeiro subperíodo (2003 a 2007), permitiram a esse recorte espacial uma evolução de 35,8% (25.887 para 35.162) no nível dessa variável. Isso significa um ganho absoluto de 9.275 pessoas trabalhando com a carteira assinada na indústria. Ou seja, em termos de taxa média anual, traduz-se esse aumento em 8,0%.

No segundo subperíodo (2007-2010), o emprego industrial continua evoluindo positivamente, exceto para os municípios de Caaporã, Conde e Pitimbu, que experimentam decréscimos em seus estoques, tornando-os negativos no ano 2010. Todavia, o percurso desempenhado pela variável, em seu nível absoluto, é de configuração ascendente no restante dos municípios e perfilada por distintas intensidades em suas variações relativas. O destaque segue para o município de Lucena, com o expressivo aumento relativo de 207,2%, naquele mesmo ano de 2010. Essas mudanças relativas no emprego industrial posicionam a região em foco, no que diz respeito aos estoques absolutos, num patamar superior ao do primeiro subperíodo, ocorrido nos anos selecionados de 2003 e 2007.

Portanto o município de Alhandra contabilizava 457 empregos industriais (1,3% da RMJP-PB) em 2007 e 480 pessoas com carteira assinada na indústria (1,2% da RMJP-PB) em 2010, o que significa, em taxa média anual, um aumento de 1,7% ou de 5,0% no período. Embora sua participação no emprego industrial da região tenha se revelado negativa -7,7% (1,3% para 1,2%), as ebulições econômicas do município naquelas atividades foram de uma envergadura tal que o permitiram sair de uma posição negativa e estabilizar-se em um polo positivo nos seus estoques industriais de emprego. Os segmentos que obtiveram ganhos foram os de produtos minerais não metálicos (+28), indústria metalúrgica (+15) e o de borracha, fumo e couros (+56), enquanto os da indústria têxtil (-46) e o de alimentos e bebidas (-30) revelaram-se com perdas naquele subperíodo. Essa dinâmica econômica permitiu a Alhandra uma obtenção de 23 (0,5% na RMJP-PB) postos de trabalho adicionais na indústria (RAIS, 2007, 2010).

Em Bayeux, registrou-se um aumento de 15,4% empregos (2.042 para 2.356) o que se traduziu em taxa média anual de 4,9% no período. Em termos de participação da urbe no emprego industrial da região, há um aumento de 1,7% (5,8% para 5,9%), entre os anos selecionados de 2007 e 2010. Analogamente ao que ocorre no município de Alhandra, em Bayeux, as forças dinâmicas da economia permitem que esse município recupere os empregos industriais que se extraviaram entre 2003 e 2007. Nesse subperíodo posterior, os segmentos responsáveis pelos ganhos dos postos de trabalho são os de produtos minerais não metálicos (+67), indústria metalúrgica (+9), indústria mecânica (+14), madeira e mobiliário (+174), papel e gráfica (+2) e indústria química (+269); enquanto as atividades de material de transporte (-4), borracha, fumo e couros (-16), indústria têxtil (-159), indústria de calçados

(-20) e alimentos e bebidas (-22) revelam-se como as que perdem empregos no setor industrial. Assim, o movimento que reestrutura a dinâmica da economia local inscreve 314 (6,4% na RMJP-PB) postos de trabalho adicionais no emprego industrial (RAIS, 2007, 2010).

Conforme explicado, entre os anos de 2007 e 2010, o movimento reverte-se em variações relativas ascendentes: para o primeiro município (Alhandra), 5,0% enquanto para o segundo (Bayeux), 15,4%. Isso significa que esses mercados locais de trabalho apresentam uma recuperação na sua dinâmica econômica em relação ao primeiro subperíodo examinado.

O município de Caaporã apresenta um decréscimo de 195 pessoas (2.786 para 2.591) entre 2007 e 2010, nos estoques do emprego industrial, correspondendo a uma involução relativa de -7,0%, o que se traduz, em termos de taxa média anual, em -2,4%. Em termos de participação do município no emprego industrial do arranjo metropolitano em foco, observa-se uma evolução negativa de -17,7% (7,9% para 6,5%). Essa situação se explica pelas perdas absolutas no total do emprego industrial nas atividades de alimentos e bebidas (-2.567) e dos ganhos nos segmentos de produtos minerais não metálicos (+42) e na indústria química (+2.330) ao término de 2010. Portanto naquele ano as perdas superam os ganhos, implicando resultados negativos (RAIS, 2007, 2010).

Cabedelo, com 1.860 (5,3% da RMJP-PB) empregos industriais em 2007 aumentou para 2.427 pessoas com a carteira assinada na indústria (6,1% da RMJP-PB) em 2010, o que significa uma taxa média anual de 9,3% ou 30,5% no período. O peso do município no emprego industrial da região aumenta em 15,1% (5,3% para 6,1%). A dinâmica econômica da urbe é intensa, observando-se uma mobilidade na mão de obra industrial em quase todos os segmentos que compõem a indústria de transformação. A exceção que se apresenta diz respeito apenas à indústria de calçados, que permanece estanque nesse subperíodo, não apresentando nenhum emprego industrial. Conseguem mais trabalhadores na indústria as atividades industriais de produtos minerais não metálicos (+77), da indústria metalúrgica (+39), da indústria mecânica (+10), as de elétrico e comunicação (+3), as de material de transporte (+19), as de madeira e mobiliário (+79), as de papel e gráfica (+10), as de borracha, fumo e couros (+13), da indústria química (+143) e as de alimentos e bebidas (+180). Enquanto isso, a indústria têxtil apresenta (-6) desligamentos na variável em discussão. Entre os anos selecionados de 2007 e 2010, segundo informações da Rais, Cabedelo inscreve 567 postos de trabalho adicionais (11,6% na RMJP-PB) no estoque de empregos industriais.

Conde registrou 1.027 empregos industriais (2,9% da RMJP-PB) em 2007 e 772 trabalhadores na indústria (1,9% da RMJP-PB) em 2010, o que representa em termos de taxa média anual, -9,1% ou -24,8% no período. Observa-se uma queda no peso do município no emprego industrial da região em torno de -34,5% (2,9% para 1,9%). As atividades de produtos minerais não metálicos (+41), indústria metalúrgica (+2), indústria mecânica (+18), papel e gráfica (+123), borracha, fumo, couros (+22) e alimentos e bebidas (+6) revelaram-se como as responsáveis pelo acréscimo de 212 trabalhadores a mais no município; enquanto a indústria química (-467) foi a grande responsável por todas as perdas, no total de trabalhadores do emprego industrial, no término de 2010. Na imbricação desse comportamento da mão de obra, nos anos selecionados de 2007 e 2010, o município sofre uma perda de 255 pessoas com a carteira assinada na indústria, segundo informações da Rais.

Cruz do Espírito Santo registrou um aumento de 10 pessoas a trabalhar com a carteira assinada na indústria (241 para 251), entre os anos selecionados de 2007 e 2010. Isso se reflete, em termos de taxa média anual, em 1,4%, ou 4,1% no período. No que diz respeito à participação do município no emprego industrial da região, observa-se uma evolução negativa de -14,3% (0,7% para 0,6%). Essa situação pode ser explicada como decorrência na mobilidade da mão de obra nas atividades de produtos minerais não metálicos (+28) e de alimentos e bebidas (-18), componentes da indústria de transformação. Esse cruzamento de informações permite observar que o município inscreve 10 postos de trabalho adicionais (0,2% na RMJP-PB) na economia local nesse subperíodo (RAIS, 2007, 2010).

João Pessoa, a cidade polo da região, com um total de 15.159 empregos industriais (43,1% da RMJP-PB) em 2007, vê seu indicativo aumentar para 18.026 trabalhadores na indústria (45,0% da RMJP-PB) em 2010, o que significa em termos de taxa média anual, 5,9%, ou 18,9% no subperíodo. Isso representa, sob o olhar da variação absoluta, 2.867 pessoas a mais (58,8% na RMJP-PB) trabalhando com a carteira assinada na indústria no extremo superior do período, em 2010. Diferentemente do primeiro subperíodo, ocorre um aumento de 4,4% (43,1% para 45,0%) na participação relativa do emprego industrial do município, na Região Metropolitana de João Pessoa-PB. Analogamente, o nível absoluto desse indicativo apresenta-se mais elevado nesse cenário. Na dinâmica econômica da cidade central nesse segundo subperíodo, as atividades industriais que se sobressaem conseguindo postos de trabalho adicionais para a economia local são as de produtos minerais não metálicos (+904), da indústria metalúrgica (+113), da indústria mecânica (+149), de elétrico e comunicação (+32), de madeira e mobiliário (+154), de papel e gráfica (+345), de borracha, fumo e couros (+72), da indústria química (+687), da indústria têxtil (+157) e as de alimentos e bebidas (+487). Apenas os segmentos industriais de material de transporte (-7) e da indústria de calçados (-226) perdem empregos industriais no período. De acordo com referências da Rais, em 2010, na composição da indústria de transformação, a única sede urbana do arranjo metropolitano em exame que inscreve trabalhadores em todos os segmentos industriais ainda é a capital da Paraíba.

Lucena registrava, no ano 2007, 237 pessoas com carteira assinada na indústria (0,7% da RMJP-PB) e em 2010, aumentou esse indicativo para 728 empregos industriais (1,8% da RMJP-PB) o que representa, reportando-se à taxa média anual, 45,4%, ou os importantes 207,2% no período. Em termos de participação do município no emprego industrial da região, observa-se um significativo aumento de 157,1% (0,7% para 1,8%). Esses expressivos acréscimos relativos significam o cadastro adicional de 491 pessoas (10,1% na RMJP-PB) trabalhando com a carteira assinada no emprego industrial. As atividades de alimentos e bebidas se apresentam como as grandes responsáveis por essa evolução, na dinâmica econômica do município, incluindo 505 pessoas no mercado de trabalho organizado em fins de 2010. As atividades industriais de madeira e mobiliário participam discretamente dessa evolução, incluindo seis trabalhadores a mais naquele período de análise. Enquanto, por seu turno, os segmentos de papel e gráfica (-2) e da indústria química (-18) revelam-se como os responsáveis pelas perdas da mão de obra no segundo subperíodo analisado (RAIS, 2007, 2010).

Mamanguape aumentou o estoque de empregos industriais (2.049 para 2.136) entre 2007 e 2010, apresentando uma taxa média anual de 1,4%, ou 4,2% no período. Em termos de participação da cidade no emprego industrial da região, revela-se uma diminuição relativa em torno de -8,6% (5,8% para 5,3%). As variações relativas (taxa média anual e a variação no período) estão bem inferiores às que ocorreram no município no subperíodo anterior, entre 2003 e 2007. Entretanto a dinâmica econômica permitiu um crescimento do emprego formal na indústria do município, incorporando ao mercado de trabalho organizado mais 87 (1,8% na RMJP-PB) pessoas e posicionando o nível de emprego industrial total mais elevado do que no início do período. As atividades responsáveis por essa evolução, com saldos positivos em postos de trabalho, são as de alimentos e bebidas (+286), a indústria metalúrgica (+11) e as de papel e gráfica (+2); enquanto, por seu turno, as de saldo negativo são reveladas pelas indústrias de: calçados (-146), mecânica (-59), química (-5) e têxtil (-2), segundo referências da Rais para o período.

Pitimbu revelou-se com uma expressiva involução relativa de -87,5% empregos industriais no subperíodo (mudança de oito para um), o que, em termos de taxa média anual, significa um crescimento negativo em torno de -50,0%. Revela-se dessa forma, o decréscimo absoluto de sete empregos na indústria, comparando-se os anos de 2003 e 2007. O peso do município, no emprego industrial da região, é tido como desprezível. Assim, o único segmento industrial que sofreu mobilidade, aqui em forma de perdas de postos de trabalho, foi o de alimentos e bebidas. Essa transformação em sua dinâmica econômica implicou níveis mais baixos de empregos industriais, comparando-se os anos selecionados de 2007 e 2010, ou quando se leva em conta o início do período (RAIS, 2003, 2007, 2010).

Rio Tinto, que em 2007 registrava 701 empregos industriais (2,0% da RMJP-PB) passou a contar com 757 pessoas com a carteira assinada na indústria (1,9% da RMJP-PB) em 2010. Isso, em termos de taxa média anual, significa um crescimento de 2,6%, ou 8,0% no período. Como se revela, a participação no emprego industrial do município na região sofre uma queda, em torno de -5,0% (2,0% para 1,9%). As atividades da indústria de transformação que apresentam mobilidade na mão de obra são as de produtos minerais não metálicos (+53) e as da indústria química (+496), que se revelam com saldos líquidos positivos; enquanto as da indústria metalúrgica (-17), de madeira e mobiliário (-1), da indústria têxtil (-6) e as de alimentos e bebidas (-469) identificam-se com saldos líquidos negativos. Assim, a dinâmica econômica de Rio Tinto, segundo informações da Rais, consegue inscrever 56 postos de trabalho adicionais (1,1% na RMJP-PB) na indústria local, entre os anos selecionados de 2007 e 2010.

O município de Santa Rita que, em 2007 registrou 8.595 empregos industriais (24,4% da RMJP-PB) aumentou esse indicativo para 9.513 trabalhadores na indústria (23,8% da RMJP-PB) em 2010, o que significa uma taxa média anual em torno de 3,4%, ou 10,7% no período. Em termos de participação no emprego industrial do arranjo metropolitano em discussão, observa-se uma queda em torno de -2,5% (24,4% para 23,8%). Contudo os acréscimos revelados (taxa média anual e variação no período), embora inferiores aos do primeiro subperíodo (2003 a 2007), conseguem ascendência em seus trajetos, posicionando a variável em nível absoluto mais elevado no cenário seguinte. De acordo com a Rais e sob o olhar dos componentes da indústria de transformação, é desvelado que as atividades de produtos minerais não metálicos (+240), as da indústria metalúrgica (+36), as de elétrico e comunicação (+8), as de papel e gráfica (+17), as de borracha, fumo e couros (+28), as da indústria química (+1.658) e as da indústria de calçados (+219), reunidas, conseguem obter 2.206 empregos industriais. Enquanto por sua vez, as atividades da indústria mecânica (-10), as de madeira e mobiliário (-19), as da indústria têxtil (-69) e por fim, as de alimentos e bebidas (-1.190), em conjunto, perdem 1.288 empregos. O efeito do cruzamento dessa mobilidade na mão de obra traduz-se, na prática, em 918 postos de trabalho adicionais (18,8% na RMJP-PB) para o município no segundo subperíodo.

À luz das fontes referenciadas, são essas as mudanças que configuram a trajetória do emprego industrial total na Região Metropolitana de João Pessoa-PB, nessa análise do subperíodo (2007-2010). Apesar de, comparando-se aos anos selecionados de 2003 e 2007, relativamente mais baixas na maioria dos municípios, elas permitem à unidade espacial regional lograr um percurso de clara evolução ascendente, no nível da variável em exame; que aumenta de 35.162 para 40.038 pessoas com carteira assinada na indústria. Essa variação traduz-se em 13,9% ou numa taxa média anual de 4,4%, nesse segundo subperíodo. Ou seja, acréscimos relativos inferiores aos obtidos no primeiro subperíodo. Entretanto essas transformações relativas significam, em termos absolutos, 4.876 pessoas a mais, instaladas organizadamente no mercado de trabalho industrial da unidade regional.

De outro ponto de vista, em relação às discussões do comportamento do emprego na indústria, verifica-se que, nos anos selecionados de 2003, 2007 e 2010, na Região Metropolitana de João Pessoa-PB, há uma forte concentração da mão de obra industrial, tanto em segmentos ou atividades quanto na forma espacial. No que diz respeito aos segmentos industriais, discriminando-os em cada ponto de análise no intervalo temporal, desvela-se que, em 2003, estão fortemente concentrados: alimentos e bebidas, indústria têxtil, produtos minerais não metálicos, indústria de calçados, borracha, fumo e couros, papel e gráfica e indústria química. Destacam-se em 2007, os ramos de: alimentos e bebidas, indústria têxtil, indústria de calçados, produtos minerais não metálicos, papel e gráfica e indústria química. No extremo superior do período, em 2010, os mais importantes são: alimentos e bebidas, indústria têxtil, indústria química, produtos minerais não metálicos, indústria de calçados e papel e gráfica.

Relativamente à concentração espacial da mão de obra industrial, tem-se que ela ocorre de maneira hegemônica em municípios como: João Pessoa, Santa Rita, Bayeux e Cabedelo. Na área contígua formada pelos referidos municípios há sem quaisquer dúvidas, forte conotação nas atividades produtivas da indústria de transformação. Porém, fora desse perímetro limítrofe, é possível destacar-se outros municípios como Caaporã, Conde, Alhandra e Mamanguape, representando significativos núcleos urbanos que empregam a força de trabalho na indústria da unidade espacial.

Tabela 22 – Região Metropolitana de João Pessoa-PB: ganhos (+) e perdas (-) no emprego industrial formal – 2003 / 2010 (pessoas)

Municípios	2003 (a)	2007 (b)	2007-2003 (c=b-a)	% (d=c/a)	2010 (e)	2010-2007 (f=e-b)	% (g=f/b)
Alhandra	510	457	-53	-10,4	480	23	5,0
Bayeux	2.577	2.042	-535	-20,8	2.356	314	15,4
Caaporã	1.009	2.786	1.777	176,1	2.591	-195	-7,0
Cabedelo	1.120	1.860	740	66,1	2.427	567	30,5
Conde	378	1.027	649	171,7	772	-255	-24,8
Cruz do Espírito Santo	114	241	127	111,4	251	10	4,1
João Pessoa	11.411	15.159	3.748	32,8	18.026	2.867	18,9
Lucena	130	237	107	82,3	728	491	207,2
Mamanguape	1.749	2.049	300	17,2	2.136	87	4,2
Pitimbu	6	8	2	33,3	1	-7	-87,5
Rio Tinto	130	701	571	439,2	757	56	8,0
Santa Rita	6.753	8.595	1.842	27,3	9.513	918	10,7
Total	**25.887**	**35.162**	**9.275**	**35,8**	**40.038**	**4.876**	**13,9**

Fonte: Ministério do Trabalho e Emprego, Rais

Os Gráficos 13, 14, 15, 16, 17 e 18 mostram de 2003 a 2010, em cada ano da série, a evolução do nível de emprego, segundo os setores produtivos mais importantes, cabendo as seguintes observações.

a. Pelo exame das informações contidas no Gráfico 13, percebe-se a ascendência no emprego organizado total, com evidentes variações positivas e mais elevadas a cada ano, durante todo o período em análise. No primeiro intervalo, 2003-2004, o aumento é de 2,66%. Nos dois intervalos subsequentes, 2004-2005 e 2005-2006, as taxas são de 4,82% e 7,18%, respectivamente. Na intercorrência que relaciona os anos 2006-2007, há um aumento com taxa decrescente, avaliado em 6,80%. A partir dos anos 2007-2008, quando o aumento é de 7,64%, entre 2008-2009, com incremento de 9,38% e, por conclusão, entre 2009-2010, com aumento de 10,21%, as taxas apresentam-se com evolução crescente. No percurso da variável, chama a atenção uma maior inclinação da linha no segundo subperíodo (anos 2007 a 2010), quando confrontada com a inclinação da linha representativa do primeiro subperíodo (anos 2003 a 2007). Isso significa maiores incrementos no emprego organizado, entre os anos 2007 e 2010. Ressalta-se que, no ápice conclusivo do período, o total do emprego organizado situa-se em níveis mais elevados, comparativamente ao início dessa análise.

Gráfico 13 – Emprego organizado total, segundo a Região Metropolitana de João Pessoa-PB 2003-2010 (2003 = 100)

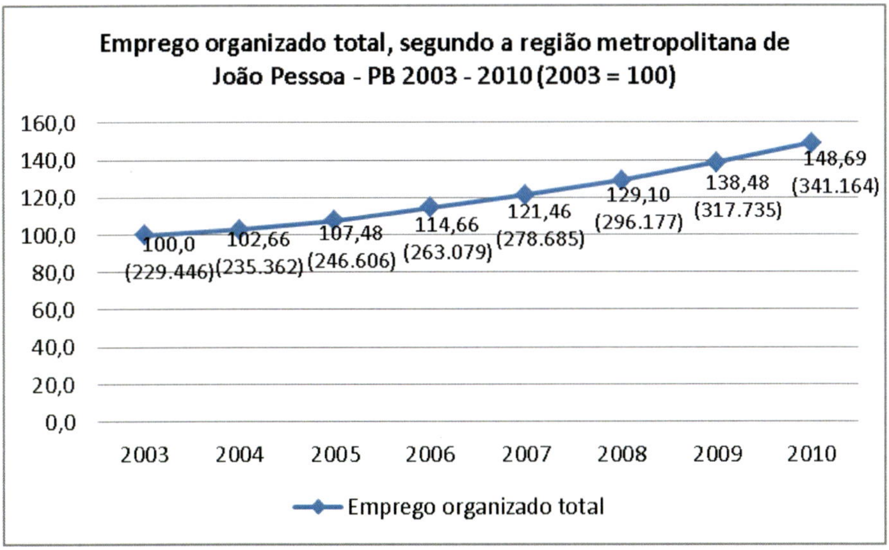

Fonte: elaborado pelo autor com base em Ministério do Trabalho, Rais

b. No Gráfico 14, vemos uma linha ascendente que serve para explicar o comportamento do emprego industrial organizado na Região Metropolitana de João Pessoa-PB. Ela descreve a sua evolução positiva no período selecionado, entre os anos de 2003 a 2010. De 2003 a 2004, há um crescimento de 10,29%. Nos dois intervalos seguintes (2004-2005 e 2005-2006), as taxas apresentam-se com aumentos decrescentes: 9,19% e 4,81%, respectivamente. Entre 2006-2007, eleva-se com taxa relativa crescente, avaliada em 11,54%. No intervalo 2007-2008, ocorre um decrescimento de -2,15%. No gráfico, merece destaque a inclinação da linha entre os anos 2007 e 2008, que se apresenta negativa. Na pesquisa, verificou-se que a dinâmica entre os segmentos da indústria de transformação, nos referidos anos, não foi capaz de aumentar o número de empregos. Ao contrário, em 2008, há um déficit de postos de trabalho (-556)[36] comparando-se com 2007. Questões implícitas na economia tais como investimentos insuficientes, podem explicar essa queda no emprego industrial. No entanto, a partir do intervalo 2008-2009 as taxas voltam a elevar-se com incrementos crescentes: 7,22%, entre 2008-2009, e 13,76% no intervalo 2009-2010. Ressalta-se que toda essa dinâmica se estabelece em níveis de emprego industrial organizado superiores aos do início do período. Isto é, há efetivamente, um crescimento real do emprego industrial organizado durante o recorte temporal em análise.

[36] "[...] revelando o acerto da decisão de manter o reajuste real do salário mínimo **mesmo depois da deflagração da crise de setembro de 2008** e de também ampliar os mecanismos de transferência de renda, dentro de um amplo rol de medidas anticíclicas tomadas para enfrentar a **desaceleração da economia diante da crise que veio do exterior.** [...] Para os anos de 2008 e 2009, a variação do PIB foi melhor do que, consensualmente, se esperava quando a crise foi deflagrada. **A pequena variação de 0,2% do PIB teve um impacto significativo sobre os índices de emprego na virada do ano de 2008 para 2009** (porém, no início do quarto trimestre de 2009, o nível de emprego já havia recuperado o patamar pré-crise)" (POCHMANN, 2011, p. 88-89, grifos meus).

Gráfico 14 – Emprego industrial organizado, segundo a Região Metropolitana de João Pessoa-PB 2003 – 2010 (2003 = 100)

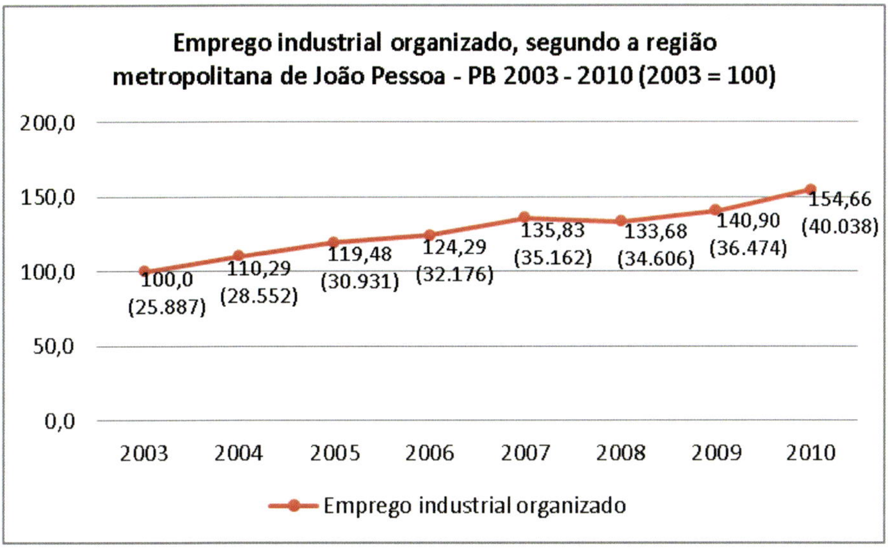

Fonte: elaborado pelo autor com base em Ministério do Trabalho, Rais

c. O Gráfico 15 mostra a evolução do emprego organizado na construção civil, na Região Metropolitana de João Pessoa-PB, entre os anos de 2003 a 2010. Pelo exame de suas informações, vê-se que, de 2003 a 2004, há crescimento real com uma taxa de 5,42%. No intervalo seguinte, 2004-2005, ocorre uma discreta involução de -0,93%, o que está refletido no gráfico, por uma linha inclinada negativamente[37]. Entre 2005-2006, a progressão na elevação do emprego apresenta-se com taxa crescente e avaliada em 32,45%.

[37] "[...] A indústria da construção continua operando bem **abaixo de sua capacidade produtiva e de seu nível histórico de emprego,** uma vez que **as obras decorrentes de investimentos públicos sempre constituíram grande parte da demanda do setor.** No caso da Paraíba, entre 1994 e 2003, o valor adicionado da indústria da construção civil apresentou significativa queda quanto à sua contribuição relativa na estrutura da economia estadual. Em 1994, essa participação atingia 11,96%; **em 2003, caiu para 7,11% do valor adicionado.** [...] Dentre os fatores explicativos que influenciam negativamente o desempenho setorial estão **a elevação dos juros internos e a restrição de créditos de longo prazo.** Com efeito, a taxa de crescimento real do Valor Adicionado Bruto apresentou oscilações bastante significativas. Era de 5,2% em 1994, cai no ano seguinte para 4,9% (negativa), sobe para 8,8% em 1996, com redução, em seguida, para 1,6% (negativa). Volta a subir em 1998 para 5,1%, diminui para 2,9% em 1999; sobe para 6,2% em 2000 e inicia a trajetória de queda nos anos seguintes, **tornando-se negativa em 2002 e 2003,** quando se registrou taxas negativas de 1,9% e 5,8%, respectivamente. De acordo com a RAIS, a construção civil empregava formalmente 12.243 mil pessoas em 2004, **o que representa uma queda de 6,2%, frente ao ano 2000**." (DIEESE, 2006, p. 13-14, grifos meus).

Embora haja crescimento nos dois intervalos seguintes, 2006-2007 e 2007-2008, ele ocorre com elevações reguladas por taxas decrescentes, avaliadas em torno de 29,05% e 19,51%, respectivamente. A partir dos intervalos 2008-2009, quando a elevação é de 40,48%, e 2009-2010 com 47,65%, as taxas voltam a apresentar-se de maneira crescente. Importa registrar que a dinâmica do emprego organizado na construção civil ocorre em níveis acima do que existiam em 2003. Em 2010, por conseguinte, ele atinge 2,74 vezes mais o contingente específico e empregado regularmente no início desta análise.

Gráfico 15 – Emprego organizado na construção civil, segundo a Região Metropolitana de João Pessoa-PB 2003 – 2010 (2003 = 100)

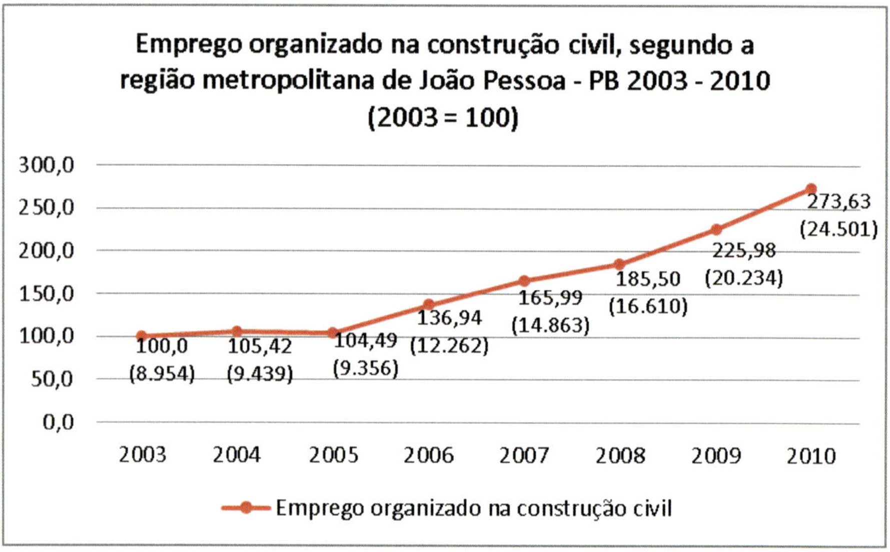

Fonte: elaborado pelo autor com base em Ministério do Trabalho, Rais

d. O Gráfico 16 mostra a escalada ascendente e ininterrupta do emprego organizado no comércio, de 2003 a 2010, na unidade metropolitana pesquisada. Sua evolução identifica os incrementos sempre crescentes, entre os anos 2003-2004, com 6,59%; no intervalo seguinte, 2004-2005, com uma taxa de 8,65%; entre 2005-2006, com um incremento de 11,48%. Apresenta-se com um incremento a taxa decrescente (discretíssima baixa de centésimos), no intervalo 2006-2007, quando passa de 11,48% para 11,09%. Contudo, isso não impede que o emprego organizado no comércio apresente a tendência de absorver a mão de obra advinda da agricultura e da indústria, como o faz em geral, o setor terciário da economia, do qual é componente. No intervalo 2007-2008, continua a crescer, agora com uma taxa de 11,62%; entre 2008-2009, apresenta um incremento de 14,13% e, conclusivamente, entre 2009-2010, eleva-se a uma taxa de 20,36%. Assim, em 2010, situa-se em níveis mais elevados de emprego (1,84 vezes) do que no ano 2003, início desta análise.

Gráfico 16 – Emprego organizado no comércio, segundo a Região Metropolitana de João Pessoa-PB 2003 – 2010 (2003 = 100)

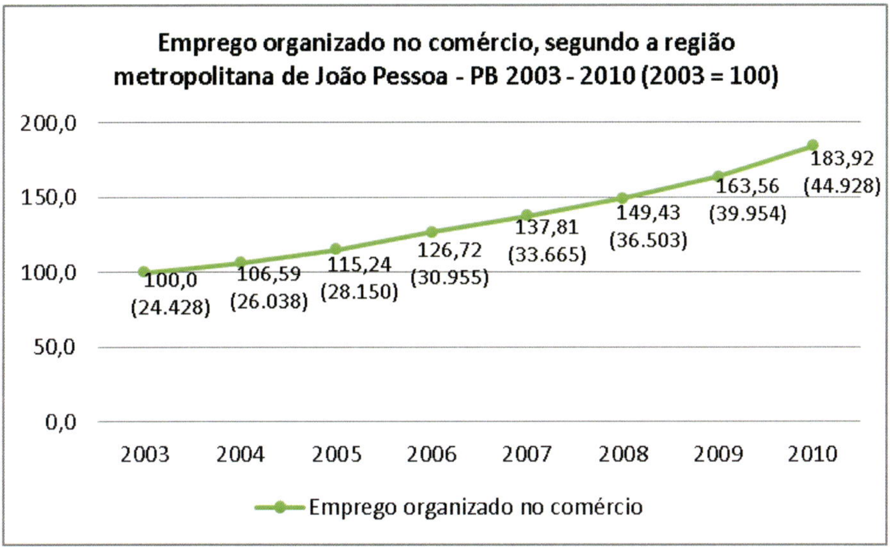

Fonte: elaborado pelo autor com base em Ministério do Trabalho, Rais

e. No Gráfico 17 as informações referentes ao emprego organizado no segmento dos serviços (componente do setor terciário), na Região Metropolitana de João Pessoa-PB, entre 2003 e 2010, identificam logo no intervalo 2003-2004, uma discretíssima elevação de centésimos (0,20%) em seu correspondente incremento. No intervalo seguinte, 2004-2005, essa variável cresce a uma taxa de 5,98%. Entre 2005-2006, ela cresce novamente, agora a uma taxa decrescente em relação ao intervalo anterior, avaliada em apenas 3,08%. Nos intervalos posteriores, 2006-2007 e 2007-2008, o emprego organizado nos serviços retoma a evolução em taxas crescentes, quando atinge 8,04% e 17,04%, respectivamente. Entre 2008-2009, apresenta uma taxa decrescente em sua evolução, sinalizada em 4,07%. No intervalo conclusivo do período, 2009-2010, volta a apresentar um incremento com taxa crescente, alcançando 8,28%. Ressalta-se que a dinâmica do emprego organizado nos serviços, sempre acima dos níveis vigentes em 2003, chega ao ano selecionado de 2010, valendo 1,5 vezes mais, comparativamente ao início desta análise.

Gráfico 17 – Emprego organizado nos serviços, segundo a Região Metropolitana de João pessoa-PB 2003 – 2010 (2003 = 100)

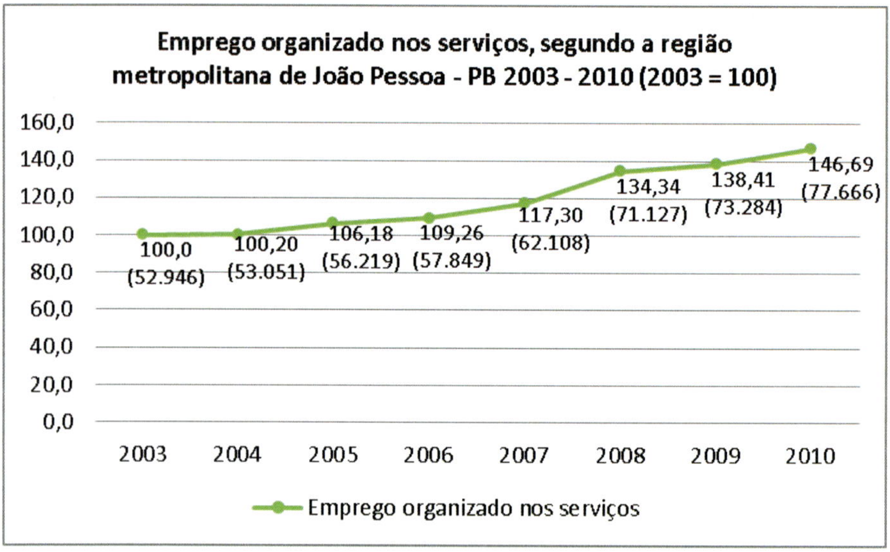

Fonte: elaborado pelo autor com base em Ministério do Trabalho, Rais

f. O Gráfico 18, que mostra a evolução do emprego organizado na administração pública (componente do setor terciário), da Região Metropolitana de João Pessoa-PB no período 2003 a 2010, começa com uma discretíssima involução (-0,67%), entre 2003-2004, o primeiro intervalo desta análise. No gráfico, o segmento de reta correspondente apresenta-se negativamente inclinado. A partir do intervalo seguinte, 2004-2005, sua evolução é positiva, com uma taxa de 3,44%, o que se repete nos intervalos posteriores, 2005-2006 e 2006-2007, alcançando taxas crescentes, em torno de 4,96% e 8,83%, respectivamente. No intervalo 2007-2008 retorna a evoluir com taxa decrescente, avaliada em 4,20%, o que, entre 2008-2009, ocorre com uma taxa crescente, em torno de 8,61%. No intervalo 2009-2010, a evolução da variável em exame apresenta-se positiva (7,25%), mas com taxa decrescente. Importa ressaltar, no entanto, que a dinâmica do emprego organizado na administração pública no período considerado apresenta-se com características relevantes e, em 2010, chega a valer 1,4 vezes mais, comparativamente ao início desta análise.

Gráfico 18 – Emprego organizado na administração pública, segundo a Região Metropolitana de João Pessoa-PB 2003 – 2010 (2003 = 100)

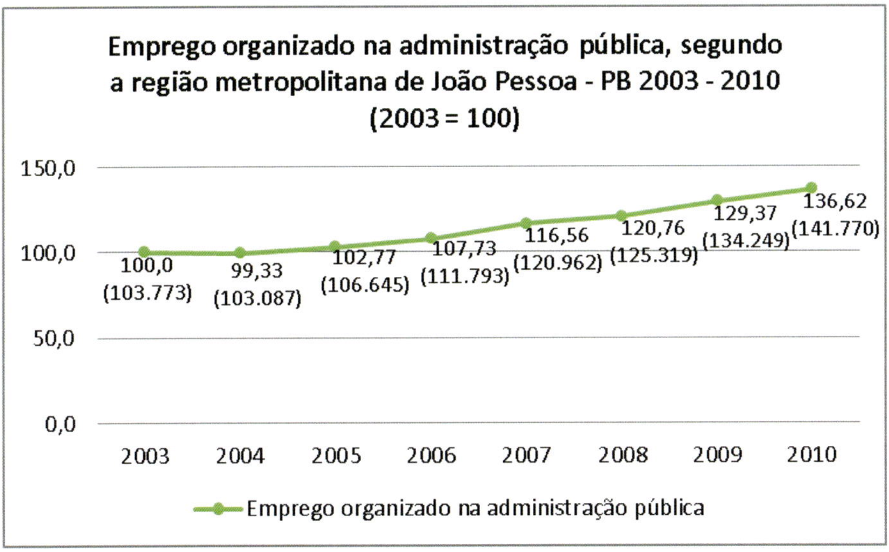

Fonte: elaborado pelo autor com base em Ministério do Trabalho, Rais

Dessa forma, ao se colocar o foco no percurso da série de anos analisados, o que se percebe é, visivelmente, uma elevação geral no nível do emprego organizado, a partir de 2003 até 2010, na Região Metropolitana de João Pessoa-PB. Essas fases ou movimentos das variáveis aqui descritas estão interligadas a ocorrências presentes na economia e na política do país entre os anos referidos, e podem ser vistas como consequências de si mesmo, na parte que se relaciona com as ações de governo, imbricadas junto às influências de outros elementos presentes na consecução do PIB e que impulsionam o crescimento econômico. Elas trazem em seu bojo, de acordo com Pochmann (2011), comparativamente à década dos anos 1990, possibilidades efetivas de convergir à essência de um movimento de reorganização econômica, em torno da retomada de um projeto nacional de desenvolvimento. Assim, são planejados para o país quatro novos pressupostos, durante os anos de 2003 a 2010.

> Primeiro, **dever-se-ia adotar o pressuposto crítico** à perspectiva do desenvolvimento imaginado espontâneo e naturalmente oriundo das livres forças do mercado pelos governos liberais dos anos 1990. O segundo pressuposto, emerge da **opção de forte ênfase nas políticas sociais.** O terceiro pressuposto assenta-se na busca de **maior autonomia na governança interna da política econômica nacional.** Por fim, o quarto pressuposto é associado à **nova inserção mundial** (POCHMANN, 2011, p. 138-141, grifos meus).

Destarte, com essas linhas de pensamento e eixos de trabalho devidamente centrados, pode-se perceber, de uma forma clara, a finalidade em se atingir objetivos específicos para beneficiar a sociedade brasileira, nesse primeiro decênio do século XXI. Tanto é assim que, para as respostas pertinentes ao enfrentamento do pressuposto inicial, torna-se evidente que:

> A recuperação do papel do Estado, a partir do governo Lula, mostrou-se essencial para que **o Brasil pudesse retornar à luta pela superação do subdesenvolvimento**, cujos resultados positivos começaram rapidamente a aparecer **com o crescimento econômico duas vezes superior ao verificado na década de 1990** (com a consequente volta ao posto do oitavo PIB mundial), **combinados com a redistribuição da renda, sobretudo na base da pirâmide social, e elevação da participação do rendimento do trabalho na renda nacional (44% em 2010)**. Para isso, foi necessário recompor as empresas e bancos estatais, ampliar o universo de funcionários públicos por substituição dos terceirizados na execução das políticas de Estado e inovar as ações públicas, como nos casos do Programa de Aceleração do Crescimento (PAC) para infraestrutura, do Programa Nacional de Habitação Popular (Minha Casa, Minha Vida), da exploração do petróleo no pressal, do alargamento da saúde, da educação, eletrificação, entre tantos outros exemplos (POCHMANN, 2011, p. 138-139, grifos meus).

Com a orientação configurada no segundo pressuposto de políticas sociais, verificam-se resultados significativos e assegurados à população em idade ativa para o trabalho — refiro-me à porção ocupada no interior da população economicamente ativa — que, de sua parte, promoveu incrementos na demanda efetiva da economia brasileira, no intervalo temporal em pesquisa. Dessa forma,

> O salário mínimo registrou aumento de quase 54% em termos reais, com a queda sensível no desemprego e na informalidade da mão de obra ocupada. A despeito da ampliação da cobertura e dos valores pagos aos aposentados e pensionistas, da incorporação de mais de 12 milhões de famílias no programa Bolsa-Família e da inclusão bancária e creditícia de milhões de brasileiros, o endividamento público caiu mais de 55% do PIB, em 2002, para cerca de 40% do PIB. Simultaneamente, a pobreza caiu mais de 30% desde 2003 e o Brasil conseguiu voltar ao leito da forte ascensão social para milhões de brasileiros, após mais de duas décadas de congelamento das oportunidades educacionais e de renda e ocupação. [...] **a dinâmica da economia nacional encontra-se associada ao comportamento do gasto social, pois este responde pelo fortalecimento do setor privado na produção de bens e serviços adequados à crescente demanda decorrente do processo de inclusão de enormes segmentos tradicionalmente excluídos.** Assim, **o gasto social**, ao mesmo tempo em que representa uma ferramenta fundamental na promoção da coesão da sociedade brasileira, **torna-se**, cada vez mais, **o multiplicador da incorporação pelo mercado de consumo** (POCHMANN, 2011, p. 139-140, grifos meus).

Na observação das ideias constituídas pela espinha dorsal do planejamento, no terceiro pressuposto orientador da política econômica, assinale-se que:

> O governo Lula procurou romper com o passado, pois **substituiu o déficit pelo superávit comercial** ao mesmo tempo em que **fez do mercado interno a principal fonte do presente dinamismo da economia nacional.** Para isso, fortaleceu gradualmente a gestão operacional e técnica do Estado, paralisando a privatização e reativando o planejamento reorganizador do investimento público e da coordenação das expectativas do setor privado. **O resultado direto foi a transição da macroeconomia da financeirização da riqueza para o produtivismo das obras de infraestrutura**

> **e de alargamento da produção nacional, em consonância com a elevação do consumo, sobretudo dos segmentos de menor renda, sem efeitos inflacionários.** Na crise internacional do final de 2008, o Brasil foi um dos últimos países a serem contaminados e um dos primeiros a superá-la, pois tinha manejo e ousadia para fazer políticas contracíclicas (redução dos tributos e juros, com aumento do crédito público e das políticas de garantia de renda) **que evitaram o pior, especialmente o deslocamento do ônus para os mais pobres,** conforme verificado até então (POCHMANN, 2011, p. 141, grifos meus).

Complementando as linhas de pensamento, pelas vias aplicativas do quarto pressuposto, consegue-se atingir posições altaneiras, junto à constelação de nações que formam o resto do mundo. Assim,

> O Brasil procurou equacionar alguns dos principais problemas de vulnerabilidade externa. De devedor passou à posição de credor internacional (com empréstimos de recursos inclusive ao FMI), bem como multiplicou por dez a soma das reservas externas (atualmente superior a US$ 250 bilhões). **Com isso, passou ileso a qualquer movimento especulativo gerado na crise internacional de 2008 e reposicionou-se positivamente em termos de inserção internacional.** Não apenas favoreceu a integração sul-americana e do MERCOSUL, com o abandono da ALCA, como ampliou decisivamente a quantidade de parceiros comerciais na África, Ásia e Oriente Médio, o que o tornou menos dependente das vendas externas aos países ricos. **Nos organismos internacionais,** o país passou a protagonizar um reposicionamento até então desconhecido, **fazendo da política externa brasileira uma referência integradora da cooperação técnica crescente com outras nações** (POCHMANN, 2011, p. 142, grifos meus).

Desse modo, em termos de políticas públicas e mudanças na escolha de modelos para a economia brasileira, há, de fato, uma diferença de programas e planejamentos técnicos entre o governo do Brasil instalado por eleições diretas, no período 2003-2010, e seus governos anteriores, na década de 1990. Os rumos da economia, no primeiro decênio do século XXI, ousaram seguir outros caminhos e, em consequência, lograr outros resultados para o país, como a destinação mais frequente de investimentos nos setores estruturais da economia, alcançando uma concretude em relação ao crescimento econômico, o aumento em termos reais dos rendimentos do trabalho e a busca por uma redistribuição da renda com um sentido mais igualitário, no contexto de sua respectiva pirâmide. Na dinâmica dos números e das análises presentes em nossos estudos é visível o incremento de ocupações públicas e privadas, efetivamente assumido pela População Economicamente Ativa, em quase toda a sua inteireza. Assinalamos também os benefícios econômico-sociais junto à população mais pobre e ao trabalho vivo, este organizado e protegido pelas relações de trabalho formais. Observe-se que, nesse conjunto de ocorrências, há uma significação efetiva, em termos de mudanças no padrão social[38] da população. Pochmann (2011, p. 144-146, grifos meus) explica que o grau de mudança social,

> Tende a refletir, em geral, **transformações mais amplas na economia (renda, ocupação, entre outros) e nas políticas públicas (educação, garantia de renda, entre outros)**, se tomou como referência síntese os indicadores de variação da renda nacional per capita e do índice de desigualdade pessoal da renda (Gini). Com base nisso, nota-se que o Brasil apresentou três diferentes padrões de mudança social, nos últimos cinquenta anos. O primeiro padrão de mudança social caracterizou-se por forte expansão da renda per capita, acompanhada de significativo crescimento da desigualdade na repartição da renda pessoal, entre os anos de 1960 e 1980. O segundo padrão de mudança social ocorreu entre os anos de 1981 e 2003. Durante esse período, predominou a estagnação na variação da renda per capita, acompanhada do estancamento do grau de desigualdade na repartição da renda pessoal. Desde o final da primeira metade da década de 2000, observa-se **o surgimento de um novo padrão de mudança social no Brasil.** Este terceiro padrão **possui como características principais a combinação da expansão da renda nacional per capita com a queda na desigualdade pessoal da renda**.

Portanto, reafirmamos que esse conjunto de verificações econômico-sociais, conforme ocorrido naquele primeiro decênio do século XXI trouxe consigo características importantes para a evolução do Brasil e da Região Metropolitana de João Pessoa-PB, de acordo com as análises efetivadas nesta obra. E, por consequência, influenciou a evolução dos mercados de trabalho nos espaços geográficos considerados tanto em âmbito nacional quanto local, assegurando o retorno de uma tendência que converge – com-

[38] Como padrão de mobilidade social entende-se a alteração de posições de distintos segmentos populacionais no interior da estrutura social (POCHMANN, 2011, p. 143).

parativa e inversamente aos rumos trilhados nos anos 1990 – em direção ao desenvolvimento das suas estruturas funcionais básicas[39].

Em síntese, o intervalo temporal analisado constitui-se numa fase da economia brasileira que revelou uma capacidade significativa para absorver a maioria das pessoas que estavam presentes no mercado de trabalho, destacando-se principalmente o segmento formal ou organizado. Isso implicou a ausência e/ou diminuição, cada vez maior, de ocupações e relações de trabalho informais; o que significa também, nessa outra face da moeda, menores quantidades de pessoas desempregadas.

[39] "O mercado que aloca os trabalhadores para os empregos e coordena as decisões de emprego é o mercado de trabalho. Todo mercado tem compradores e vendedores e o mercado de trabalho não é exceção: os compradores são os empregadores e os vendedores são os empregados. [...]. Alguns desses participantes podem não ser ativos num dado momento, no sentido de estar procurando novos funcionários ou novos empregos, mas, em qualquer dia dado, milhares de empresas e trabalhadores estão no 'mercado' tentando transacionar. Alguns mercados de trabalho, particularmente aqueles em que os vendedores de mão de obra são representados por um sindicato, operam sob uma série formal de regras que governam parcialmente as transações comprador-vendedor. Os mercados para empregos no governo e com grandes empregadores não-sindicalizados também tendem a funcionar sob normas que restringem a autoridade da administração e asseguram tratamento justo aos funcionários" (EHRENBERG; SMITH, 2000, p. 30-31).

CAPÍTULO IV

PARTICIPAÇÃO RELATIVA DOS SETORES ECONÔMICOS NA FORMAÇÃO DO PIB NOMINAL E PIB REAL, NA REGIÃO METROPOLITANA DE JOÃO PESSOA-PB, ENTRE OS ANOS 2002-2021. COMPOSIÇÃO DO EMPREGO FORMAL, NOS SETORES ECONÔMICOS E NA INDÚSTRIA DE TRANSFORMAÇÃO LOCAL, NOS ANOS SELECIONADOS DE 2011 E 2019

Neste capítulo, a localização geográfica do espaço territorial examinado neste livro, tem a sua composição atualizada, segundo o IBGE. Apresentamos também um exame do PIB na região metropolitana de João Pessoa-PB, entre os anos 2002-2021. Destacamos sua dinâmica, participação relativa dos setores econômicos em sua formação, bem como realizamos um estudo comparativo dessa variável econômica, em sua forma característica a preços correntes (PIB nominal), e sem a influência da inflação (PIB real). Esse estudo considera o período em que governaram o Brasil, os presidentes Lula (2003-2010), Dilma (2011-2014 e 2015-2016), Temer (2016-2018) e Bolsonaro (2019-2022)[40]. Examinamos o emprego formal nos setores econômicos e na indústria de transformação da RMJP-PB, nos anos selecionados de 2011 e 2019.

4.1 FORMAÇÃO DA REGIÃO METROPOLITANA DE JOÃO PESSOA-PB

A Região Metropolitana de João Pessoa na Paraíba que obteve sua instalação inicial através da lei complementar estadual número 59, de 30 de dezembro de 2003; constituía-se pelos municípios de Cabedelo, Conde, Cruz do Espírito Santo, João Pessoa (capital do estado da Paraíba), Lucena, Mamanguape, Rio Tinto e Santa Rita; nove elementos de células-base, ao todo. Pelo advento da lei complementar estadual número 90, de 18 de agosto

[40] Como o estudo considerado analisa a evolução do PIB nominal e do PIB real e, o IBGE, responsável institucional por divulgar informações referentes ao PIB, até os dias atuais (Março/2024), não o tinha realizado para o último ano do governo Bolsonaro; deixou-se de fazer a análise referente ao ano 2022.

de 2009, o espaço territorial em análise foi ampliado, com a inclusão dos municípios de Alhandra, Caaporã e Pitimbu. Essa área da RMJP-PB assim constituída, é objeto de análise no capítulo II deste livro.

Assinalamos que, de acordo com a lei estadual complementar número 116, de 21 de janeiro de 2013, foi instituída a Região Metropolitana do Vale do Mamanguape, com sede na cidade de Mamanguape e formada por nove municípios. Esse fato, obviamente, exclui o elemento base constituído por Mamanguape, da Região Metropolitana de João Pessoa na Paraíba. Entretanto isso não resulta em prejuízo para as nossas pesquisas, tendo em vista que seu intervalo temporal, conforme analisado no capítulo II, está compreendido entre os anos de 2000 a 2010.

Com a necessidade de atualizar a presente obra e pelos critérios do IBGE, apresentamos a seguir um novo mapa da Região Metropolitana de João Pessoa na Paraíba, como está delimitado na Figura 2.

Portanto, a RMJP-PB compõe-se por 12 (doze) municípios, que são: Alhandra, Bayeux, Caaporã, Cabedelo, Conde, Cruz do Espírito Santo, João Pessoa, Lucena, Pedras de Fogo, Pitimbu, Rio Tinto e Santa Rita; e está inserida na Mesorregião da Mata Paraibana. Em 2022, de acordo com o IBGE, sua população residente constituía-se por 1.304.280 pessoas.

A distribuição dos municípios por microrregião se estrutura do seguinte modo: Cabedelo, João Pessoa, Bayeux, Santa Rita e Lucena (microrregião de João Pessoa); Cruz do Espírito Santo (microrregião de Sapé); Rio Tinto (microrregião do Litoral Norte); Alhandra, Caaporã, Conde, Pedras de Fogo e Pitimbu (microrregião do Litoral Sul).

Figura 2 – Mapa da Região Metropolitana de João Pessoa na Paraíba, Brasil

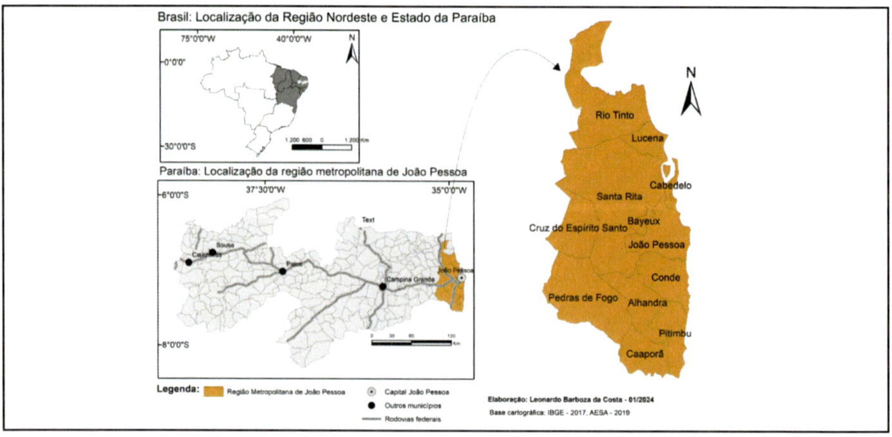

Fonte: Base cartográfica: IBGE - 2017, AESA - 2019

4.2 PARTICIPAÇÃO DOS SETORES ECONÔMICOS NA FORMAÇÃO DO PIB DA RMJP-PB, ENTRE OS ANOS 2002-2021

Tabela 23 – PIB a preços correntes da região metropolitana de João Pessoa-PB: crescimento global e participação relativa dos setores em sua formação

Anos	PIB Nominal (mil reais)	Variação PIB Nominal (%)	Participação setorial (%)			
			Valor agregado na Agropecuária	Valor agregado na Indústria	Valor agregado nos Serviços	Valor agregado nos Impostos
2002	R$ 6.252.183	--	2,4	23,4	60,1	14,1
2003	R$ 7.065.151	13,0	2,9	23,9	59,8	13,4
2004	R$ 7.413.512	4,9	2,7	23,0	60,9	13,3
2005	R$ 8.186.604	10,4	2,6	20,7	62,5	14,2
2006	R$ 9.797.944	19,7	2,4	20,7	63,4	13,4
2007	R$ 10.794.960	10,2	2,0	19,4	65,3	13,4
2008	R$ 12.737.559	18,0	1,7	19,6	65,3	13,4
2009	R$ 14.314.271	12,4	2,0	20,3	64,7	13,1
2010	R$ 15.968.325	11,6	1,7	19,9	64,1	14,3
2011	R$ 17.602.438	10,2	1,9	21,0	62,8	14,4
2012	R$ 20.520.337	16,6	1,5	21,5	62,5	14,5
2013	R$ 22.343.920	8,9	1,5	20,1	63,4	15,0
2014	R$ 25.964.724	15,0	1,4	19,1	65,5	14,0
2015	R$ 26.784.096	4,2	1,3	19,4	66,1	13,2
2016	R$ 27.696.722	3,4	1,6	17,2	68,1	13,0
2017	R$ 29.528.551	6,6	1,3	16,7	68,5	13,5
2018	R$ 30.235.205	2,4	1,4	16,1	68,3	14,3
2019	R$ 32.119.824	6,2	1,2	15,7	68,6	14,5
2020	R$ 32.496.897	1,2	1,4	16,7	67,9	14,0
2021	R$ 36.257.412	11,6	1,4	14,8	67,9	15,9

Fonte: IBGE

A Tabela 23 apresenta o PIB a preços correntes da região metropolitana de João Pessoa-PB, ao longo dos anos 2002-2021 e a participação relativa dos setores econômicos e dos impostos arrecadados, em sua formação. Nota-se a supremacia relativa do setor de serviços, comparativamente aos setores da indústria e da agropecuária. Os estudiosos da ciência econômica afirmam que essa situação é característica da evolução nas economias modernas. A participação relativa da indústria e dos serviços, se elevam e a da agropecuária diminui, na formação do PIB.

Em relação aos impostos, destacamos as magnitudes relativas elevadas em 2010 (14,3%), 2011 (14,4%), 2012 (14,5%), 2013 (15%) e em 2014 (14,0%). Esses anos relacionados referem-se ao término do segundo governo Lula (2010) e ao primeiro governo Dilma (2011-2014). Destacamos também o governo Temer em 2018 (14,3%), e o governo Bolsonaro em 2019 (14,5%), 2020 (14,0%) e em 2021 (15,9%).

4.3 PIB A PREÇOS CORRENTES E PIB REAL NA RMJP-PB, ENTRE OS ANOS 2002-2021

Tabela 24 – Região Metropolitana de João Pessoa-PB: evolução do PIB nominal e do PIB real, entre os anos selecionados de 2002 e 2021 (PIB real a preços constantes do ano 2002)

Mês/Ano	PIP nominal total	Variação relativa (%)	PIB real total	Variação relativa (%)
DEZ. 2002	R$ 6.252.183.000,00	--	R$ 6.252.183.000,00	--
DEZ. 2003	R$ 7.065.151.000,00	13,00	R$ 6.463.968.758,23	3,39
DEZ. 2004	R$ 7.413.512.000,00	4,93	R$ 6.303.642.267,09	-2,48
DEZ. 2005	R$ 8.186.604.000,00	10,43	R$ 6.586.286.624,25	4,48
DEZ. 2006	R$ 9.797.944.000,00	19,68	R$ 7.642.549.936,83	16,04
DEZ. 2007	R$ 10.794.960.000,00	10,18	R$ 8.060.910.195,71	5,47
DEZ. 2008	R$ 12.737.559.000,00	18,00	R$ 8.981.360.348,24	11,42
DEZ. 2009	R$ 14.314.271.000,00	12,38	R$ 9.675.921.414,23	7,73
DEZ. 2010	R$ 15.968.325.000,00	11,56	R$ 10.191.799.457,58	5,53
DEZ. 2011	R$ 17.602.438.000,00	10,23	R$ 10.548.751.218,12	3,50
DEZ. 2012	R$ 20.520.337.000,00	16,58	R$ 11.618.997.297,92	10,15
DEZ. 2013	R$ 22.343.920.000,00	8,89	R$ 11.945.484.246,07	2,81
DEZ. 2014	R$ 25.694.724.000,00	15,00	R$ 12.909.702.334,74	8,07
DEZ. 2015	R$ 26.784.096.000,00	4,24	R$ 12.159.269.143,81	-5,81
DEZ. 2016	R$ 27.696.722.000,00	3,41	R$ 11.829.725.401,75	-2,71
DEZ. 2017	R$ 29.528.551.000,00	6,61	R$ 12.251.039.926,85	3,56
DEZ. 2018	R$ 30.235.205.000,00	2,39	R$ 12.091.331.518,17	-1,30
DEZ. 2019	R$ 32.119.824.000,00	6,23	R$ 12.314.717.278,08	-1,85
DEZ. 2020	R$ 32.496.897.000,00	1,17	R$ 11.920.771.098,51	-3,20
DEZ. 2021	R$ 36.257.412.000,00	11,57	R$ 12.084.421.645,83	1,37

Fonte: IBGE

Como pode-se observar pelos números da Tabela 24 e análise do gráfico 19, a dinâmica do PIB nominal da RMJP-PB, entre os anos selecionados de 2002 e 2021, é distinta, tomando-se como parâmetro cada período de governo vigente no país, examinado no presente trabalho. No percurso dos anos 2002 a 2010, portanto no espaço temporal que abrange os dois primeiros governos do presidente Lula, as variações relativas apresentam-se, em média, com as maiores magnitudes observadas. Chama a atenção, no período 2002 a 2003[41], uma variação relativa de 13%. A menor variação relativa, 4,9%, surge em dezembro de 2004, enquanto a maior, 19,68 %, em dezembro de 2006.

Quando o foco é o PIB real aos preços do ano base 2002, naturalmente, encontra-se uma visão diferente do que ocorre com a dinâmica do PIB nominal. Isso, porque o PIB real está deflacionado, ou seja, não contém os preços de mercado, ao longo do tempo em análise. Assim, de dezembro de 2002 a dezembro de 2003, a variação relativa do PIB real é de 3,39%. Entre os anos 2003 e 2004, há uma queda no produto real de (-2,48%). Perceba-se que ocorre algo de semelhante na dinâmica do PIB nominal nesses mesmos anos, quando sua magnitude passa de 13% entre 2002 e 2003, para uma expressividade de apenas 4,9%, entre os anos de 2003 e 2004. Não há uma queda no produto nominal, mas uma desaceleração em sua dinâmica, naqueles anos. A variável do PIB real expressa sua dinâmica para os anos em pauta, com uma mudança negativa; apresentando uma variação relativa em movimento desfavorável, como descrito em linhas anteriores. Devemos atentar nesse caso, para o tamanho inferior do produto real em 2004, quando comparado com essa mesma variável em 2003. Também é em dezembro de 2006 (como ocorre com o produto nominal), que encontramos a maior variação relativa (16,04%) para o produto real, nesta série temporal analisada.

Portanto, acompanhando nossa análise para o produto real, percebemos que há um ponto de inflexão em dezembro de 2004, quando a variável sai de um patamar negativo e, seguindo uma direção ascendente, se estabelece ao final de 2005 em um nível superior, com uma variação relativa de 4,48%. Ao término do primeiro governo Lula, o patamar do PIB real em nosso espaço territorial é ainda mais elevado, chegando a uma expressividade em sua variação relativa de 16,04%, conforme especificado pelas informações da pesquisa.

---

[41] Registramos que o ano 2002 ainda pertence ao governo do presidente Fernando Henrique Cardoso, mas está incluído nesta série histórica para fins de análises e comparações futuras, relativas ao tema em estudos.

Ao chegarmos em dezembro de 2007, no início do segundo governo Lula, o produto real alcança uma variação relativa de 5,47%, em relação ao ano anterior. Sempre impulsionado por forças políticas e econômicas favoráveis ao crescimento econômico, atinge uma expressividade mais elevada em dezembro de 2008, com 11,42%. A sua dinâmica econômica, embora com desaceleração, apresenta-se em dezembro de 2009, com um aumento relativo de 7,73%. No mesmo diapasão crescente, a nossa variável aparece em dezembro de 2010, com uma expressão relativa de 5,33%, comparativamente ao ano anterior. Assim, ao término do segundo governo Lula, o PIB real da região metropolitana de João Pessoa na Paraíba, como consequência de forças produtivas locais e economia reflexo-periférica, reproduz o que ocorre no país, e alcança valores significativos. Por isso, ousa firmar-se em níveis elevados, na presente série histórica.

É importante registrar que os dois primeiros governos do presidente Lula, incluíram em seus objetivos principais, a busca sistemática pelo desenvolvimento econômico, envolvendo em sua organização, o cuidado pela população mais necessitada. Ou seja, estabelecendo socialmente as pessoas, junto às metas de crescimento econômico do país. Pode-se apreender bem o significado e coesão desses temas, ao se atentar para os seguintes parâmetros, postos em prática pelo governo operário, que então se iniciava:

> Ao identificar país desenvolvido com país sem pobreza, **o governo deu ao combate à miséria um status de eixo de política econômica** e não mais de política compensatória. Definindo-o como grande missão nacional, passou a construir o ideário que sustentou a estratégia de crescimento com inclusão social como factível e adequada às necessidades nacionais. [...] Vislumbraram desde aí as escolhas feitas quanto à alocação do gasto público – **prioridade a transferências monetárias aos mais pobres e aos setores produtivos que serão estimulados, os de bens-salários**. Os meios para atingir a mudança almejada incluíam a intervenção estatal direta e o pacto social, [...] a política industrial foi compreendida como resposta aos estrangulamentos do sistema produtivo, que poderiam decorrer (essa resposta) do aumento da demanda dos mais pobres (COSTA, 2022, p. 52-53, grifos meus).

O pensamento desenvolvimentista para o país, nos primeiros dois governos do presidente Lula, considerou linhas arrojadas, como podem expressar em síntese, os termos que seguem:

> [...] foi trazida uma perspectiva próxima do nacionalismo, procurando-se uma postura menos alinhada aos EUA. **Coerente com a escolha de crescimento via consumo interno**, aproximou-se de países em desenvolvimento, nos quais commodities e industrializados de baixa intensidade tecnológica poderiam encontrar mercados. [...] privilegiou o MERCOSUL, países asiáticos e africanos em desenvolvimento. A diversificação de parceiros e o destaque à China podem estar na raiz do baixo impacto da crise internacional no país. [...] **Desenvolvimento inclusivo, ao envolver simultaneamente crescimento e distribuição, representou uma aposta de que não há antagonismo necessário entre política social e econômica**. A ideia de uma inserção internacional não subordinada convergiria para mesma perspectiva. Ambas as ideias expressariam **mudança nos termos do debate recente e uma retomada da visão cepalina, que não chegou a ser experimentada no país por tempo suficiente** (COSTA, 2022, p. 54-55, grifos meus).[42]

Portanto, a dinâmica do produto real, conforme descrita em linhas anteriores no espaço territorial considerado em nossas análises, apenas traduzem as consequências de metas e objetivos do governo, entrelaçadas às ações de todos os outros agentes (tanto internos, quanto externos) da economia, entre 2003 e 2010. Ainda que essa situação de ascendência econômica esteja relacionada a um subconjunto brasileiro, podemos afirmar que são – de fato – consequências de forças governamentais, políticas e econômicas, tanto em âmbito local, quanto um reflexo das atividades que compõem a economia brasileira, como um todo. Ressaltando no contexto dessas atividades, as iniciativas do governo central, naquele período.

No conjunto de iniciativas governamentais à época, podemos observar que, segundo (CARVALHO, 2018, p. 19); além da distribuição de renda na base da pirâmide, a política econômica teve dois outros pilares que alimentariam esse processo de crescimento mais inclusivo e com grande apelo junto à opinião pública: maior acesso ao crédito e maiores investimentos públicos em infraestrutura física e social.

No que diz respeito ao processo distributivo de renda efetivado, é pertinente registrar como segue:

---

[42] Sobre o tema da distribuição, o autor discute o que ocorre com a Renda que é distribuída por classes do salário mínimo, no capítulo II, da presente edição. Assim, "observa-se o detalhamento da análise, que indica uma transferência de renda -em favor dos que estão na base da pirâmide-, entre os que recebem rendimentos do trabalho, na Região Metropolitana de João Pessoa-PB" (LIMA, 2024, p. 164).

> Criado em 2003 pelo governo federal, o Programa Bolsa Família atendia 3,6 milhões de famílias em janeiro de 2004. Em 2010, o número de beneficiados já chegava a 12,8 milhões. [...], **o programa foi responsável por uma redução substantiva nos índices de pobreza, e, assim, na desigualdade de renda no Brasil.** Os estudos econométricos especializados sugerem que entre 10 e 31% da queda no índice de Gini, que mede a desigualdade, deveu-se aos efeitos desse programa. O salário mínimo, que já vinha ganhando poder de compra desde 1995, com o controle da inflação, se valorizou mais rápido a partir de 2005, como mostra a Tabela I, na página 12, **[do citado autor]**. [...] **a lei de valorização do salário mínimo, que estabeleceu reajustes anuais para repor a inflação do ano anterior** e a média do crescimento do PIB dos dois anos anteriores, só tenha sido aprovada em 2011, **o governo passou a aplicar a regra, na prática, desde 2008, por meio de medidas provisórias.** [...] a principal mudança distributiva no período pode ser analisada por meio das alterações no grau de disparidade entre as remunerações dos diferentes trabalhadores do mercado formal. [...] **o índice de Gini para salários** passa por uma redução substancial e contínua **nos anos 2000, o que indica queda da desigualdade salarial.** E essa redução se dá sobretudo na base da distribuição: o salário dos 10% mais pobres aumenta em relação ao salário médio ou mediano (CARVALHO, 2018, p. 19, 20 e 21, grifos meus).

Ao se analisar a distribuição de renda feita no Brasil, nos dois primeiros governos do presidente Lula, considerando especificamente a distribuição funcional da renda, é importante verificar em suas alterações, que ela,

> [...] mede o quanto da renda gerada no país fica com os capitalistas sob a forma de lucros e o quanto fica com os trabalhadores sob a forma de salários e outras remunerações do trabalho. Nota-se que, entre 2001 e 2004, a fatia dos lucros na renda nacional cresceu de forma contínua, passando de 45,2% para 47,5%. **A partir daí, a participação dos rendimentos do trabalho na renda total aumentou a cada ano**, à exceção de 2010, **passando de 52,5% em 2004 para 57,4% em 2013** (CARVALHO, 2018, p. 21, grifos meus).

Assim, com o foco nessas questões distributivas da renda, nos períodos relacionados dos anos 2000, percebe-se também que, concorrente aos movimentos da economia brasileira:

> As altas taxas de crescimento da economia chinesa e sua demanda crescente pelas chamadas commodities (como petróleo, minérios e produtos agrícolas) tiveram impacto positivo e beneficiaram o conjunto das economias latino-americanas no alvorecer do século XXI. Essa sorte explica boa parte do que o economista Edmar Bacha denominou **Milagrinho brasileiro**: nossa economia saltou de uma taxa anual de crescimento média de 2,1% nos anos 1980 e 1990 para **3,7% na década de 2000** (CARVALHO, 2018, p. 13, grifos meus).

O Brasil já passou por outros períodos de crescimento econômico, em sua história. No século XX, por exemplo, podemos observar que, de acordo com (CARVALHO, 2018, p. 22), o chamado Milagre econômico do período 1968-73 da ditadura militar teve taxas mais altas de crescimento do que as do Milagrinho, mas acompanhadas pela ampliação das desigualdades. No período entre 2006 e 2010 (século XXI), o crescimento maior trouxe consigo uma redução das desigualdades.

Como podemos constatar em linhas anteriores do presente trabalho, há essa importante diferenciação entre os períodos de crescimento relacionados à economia brasileira. Assim, em princípios do século XXI,

> Ao provocar um aumento mais acelerado dos salários nas ocupações que exigiam menor qualificação, tais alterações no padrão de consumo e na estrutura produtiva colaboraram com o círculo virtuoso de dinamismo do mercado interno e do mercado de trabalho que vigorou até 2010. [...] o processo de redução de desigualdades no Brasil durante esse período explica-se, essencialmente, por mudanças na base da pirâmide, resultado em boa parte das políticas de transferência de renda e de valorização do salário mínimo. Essas transformações, por sua vez, repercutiram no padrão de consumo das famílias brasileiras: produtos e serviços antes consumidos apenas pelos mais ricos passaram a ser consumidos também pela população de baixa renda (CARVALHO, 2018, p. 23).

Sobre a pertinência do acesso ao crédito, enquanto multiplicador de bem-estar, registra-se naquele período de governo, os trechos a seguir, que esclarecem a níveis detalhados, o início dessas operações, a partir do ano 2002:

> O país também passou por um processo expressivo de inclusão financeira. O saldo acumulado de operações de crédito, que representava 25,5% do PIB em janeiro de 2002, alcançou 49,2% do PIB em dezembro de 2012. Dentro desse total, o

> saldo da carteira de crédito de pessoas físicas aumentou dez pontos percentuais em relação ao PIB nos últimos dez anos, **passando de 14% em março de 2007 para mais de 24,9% em dezembro de 2016. Esse crescimento foi muito mais rápido entre 2003 e 2009** do que no período seguinte, que se inicia em 2010 (CARVALHO, 2018, p. 25, grifos meus).

Acrescente-se que, nesse diapasão coordenado pelas ações governamentais, de acordo com (Carvalho, 2018, p. 26), existe espaço para uma expansão do chamado crédito direcionado – concedido primordialmente pelos bancos públicos para financiamento habitacional e rural. [...], o crédito direcionado se dá, de forma geral, com taxas de juros mais baixas e prazos maiores, tal como determinado por políticas públicas.

Portanto, nas implementações de políticas referentes à inserção do crédito, como um elemento positivo de estímulo ao consumo interno, observamos que:

> No caso brasileiro, **a expansão do crédito deu-se concomitantemente ao incremento da renda e do emprego**. A modalidade de crédito consignado, em particular, fixa a parcela da renda que pode ser destinada ao pagamento de juros e amortizações. **É uma das formas mais seguras de tomada de empréstimos. O acesso maior ao crédito**, combinado à redução de desigualdades e crescimento do emprego, r**eforçou o dinamismo do consumo das famílias e do mercado interno durante o período do Milagrinho** (CARVALHO, 2018, p. 27, grifos meus).

Finalmente, pode-se confirmar que, no espaço temporal selecionado para estudos:

> [...] **o investimento público** passou por um período de grande expansão nos anos do Milagrinho, **tornando-se o principal motor de crescimento de nosso mercado interno**. [...] entre 2006 e 2010, o investimento do governo central cresceu em média 27,6% ao ano, já descontando a inflação. [...] a Operação Tapa-Buracos, por exemplo, destinou 407 milhões de reais para a manutenção de rodovias federais, o que corresponderia a um valor de cerca de 770 milhões aos preços de 2017. Mas a forte expansão dos investimentos do governo federal durante o período do Milagrinho deveu-se em boa parte ao Programa de Aceleração do Crescimento (PAC), lançado em janeiro de 2007, logo após a reeleição de Lula (CARVALHO, 2018, p. 27, 28, grifos meus).

Assim, a razoável implementação de políticas públicas no período em epígrafe, apresentou resultados práticos em benefício da população e ao desempenho da economia brasileira. O mérito dessas atividades governamentais, pode-se afirmar, não ocorreu de forma desnorteada, mas foi pensado em estudos programáticos de governo e, ao que parece, fundamentando-se em aspectos científicos. Pois que,

> Há vasta evidência empírica de que **os investimentos públicos** têm grande capacidade de induzir investimentos privados, pois **dinamizam o mercado interno e recuperam as expectativas das empresas sobre a demanda futura. O chamado efeito multiplicador**, que mede o avanço da renda nacional e a criação de empregos resultante de um aumento em um componente autônomo do gasto, **costuma ser maior para os investimentos públicos** do que para gastos do governo com compras ou pagamento de funcionários, por exemplo. A razão é simples: **esses investimentos induzem outros investimentos e geram emprego e renda no conjunto da economia, estimulando também um maior consumo das famílias** (CARVALHO, 2018, p. 29, 30, grifos meus).

Na RMJP-PB, entre 2011 e 2014, – primeiro governo Dilma – observamos igualmente, altas variações relativas na dinâmica do produto a preços correntes. O destaque aparece em dezembro de 2012, com 16,58%, enquanto em dezembro de 2013 a expressão relativa do PIB nominal surge com a menor magnitude (8,89%), nesses quatro anos relacionados.

O produto real nesse mesmo período, apresenta uma evolução positiva, com destaque para o ano de 2012, quando se expressa com 10,15% em relação ao ano anterior. Em dezembro de 2013, no entanto, experimenta uma desaceleração em seu ritmo de crescimento e aparece com apenas 2,81%, destoando bastante da expressividade relativa, anteriormente apresentada. No entanto, volta a crescer em 2014, agora com taxas crescentes, tendo em sua evolução, uma magnitude de 8,07%.

De acordo com a Tabela 24, em dezembro de 2011, o produto real do espaço geográfico em debate, havia crescido relativamente, apenas 3,50% e, ao final de 2015, experimentou uma queda de (-5,81%). Tendo em mente, segundo (CARVALHO, 2018, p. 41), que: dada a desaceleração da economia iniciada em 2011 e a crise em que o país mergulhou em 2015; é razoável a RMJP-PB, enquanto uma economia reflexa do país, apresentar as variações relativas descritas acima, no período analisado.

Portanto, observamos que, no transcorrer dos acontecimentos econômicos do período em tela, quando se estabeleceu o primeiro governo Dilma, podemos destacar o que segue:

> Após fechar o ano de 2013 em 5,91%, a inflação medida pelo IPCA chegou em setembro de 2014 a 6,75% no acumulado em doze meses. Essa aceleração da inflação, em boa parte causada pela alta do dólar, se deu em meio a uma desaceleração da economia, que havia fechado o ano de 2013 com 3% de crescimento real, mas cresceu em 2014 apenas 0,5%, a menor taxa anual desde a crise internacional de 2008-9. A desaceleração pôde ser observada em todos os componentes do PIB. O consumo das passou de um crescimento de 3,5% em 2013 para 2,3% em 2014. A formação bruta de capital fixo, que teve em 2013 o seu melhor ano desde o início do governo Dilma (tinha crescido 5,8%), caiu 4,2% em 2014. Já as exportações, que cresceram 2,4% em 2013, sofreram retração de 1,1% em 2014. Além da ineficácia da política econômica em gerar os estímulos prometidos, o Brasil também sofreu os impactos de uma queda brusca no preço das commodities. Entre junho e dezembro de 2014, o índice de preço das commodities divulgado pelo FMI sofreu queda acumulada de 29,3%. Uma queda que, aliás, chegou a ser 55%, antes de ser interrompida em janeiro de 2016. Apesar da inflação mais alta e do crescimento menor, **(isso ocorre)** em meio ao desemprego ainda baixo e estável. No terceiro trimestre de 2014, a taxa de desocupação medida pela PNAD Contínua foi de 6,8%, ante 6,9% no mesmo trimestre de 2013 e 7,1% no mesmo trimestre de 2012 (CARVALHO, 2018, p. 95, 96, grifo meu).

É importante refletir que, no meio dos problemas enfrentados pelo governo posterior ao segundo mandato de Lula, a literatura de economia brasileira à época, dentre outras coisas, registra o impacto causado pela inflação de serviços. Assim,

> Esse tipo de inflação, causado por ganhos salariais de certas categorias de trabalhadores, foi sentido sobretudo pelos trabalhadores cujos salários cresciam menos –**aqueles que se encontravam no meio da pirâmide**. Não à toa, são essas as classes sociais que começam a queixar-se do encarecimento do trabalho doméstico, dos cabeleireiros, da construção civil. **Nesse sentido, o descontentamento dessas classes** e a participação delas nos protestos de junho de 2013 e nas manifestações em favor do impeachment da presidente

> Dilma Rousseff em 2015 e 2016 **têm bases materiais**. Ainda que todas as classes tenham se beneficiado do processo de crescimento dos anos 2000, **sua posição relativa mudou**. Em alguma medida, o que era inflação para uns, foi ganho de renda para outros. [...] Quando **a disputa** entre trabalhadores e empresários **pela participação na renda total aumenta**, abre-se uma espiral inflacionária de reajustes de salários e preços (CARVALHO, 2018, p. 46, 47, grifos meus).

De outro lado, quando nos reportamos à competitividade da indústria brasileira, considerada frágil pelos estudiosos da questão; registra-se que, em princípio do primeiro Governo Dilma, emanava-se uma mentalidade, propugnando-se a mudança de modelo econômico, para o Brasil. Diante da situação conjuntural no período,

> [...] a defesa da redução de juros e da desvalorização do real veio associada à defesa de um ajuste fiscal que ajudasse a controlar a demanda doméstica e os preços. [...] a mudança envolveria **substituir uma política fiscal expansionista** (crescimento de gastos e investimentos públicos) **e uma política monetária contracionista** (juros altos) **por uma política fiscal contracionista** (cortes de gastos e investimentos públicos) **e uma política monetária mais frouxa** (juros mais baixos), **que facilitasse a desvalorização da moeda**. [...] Ao invés do mercado interno e do consumo, o centro do modelo seria o melhor aproveitamento do mercado externo e os investimentos (Carvalho, 2018, p. 56, grifos meus).

É pertinente observar que, em busca do crescimento econômico,

> [...], o então secretário de Política Econômica, Márcio Holland, atribuiu o baixo crescimento da economia no ano de 2012 ao que seria uma fase de transição do país, o que chamou de "Nova Matriz Econômica". De acordo com Holland, 'essa matriz combina juro baixo, taxa de câmbio competitiva e uma consolidação fiscal amigável ao investimento', o que, junto com uma 'intensa desoneração dos investimentos e da produção', garantiria a retomada do crescimento. O termo criado por Holland passou a ser utilizado por economistas liberais para denominar o modelo de política econômica do primeiro governo Dilma, **que muitas vezes é associado erroneamente aos ideais da esquerda** (CARVALHO, 2018, p. 58, grifos meus).

De fato, houve a implementação de medidas econômicas, estritamente de acordo com as exigências pretendidas no período examinado. Essa programação

> [...] envolveu a redução de juros, a desvalorização do real, a contenção de gastos e investimentos públicos e uma política de desonerações tributárias cada vez mais ampla, além da expansão do crédito do BNDES e o represamento das tarifas de energia. Pode-se dizer com segurança que os resultados de sua adoção foram desastrosos. A desaceleração da economia e a deterioração fiscal que se seguiram acabaram criando as condições para uma segunda mudança de modelo a partir de 2015, desta vez levando ao abandono do pouco que havia sobrado dos pilares de crescimento do Milagrinho (CARVALHO, 2018, p. 59).

Apesar de toda uma mudança na política de governo, atendendo a essas novas exigências sobre a implementação de outro modelo econômico e a necessidade de fortalecer o setor industrial brasileiro, no sentido de atualização em tecnologias próprias, para fornecer a devida oferta à demanda interna; as mudanças realizadas no período, não surtiram um efeito desejado. Como vimos, paralelo a esses fatos econômicos, a dinâmica do produto real no âmbito da região metropolitana de João Pessoa-PB, parece acompanhar a trajetória do que ocorreu no Brasil, no mesmo espaço temporal.

O segundo governo Dilma Rousseff – com mandato para os anos 2015 a 2018 –, teve o seu curso interrompido por um golpe institucional, quando forças políticas de ultra direita no Brasil[43], descontentes com os rumos políticos em seu território, instigaram movimentos contrários às ações de sua administração. Esses movimentos repercutiram no país, culminando na abertura do processo de impeachment em maio de 2016, pelo presidente da câmara dos deputados à época, Eduardo Cunha. O processo foi concluído em agosto daquele mesmo ano, quando a presidente Dilma Rousseff teve o seu mandato cassado. Essas questões políticas interferiram significativamente, levando o país a um baixo desempenho econômico, naquele período.

Assim, na RMJP-PB, em dezembro de 2015, a variação relativa do PIB a preços correntes em relação ao ano anterior, apresentou-se com 4,24%. O ano 2016 foi bastante conturbado, do ponto de vista político e, em consequência, resvalou no desempenho econômico do país. As movimentações políticas afetaram de uma forma tão acentuada o governo, que pareciam impedi-lo

[43] Ver, por exemplo: CARVALHO, Laura. **Valsa brasileira**: do boom ao caos econômico. 1. ed. São Paulo: Todavia, 2018. 192 p.

de agir livre e autonomamente, enquanto presidente da nação. Essa situação política trouxe em seu bojo, claros prejuízos para o Brasil.

Para corroborar esse pensamento, chamo em seu auxílio o fato de que, antes mesmo do impeachment relacionado em linhas anteriores, haviam sido postas em prática, segundo (CARVALHO, 2018, p. 97) medidas de ajuste divulgadas entre o fim de 2014 e o início de 2015, que incluíam uma redução de 58 bilhões de reais nos gastos com o PAC; conjuntamente com outras medidas de alterações de regras em despesas de seguro-desemprego, abono salarial e auxílio doença; além de outras. Pesaram também as questões políticas contrárias ao governo eleito e estabelecido por normas democráticas, no país. Dessa forma,

> [...] as políticas fiscal e monetária não foram os únicos fatores a contribuir para transformar a desaceleração econômica dos anos 2011-4 em uma das maiores crises de nossa história. A crise política, os efeitos da Operação Lava Jato sobre os setores de construção civil e petróleo, a forte desvalorização do real e a queda dos preços dos produtos que exportamos também contribuíram para o trágico desempenho da economia brasileira em 2015 (CARVALHO, 2018, p. 98).

Portanto, em dezembro de 2016 – na prática, o Temer no poder, desde a abertura do impeachment –, a variação relativa do PIB nominal no espaço geográfico estudado, em relação à 2015, apresentava-se com apenas 3,41%.

O governo Michel Temer, diante das conotações políticas referidas, assumiu oficialmente em 31/08/2016 e governou o Brasil, até 31/12/2018. Houve uma mudança radical no seu programa de governo, em relação ao que fora aprovado para o governo anterior, com o PT à frente das ações políticas. E, a direção político-econômica seguida, a partir de então, encaminhou-se para tendências neoliberais; em geral, desfavoráveis ao trabalhador. Em dezembro de 2017 a variação relativa do PIB nominal na RMJP-PB em relação à 2016, foi de 6,61% e, em dezembro de 2018, relativamente à 2017, de apenas 2,39%.

Em relação ao debate político, que parecia suplantar as discussões e ideias econômicas, é interessante que se reflita mais profundamente, sobre as anotações que se seguem:

> [...] se a política de ajuste fiscal do governo Dilma só vinha contribuindo para minar as expectativas de crescimento[...], as propostas de Temer já apontavam para um cenário ainda pior. O programa Uma Ponte para o Futuro apresentado pelo vice-presidente Michel Temer a empresários paulistas ainda em

> dezembro de 2015 já soava como um túnel para o passado. As propostas partiam do diagnóstico de que o ajuste fiscal conjuntural era insuficiente, pois os direitos adquiridos pela sociedade brasileira no período de redemocratização já não caberiam no Orçamento público. Em vez de imaginar estratégias para sanar os problemas fiscais pela via do crescimento econômico, da preservação de empregos e da redução da conta de juros, o programa do PMDB [...] foi seguido à risca, começava com a flexibilização de leis trabalhistas, o fim da obrigatoriedade de gastos com saúde e educação e a desindexação de benefícios previdenciários ao salário mínimo. O texto também afastava a hipótese da elevação de impostos como caminho para o ajuste das contas públicas (CARVALHO, 2018, p. 109).

De fato,

> O Brasil fechou o ano de 2016 com um déficit primário de 2,47% do PIB (contra 1,88% em 2015) –**o pior resultado desde que começou a atual medição, há quinze anos**. Em termos absolutos, o déficit de 155,791 bilhões de reais ainda ficou abaixo da meta estabelecida pelo governo, de 163,942 bilhões de reais, **graças ao aporte extraordinário de uma operação de repatriação de recursos no exterior**. As estimativas de resultado primário estrutural de Orair e Gobetti sugerem que, retirados os efeitos do ciclo econômico sobre a arrecadação, **houve expansão fiscal em 2016, ao contrário de 2015**. No entanto, **o crescimento dos investimentos públicos** observado em 2016 (13,5%), por exemplo, **deveu-se sobretudo ao pagamento de um volume substancial de 'restos a pagar' referente a obras realizadas anteriormente** (CARVALHO, 2018, p. 119, grifos meus).

Assim, a marca registrada do governo Temer, após o golpe institucional no Brasil em 2016, parece ter sido a PEC do 'teto de gastos', uma vez que:

> [...] a regra garantia por meio de uma alteração na Constituição é que, independentemente de quanto se arrecadasse no futuro, o debate econômico e o conflito distributivo sobre o orçamento público ficariam restritos por dez ou vinte anos a uma disputa sobre um total já reduzido de despesas primárias, na qual os que detêm maior poder econômico e político saem vencedores (CARVALHO, 2018, p. 119, 120).

Observe-se que, na região metropolitana de João Pessoa-PB, o produto real naquele período – espaço temporal de 2015 a 2018 –, apresentou-se negativo em dezembro de 2015 (-5,81%) e dezembro de 2016 (-2,71%). No crepúsculo do ano 2017 voltou finalmente a crescer, tendo como expressividade uma variação relativa de 3,56%, para, em seguida (dezembro de 2018), apresentar uma queda relativa avaliada em (-1,30%). Assim, como resultado das forças econômicas empregadas, das movimentações políticas já mencionadas e, tendo a nossa economia periférica enquanto reflexa dos acontecimentos no país, pode-se afirmar que houve um retrocesso econômico, no período em análise.

O governo Bolsonaro, eleito por uma letargia popular em 2018, representou no poder executivo do país, uma política identificada com a ideologia de extrema direita. A sua administração no período de 2019 a 2022, não se importou com as aspirações sociais que se propagavam, no seio da população nacional. O que, seguramente, trouxe ao Brasil um rastro mais acentuado nas desigualdades. Assim, naquele governo, abre-se uma lacuna à implementação de políticas adequadas às necessidades de educação e desenvolvimento, dirigidas a melhorias da sociedade como um todo.

Devemos atentar para o detalhe de que,

> No Brasil, a face mais radical do neoliberalismo foi retomada a partir do governo Michel Temer (2016-2018), que, entre outras coisas, realizou uma ampla reforma trabalhista (JUSTEN; GURGEL, 2021), aprovou uma rígida regra fiscal na forma da Emenda Constitucional número 95 (que estabelece um teto para a despesa primária do governo central), e encaminhou ao Congresso Nacional uma reforma previdenciária. **O governo de Jair Bolsonaro (2019-2022) deu segmento a este padrão** (ARAÚJO, 2023, p. 5, grifo meu).

Registre-se que:

> Em seu discurso durante a transmissão do cargo, Guedes (**Ministro da Economia**) diagnosticou o desequilíbrio fiscal como principal causa da crise econômica, comprometendo-se com uma agenda de consolidação fiscal que incluía a manutenção do teto de gastos e reformas previdenciária e tributária. Além disso, também anunciou outras medidas visando reduzir o gasto público e limitar o alcance do Estado brasileiro, como as privatizações e a reforma administrativa (ARAÚJO, 2023, p. 5, grifo meu).

Em dezembro de 2019, o PIB a preços correntes na RMJP-PB apresentou uma variação de 6,23%, em relação a dezembro de 2018. A seguir, de dezembro de 2019 a dezembro de 2020, essa mesma variável expressou-se relativamente com apenas 1,17%; mostrando uma clara desaceleração no crescimento de sua magnitude. Entre dezembro de 2020 e dezembro de 2021, o produto a preços correntes da RMJP-PB cresceu 11,57%, mostrando um percurso diferente para a tendência de desaceleração, apresentada no ano anterior. Essa inversão na trajetória do produto nominal carece de um melhor entendimento, face à situação de caos na saúde, enfrentada pelo país, pelo espaço geográfico em relevo e pelo planeta. Estávamos diante da pandemia Covid - 19, em seus momentos de auge e, naturalmente, houve gastos do governo. Estávamos também em período que antecedia as eleições presidenciais no Brasil, portanto, de pretensões políticas na reeleição do governo Bolsonaro. E, nessa outra situação, também houve gastos do governo. Em sendo assim, esses gastos governamentais (na pandemia, com a Covid-19 e na tentativa da reeleição), tiveram influência direta, nessa expressão relativa da variável em pauta, ao final do ano 2021[44].

O certo é que, o governo Bolsonaro seguiu à risca o folhetim de um regime neoliberal, realizando reformas (da previdência e trabalhista) e privatizações (vendas de empresas) e, não se importando com a situação de bem-estar do trabalhador, mas colocando o seu governo (no mundo do trabalho), guiando-se pelas normas de uma ideologia neoliberal. Portanto,

> Os quatro anos do governo de Jair Bolsonaro (2019-2022) registraram um desempenho econômico incapaz de superar a longa crise econômica iniciada em 2015. [...] A despeito da recuperação do nível de atividade ao longo do terceiro ano de seu governo, os efeitos da crise econômica se faziam sentir na forma de taxas de inflação e desemprego elevadas, e altas taxas de informalidade no mercado de trabalho. [...] Para atenuar esses impactos, nos primeiros meses do último ano de seu mandato, o governo determinou a ampliação das políticas de transferência de renda, reformulando e elevando o valor do Bolsa Família (rebatizado de auxílio Brasil), e desonerando os combustíveis para forçar a redução de seu preço, atenuando a inflação (ARAÚJO, 2023, p. 1).

Contudo, é relevante observarmos que:

> Ao término do governo Bolsonaro, os índices de atividade econômica apontam para uma recuperação do PIB para níveis

[44] Até os dias atuais (março/2024), o IBGE não divulgou dados conclusivos para o PIB de 2022, nos municípios que compõem a região metropolitana de João Pessoa-PB. Em consequência não temos análises para o período Dez/2021 a Dez/2022.

> pré-pandemia, mas quando desagregados por setores de atividade indicam um padrão heterogêneo de recuperação, mais vigorosa nos setores agropecuário e de serviços, e lenta na indústria de transformação. Do ponto de vista da demanda, o consumo das famílias e do governo ainda se encontram em patamares inferiores ao pré-pandemia. Finalmente, os indicadores apontam para a persistência da longa crise e estagnação iniciada em 2015. É marcante o desempenho da indústria de transformação, que no máximo conseguiu uma modesta expansão no governo Temer (2017-2018) desde a desaceleração iniciada em 2011. Pelo lado da demanda, o consumo das famílias não tem sido capaz de reproduzir as taxas alcançadas entre 2003 e 2010 (ARAÚJO, 2023, p. 14).

Examinando a dinâmica do produto real no período de 2019 a 2021 constatamos variações relativas de menor expressão naqueles anos, quando comparadas às que ocorrem nos dois governos Lula e no primeiro governo Dilma; tendo como parâmetro, obviamente, o conjunto universo da série histórica examinada (anos 2002 a 2021). Pela Tabela 24, tem-se que: em dezembro de 2019, a variável em pauta obteve uma expressividade mensurada em 1,85%. Em dezembro de 2020 apresentou uma queda relativa de (-3,20%). Em seguida (dezembro de 2021), expressou um crescimento relativo de apenas 1,37%. Portanto, nessas análises e, de acordo com os dados relatados nesta pesquisa, pode-se afirmar que a evolução da economia real na RMJP-PB, apresentou um ritmo de mudanças ao longo dos anos 2019 e 2021; em proporções menos elevadas no seu produto real, considerando os preços do ano base em 2002.

No Gráfico 19 estão representadas as trajetórias evolutivas dos produtos nominal e real da RMJP-PB, ao longo dos anos 2002 a 2021, século XXI. Nesses anos relacionados, assinalamos a presença dos avanços e das incorporações tecnológicas em suas dinâmicas econômicas, no espaço territorial em tela. Conforme destacado no presente estudo, a linha do PIB real, posicionada abaixo da linha do PIB nominal, expressa o fato de que, a primeira variável está deflacionada. Ou seja, o PIB real não sofre qualquer influência dos preços de mercado em suas variações, no período temporal escolhido para exames.

De outro ângulo, ao focarmos nossa atenção na dinâmica do produto real a partir de 2014 (ponto máximo da variável), observamos nitidamente que sua trajetória – no percurso posterior até o ano selecionado de 2021 –, está abaixo daquele nível atingido. Significando que em 2015, no segundo governo Dilma, nos governos Temer e Bolsonaro; o nível do produto real, na economia do espaço territorial em destaque, não voltou ao nível atingido em 2014. A linha tracejada permite essa visualização, e alarga uma compreensão de que, os parâmetros econômicos examinados, em tendência, caminharam na direção apontada pela presente análise.

Gráfico 19 – Região metropolitana de João Pessoa-PB: PIB nominal e PIB real a preços constantes do ano 2002. Série histórica, anos 2002 a 2021

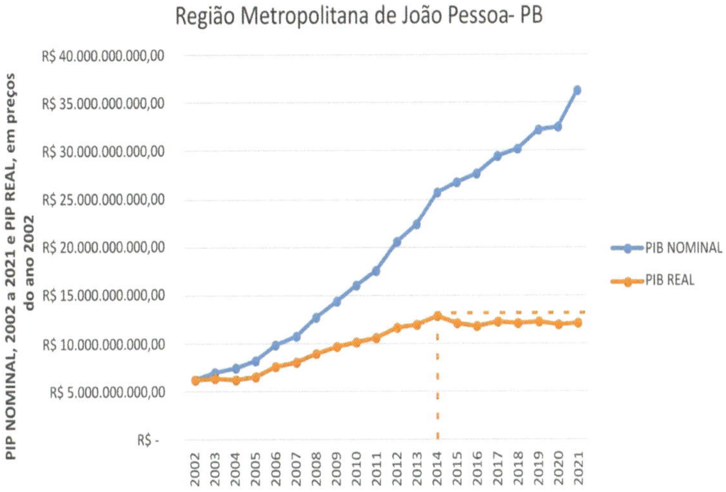

Fonte: IBGE

4.4 EMPREGO FORMAL OU ORGANIZADO NA REGIÃO METROPOLITANA DE JOÃO PESSOA-PB, NOS ANOS SELECIONADOS DE 2011 E 2019

Esta parte do livro é dedicada ao registro das mudanças no emprego formal ou organizado, levando em consideração o que ocorre nos setores produtivos da economia (informações de atividades agregadas) e, em seguida, na indústria de transformação, com os dados distribuídos pelos diversos ramos de produção, no período selecionado.

Tabela 25 – Região Metropolitana de João Pessoa-PB – emprego organizado segundo os setores da economia, anos 2011 e 2019

Atividades	Ano 2011		Ano 2019		Variações	
	Absoluto	%	**Absoluto**	%	**Absoluta**	**Relativa (%)**
Extrativa mineral	190	0,1	269	0,1	79	41,6
Indústria de transformação	39.941	11,2	32.614	9,4	-7.327	-18,3
Serviços industriais de utilidade pública	5.293	1,5	4.509	1,3	-784	-14,8
Construção civil	31.223	8,8	14.746	4,2	-16.477	-52,8
Comércio	46.870	13,2	54.205	15,6	7.335	15,6
Serviços	86.309	24,2	122.196	35,2	35.887	41,6
Administração pública	139.251	39,1	110.994	32,0	-28.257	-20,3
Agropecuária	7.163	2,0	7.571	2,2	408	5,7
Total da RMJP	**356.240**	**100**	**347.104**	**100**	**-9.136**	**-2**

Fonte: Ministério do Trabalho e Emprego, RAIS – 2011 e 2019

Estão selecionados os anos de 2011 e 2019 para identificar, no território em pauta, o início do governo Dilma (filosofia do bem-estar social) e Bolsonaro (ideário neoliberal); tendo em mente o emprego dessas diferentes ideologias. De acordo com a Tabela 25, a agropecuária (setor primário da economia), com 7.163 trabalhadores inscritos no mercado formal de trabalho na região metropolitana de João Pessoa-PB, em 2011, aponta para um nível de apenas 2,0% no total de sua economia formal.

O setor secundário (extrativa mineral, indústria de transformação, serviços industriais de utilidade pública e construção civil) corresponde a 21,6% das atividades agregadas, em nossa unidade regional. Este nível de atividade o mantém em segundo lugar entre os setores, no conjunto do emprego formal ou organizado. O destaque segue para a indústria de transformação, com 11,2% no total regional. Naquele ano de 2011, como se vê pelas informações constantes na tabela examinada, o total de trabalhadores no emprego formal corresponde a 356.240 pessoas.

O setor terciário, ali representado pelas atividades do comércio, dos serviços e da administração pública é o de maior peso relativo, com 76,5%

das atividades produtivas. O destaque vai para a administração pública com 39,1%, e para os serviços, que representam 24,2% no total. O comércio reflete suas atividades em 13,2% do conjunto global, na região metropolitana de João Pessoa-PB.

Considerando o ano 2019 e as prováveis alterações nas variáveis agregadas, pode-se observar que, em linhas gerais, a configuração dos setores genéricos da economia se assemelha ao ano de 2011. Ou seja, o setor terciário permanece o de maior peso relativo (82,8%), seguido pelo setor secundário (15%), enquanto o setor primário corresponde à diminutos 2,2%.

No entanto, devemos observar as mudanças significativas nas atividades desenvolvidas pelos setores da economia. Com exceção da extrativa mineral (setor secundário), do comércio (setor terciário), dos serviços (setor terciário) e da agropecuária (setor primário), ocorrem perdas absoluta e relativa em todas as outras atividades produtivas, no espaço territorial em análise. Essas perdas significam exclusão de cargos que estavam ocupados e, agora estão vagos. Ou seja, o desemprego ocorrendo, com o mercado de trabalho enfraquecendo e a economia perdendo seu aquecimento natural. E, conjuntamente, ocorrendo a substituição de homens por máquinas e a mobilidade da mão de obra entre os setores.

Tabela 26 – Região Metropolitana de João Pessoa-PB: composição do emprego formal na indústria de transformação, anos 2011 e 2019

Atividades	Ano 2011		Ano 2019		Variações	
	Absoluto	**%**	**Absoluto**	**%**	**Absoluta**	**Relativa (%)**
Minerais não metálicos	3.697	9,3	3.291	10,1	-406	-11,0
Metalurgia	941	2,4	987	3,0	46	4,9
Mecânica	685	1,7	535	1,6	-150	-21,9
Eletrônica e de comunicação	31	0,1	85	0,3	54	174,2
Material de transporte	34	0,1	39	0,1	5	14,7
Madeira e mobiliário	1.501	3,8	1.324	4,1	-177	-11,8
Papel e gráfica	2.471	6,2	1.644	5,0	-827	-33,5
Borracha, fumo e couros	1109	2,8	525	1,6	-584	-52,7
Indústria química	6.841	17,1	6.994	21,4	153	2,2
Indústria têxtil	6.847	17,1	5.611	17,2	-1.236	-18,1
Indústria de calçados	3.294	8,2	2.774	8,5	-520	-15,8
Alimentos e Bebidas	12.490	31,3	8.805	27,0	-3.685	-29,5
Total da RMJP	**39.941**	**100,0**	**32.614**	**100,0**	**-7.327**	**1,9**

Fonte: Ministério do Trabalho e Emprego, RAIS – 2011 e 2019

Quando o foco de análise é direcionado à indústria de transformação (Tabela 26), pode-se observar que, dentre os ramos produtivos que compõem essa atividade, em 2011, há destaques para alimentos e bebidas (31,3%), indústria têxtil e indústria química, ambos com 17,1% do total, e, minerais não metálicos (9,3%).

No ano 2019, são esses mesmos ramos produtivos que se sobressaem na indústria de transformação regional examinada. Alimentos e bebidas (27,0%); indústria têxtil (17,2%); indústria química (21,4%); e, minerais não metálicos (10,1%). O que ocorre de mais significativo nessas mudanças no interior da indústria de transformação ora em análise é que, dentre os ramos produtivos existentes à época, apenas a metalurgia, material de transporte e a indústria química, permanecem com variações positivas. Todo o restante é caracterizado pelas perdas, tanto absoluta quanto relativa. Repete-se também aqui, o fenômeno da exclusão de cargos ocupados, acompanhado pelo surgimento do desemprego e pela substituição de homens por máquinas e da mobilidade da mão de obra, entre os próprios ramos de produção.

Todavia, é de grande relevância compreender a importância do trabalho humano, em quaisquer das ideologias consideradas[45], em quaisquer dos períodos de governo, contextualizados neste livro. E, precisamente, o que existe de segurança característica para o trabalho vivo; assim como para uma utilização adequada do capital, nos processos de produção empregados pelo capitalismo.

[45] De acordo com os estudiosos das ciências econômicas e áreas afins, na situação do bem estar social, os governos procuram intervir na economia através de políticas públicas (criação de um conjunto de normas e regulamentações), tendo em vista uma melhor promoção dos direitos econômico-sociais das pessoas. Medidas governamentais com essas características, propõem-se a diminuir as desigualdades e garantir um certo nível de respeito e cidadania, à maioria dos trabalhadores no emprego formal, em quaisquer sociedades que expressem um determinado lugar ou território. O neoliberalismo econômico -ao contrário do bem estar social-, defende a menor intervenção possível dos governos, na economia. A mínima cobrança de impostos planejada e, um conjunto de normas que aumentem a desregulamentação e diminuam os gastos públicos. O objetivo dessas medidas pretende ampliar a privatização da economia.

CONSIDERAÇÕES FINAIS

CAPÍTULO I

Ao se considerar as crises e reestruturações do capital, pode-se perceber que ele possui um desenvolvimento, enquanto fator de produção, seguindo uma lógica que não possui alma. Seu interesse é produzir e reproduzir-se permanentemente, e em grandes quantidades.

Ao se refletir sobre a origem do capitalismo, descortina-se que esse sistema de produção pode remontar à modernidade da história do homem, do desenvolvimento da técnica e da ciência. O moderno capitalismo passa por etapas e demanda muito tempo para se consolidar.

A descoberta da máquina proporciona ao sistema capitalista um ponto de inflexão que a transforma em elemento hegemônico do processo produtivo. Assim, o capitalismo liberta-se do limite humano, orgânico, de produzir. Nesse ponto, quem orienta, de fato, os ditames do regime, é o próprio capital.

Na América Latina, enquanto predominavam as economias coloniais, efetivamente, sobrepunha-se o caráter majoritário das exportações como elemento autônomo do crescimento da renda. O centro dinâmico dessas economias era representado pelo setor externo, enquanto o setor interno das sociedades periféricas era a parte dependente das interações entre eles. O ponto central nas discussões de mudanças nas relações de produção há, necessariamente, que se reportar às diferenças entre o trabalho escravo e o trabalho assalariado.

A transição das economias coloniais na América Latina para o modo de produção das economias exportadoras, sob os ditames do trabalho assalariado, enxerga sua inserção no capitalismo industrial global. Esse processo, ao longo de um tempo histórico, reflete o aspecto da divisão internacional do trabalho.

No fordismo, com a produção em massa, há um correspondente consumo em massa. Seus dias de auge, também identificados por alguns escritores como "tempos dourados", coincidem com o período compreendido entre o pós-Segunda Guerra Mundial e meados da década de 1970, quando – nesse extremo superior delimitado –, o referido sistema de organização de trabalho e da produção apresenta claros sinais de arrefecimento.

A produção flexível substitui o regime produtivo de consumo em massa. Sua flexibilidade apresenta-se como aspecto contrário à rigidez do fordismo. Nessa fase de reestruturação produtiva do capital ocorrem novos métodos de organização da produção de bens e de contratação e gerenciamento do trabalho humano, com destaque para a nova ideologia da competitividade global e a despolitização do trabalhador, ao contrário do que ocorre no fordismo, em que o trabalhador é politizado e possui considerável cidadania.

CAPÍTULO II

Pelo procedimento de medições específicas na população residente e no produto interno bruto da Região Metropolitana de João Pessoa-PB e da Paraíba, verifica-se que, comparativamente ao estado paraibano, a população configura-se menos concentrada do que o produto, respectivamente, em 2000 e 2010. No transcorrer do período, há incrementos positivos nas variáveis e em suas participações relativas, o que indica a ocorrência de crescimento na população e na economia, tanto no recorte espacial em análise, como no estado paraibano.

Na RMJP-PB, ao se confrontar os quantitativos de empresas e trabalhadores nos anos da série analisada, observa-se que a distribuição espacial relativa do pessoal ocupado aparece em posição percentual majoritária quando comparada com as unidades locais. No que diz respeito às demais regiões do estado, os fenômenos econômico-sociais apresentam-se em sentido oposto ao que ocorre na Região Metropolitana de João Pessoa-PB. Ou seja, naquelas regiões, o grau de concentração de empresas, medido em unidades locais, é relativamente superior ao grau de concentração de trabalhadores, avaliado por sua população ocupada.

A mobilidade dos recursos econômicos e, especificamente a mobilidade do fator trabalho nesta obra, é desvelada em sua trajetória, seguindo um percurso considerado normal para as economias capitalistas no mundo contemporâneo. Isto é, com a origem de atividades produtivas no setor primário, passam pelo setor secundário e escoam para o setor terciário ao longo do tempo, com suas participações relativas sofrendo modificações em cada setor da economia. As explicações para a ocorrência desse fenômeno econômico-social estão baseadas nas ideias de que os investimentos e a mão de obra alocada, gradativamente, tendem a percorrer esse caminho, uma vez que os avanços tecnológicos são inevitáveis, implicando aumentos da produtividade do trabalho.

No que se refere à análise dos setores produtivos revelam-se evidências de que as dificuldades nas relações econômicas do setor da agropecuária originam-se em décadas anteriores e, como tendência, parecem estender-se até o primeiro decênio do século XXI.

O peso relativo da agropecuária no PIB da Região Metropolitana de João Pessoa-PB, no período considerado neste livro, apresenta-se com níveis inferiores, comparativamente aos pesos relativos da indústria e dos serviços naquele mesmo componente agregado e espaço territorial.

A mobilidade da mão de obra do setor primário para o setor secundário e, em sequência temporal, para o setor terciário, aparece, ao mesmo tempo, como resultado e/ou causa visível, das dificuldades observadas em períodos anteriores, relativamente ao período analisado nesta obra. E respondem efetivamente a fatores específicos e estruturais do lugar, seja de natureza ambiental, econômica e geográfica, ou da presença e/ou ausência de políticas públicas, para dinamizar o setor primário da economia.

O valor adicionado bruto para a indústria distingue-se por níveis relativos mais elevados que os da agropecuária e em posição inferior aos encontrados no setor terciário no período em discussão.

No setor industrial ou secundário da economia, destaca-se a importante geração de bens e serviços na era contemporânea, propiciada pela inovação e/ou utilização permanente dos computadores no mundo das empresas, das instituições públicas e de outros agentes econômicos em geral. Essa geração de bens e serviços, materializada em partes de produção da sociedade, conceitua-se como Produto Interno Bruto ou PIB. Essas criações e/ou inovações, que em sua grande maioria contribuem para o avanço da produção nessa era contemporânea, também o fazem no contexto histórico do presente estudo, originando e multiplicando crescimento para os espaços sociais e territoriais da Região Metropolitana de João Pessoa-PB e da Paraíba. Entretanto, assinale-se que essas (e/ou outras) condições gerais, conforme visto nesta obra, guardam um limite no respectivo crescimento setorial da indústria analisada, em seus aspectos de investimento dos recursos e geração de empregos. Esse processo resulta no dimensionamento específico verificado para o setor secundário da região metropolitana examinada.

No intervalo temporal desta pesquisa, o valor adicionado bruto a preços correntes para o setor de serviços descortina-se em termos relativos majoritários, quando confrontados com os outros setores da economia considerada neste estudo. Denota-se em 2010, com essa evolução do referido terciário, um crescimento quantitativo e qualitativo em sua trajetória, na contribuição ao PIB regional em análise.

No estado da Paraíba, assinale-se que também houve expansão em seu setor terciário, todavia sem o sentido exigente que possa se aplicar a um desenvolvimento econômico, no transcurso de longo prazo. Esse período engloba anos anteriores e até coincide com o recorte temporal dos estudos realizados nesta obra. O tamanho verificado para o setor terciário paraibano, naquele intervalo de 39 anos (1970-2009), seria um resultado de avanços em segmentos específicos e de situações estruturais, ligadas ao subdesenvolvimento histórico do estado.

Na Região Metropolitana de João Pessoa-PB, o setor de serviços é constituído pelos segmentos específicos de instituição financeira, administração técnica profissional, transporte e comunicações, alojamento e comunicações, médicos + odontológicos + veterinários, ensino e administração pública. Dentre esses, o que apresenta uma situação hegemônica em relação aos demais é o segmento da administração pública; possuindo mais componentes da força de trabalho cadastrados na economia local.

A trajetória do peso relativo dos setores genéricos da economia no PIB e as conexões entre os diversos fluxos e funções desempenhados pelos municípios da Região Metropolitana de João Pessoa-PB determinam as implicações de mudanças em dinâmicas econômicas, conforme vistas ao longo do tempo, nos referidos espaços geográficos.

As receitas do governo, fonte de recursos para seus gastos, situam-se em patamares relativos superiores à trajetória dos revelados no setor agropecuário, enquanto representações percentuais do PIB, no recorte espacial em destaque. No ano 2000, por exemplo, o peso relativo dos impostos sobre produtos líquidos de subsídios no PIB, chega a exceder a participação relativa da agropecuária nesse aspecto, em mais de quatro vezes. Em sua trajetória, essa relação de superioridade se expande e excede a contribuição da agropecuária ao PIB local em mais de 10 vezes no ano 2010.

Nas discussões referentes à evolução do Produto Interno Bruto a preços correntes, no primeiro decênio do século XXI, os números avaliados foram relativos aos valores agregados brutos, na unidade metropolitana em análise, pela ótica da renda. Nesse agregado macroeconômico estão contidos os preços de mercado, bem como o valor da inflação no período. Atendo-se ao comportamento do PIB real entre os anos de 2000 a 2010, observa-se que seu desempenho reflete algo distinto do que transcorre com os valores do PIB nominal. Os valores do PIB real experimentam variações diferentes das variações do PIB a preços correntes. Isso ocorre porque o PIB real está deflacionado aos preços constantes para o ano-base 2000.

Os recursos naturais existem na terra em seu estado bruto e, ao longo dos séculos, são modificados pela ação do homem, que, desse modo, reconstrói a natureza, entregando-lhe uma nova imagem. Estamos diante do trabalho humano. Esse mesmo trabalho humano é visto como um fator que promove a produção de riquezas em ações conjuntas com a terra e o capital.

A organização do trabalho na história do regime capitalista industrial fez surgir no planeta, no transcorrer do século XX, distintos modos de gerenciar o "desempenho ideal" desse fator de produção. Assim, com a civilização do homem em estado satisfatório de andamento, emergiram nesse processo de controle do trabalho humano o taylorismo, o fordismo e o toyotismo.

O taylorismo, como ficou estabelecido, era um sistema de subdivisão técnica na organização do trabalho complexo, visando à sua racionalização e ao controle do tempo, pela cronometragem, na produção.

Com o fordismo, as novas descobertas referentes à utilização do automatismo em linha de montagem são as responsáveis diretas por tal fato (racionalização e controle do tempo), no ritmo de produção do trabalho.

No toyotismo, o controle sobre o trabalho e as tarefas produtivas desenvolvidas pelo homem multiplicam-se até o ponto de, no limite, possuir como atribuição alienante, operar várias máquinas a um só tempo. Assim, o controle sobre o trabalho humano adquire uma intensificação bastante elevada, relativamente aos sistemas anteriores.

Os regimes de organização do trabalho, iniciando com o taylorismo, passando pelo fordismo e alcançando o toyotismo, todos eles possuem em comum o objetivo de controle, racionalização e intensificação do trabalho humano. Esses elementos de organização do trabalho arrastam consigo, em espirais cada vez mais envolventes e robustas, o aumento da produtividade e do lucro, por parte das empresas. E está presente nessas formas de controle sobre o trabalho, um importante artifício – para atacar e sabotar o saber dos trabalhadores mais qualificados – que, invariavelmente consegue deixar os trabalhadores quase sem pensar, exceto no que se refere às suas tarefas produtivas.

A evolução da população é elemento fundamental na determinação do número de pessoas em idade ativa para o trabalho. Suas características quantitativas e qualitativas permitem, ao longo do tempo, a formação da população economicamente ativa. Essa é a parcela da população que ajuda a construir o Produto Interno Bruto, economicamente reconhecido como a riqueza material de um determinado país, estado ou região.

No Brasil, entre os anos 1930 e 1970, o trabalho de forma organizada prosperou significativamente. Nossa industrialização iniciando-se nos anos 30 do século XX, trouxe progresso material e o trabalho humano era muito requisitado pelas forças propulsoras da economia. A regulação do trabalho formal assegurava tranquilidade aos trabalhadores, na elaboração das riquezas nacionais. Com essa organização em torno do emprego formal, o mercado de trabalho cresceu e estabilizou-se, auxiliando sobremaneira, o crescimento econômico ocorrido no país, ao longo do tempo assinalado.

O país, na década de 1980, passou por momentos difíceis em sua economia. As incertezas, por causa das altas taxas inflacionárias e do pagamento da dívida externa, eram fortes elementos de óbice no período, a quaisquer sinais de crescimento econômico. Essas questões restaram transformando-se em obstáculos ao crescimento da população economicamente ativa e de postos de trabalho nacionais. A tendência continuada da estruturação do mercado de trabalho brasileiro dava sinais de arrefecimento.

A taxa de assalariamento dos trabalhadores urbanos não consegue acompanhar a tendência de crescimento das décadas anteriores. A composição da População Economicamente Ativa, entre os anos de 1980 e 1991, sofre alterações significativas, como a expansão das ocupações nos espaços não organizados da economia urbana, que refletem os primeiros sinais de sua desestruturação, ainda nos anos 1980.

Nos anos 1990, o Brasil experimenta uma verdadeira desestruturação em seu mercado de trabalho. A redução das ocupações organizadas e a expansão das ocupações em espaços não organizados da economia representam, de fato, uma desagregação nas relações de trabalho protegidas pela legislação. As relações de trabalho não formais parecem criar um sentido mais amplo entre os empregadores nacionais.

As análises efetivadas neste livro desvelam que é inequívoca a hegemonia da velocidade nas transformações relativas, no que representa a forma de contratação da força de trabalho flexibilizada, comparativamente à forma de contratação padrão na década de 1990.

No que diz respeito à distribuição de renda, observa-se que o salário mínimo apresenta-se como parâmetro inicial e múltiplo sinalizador, da estrutura de pagamentos, no mundo do trabalho. Ele configura-se na medida básica em dinheiro, oferecida ao trabalhador para aquisição de bens e serviços de subsistência no mercado. Sua trajetória, na década de 1990, mostra que foi muito difícil a recuperação e a manutenção do poder de compra nesse referido salário dos trabalhadores. Afirma-se tal premissa tendo em vista que, entre 1989 e 1999, a dinâmica do salário mínimo – em termos de suas variações – ocorre em níveis inferiores ao valor do salário mínimo real vigente em 1989.

Nesta obra, ponderações em relação ao percurso efetivo da PIA e da PEA no período examinado, revelam tendências de que as taxas de variações do segundo parâmetro populacional em relação ao primeiro apresentam discretas vantagens na avaliação de suas medidas. As implicações desses fenômenos econômico-sociais são elevações na taxa de atividade, com maior ou menor intensidade, no Brasil, no Nordeste, na Paraíba e na unidade metropolitana analisada. O destaque vai para a hegemonia na elevação da taxa de atividade da Região Metropolitana de João Pessoa-PB (2,3% no período) comparativamente às demais categorias espaciais, nos anos selecionados de 2000 e 2010.

Entre 2000 e 2010, verifica-se um crescimento na PEA em função do aumento da população ocupada. Sua população desocupada, em sentido contrário, decresce, conforme é revelado nas análises pertinentes. Esse fenômeno social, de importante repercussão no mundo do trabalho, ocorre no Brasil, no Nordeste, na Paraíba e na Região Metropolitana de João Pessoa-PB.

A evolução da população ocupada nos anos selecionados de 2000 e 2010, de acordo com os grupos de idade, configura seu crescimento relativo total avaliado em 40,6% na Região Metropolitana de João Pessoa-PB. Esse crescimento ocorre, principalmente, em função do crescimento do grupo dos idosos (60 anos ou mais), seguido pelo grupo dos adultos (25 a 59 anos) e dos jovens (15 a 24 anos). O exame da faixa etária de 10 a 14 anos apresentou redução em seu contingente.

Na Paraíba, o crescimento relativo total dessa mesma variável, correspondente a 23,1%, apoia-se em primeiro lugar pelo grupo dos adultos (25 a 59 anos), seguido pelo grupo dos idosos (60 anos ou mais). Entretanto a análise para o grupo dos jovens (15 a 24 anos) e da faixa etária de 10 a 14 anos se revelou com uma redução em seus níveis de ocupação.

Observa-se que tanto na Região Metropolitana de João Pessoa-PB quanto no estado da Paraíba, verifica-se um crescimento em termos absolutos e percentuais, da população ocupada nos dois segmentos de gênero. A mão de obra ocupada pertencente ao sexo feminino revela-se com hegemonia em sua evolução relativa. As mudanças ocorridas permitem atestar maior participação relativa das mulheres e, ao contrário, menor expressividade relativa dos homens, em semelhante indicativo, no total de pessoas ocupadas, entre os anos selecionados de 2000 e 2010.

De acordo com a sua posição no trabalho principal, o perfil dos ocupados na Região Metropolitana de João Pessoa-PB caracteriza-se por um conjunto de transformações, evidenciando que ocorre um crescimento dos empregados como um todo, que se deve mais à expansão dos empregados com carteira de trabalho assinada, acrescido pela evolução dos outros grupos e subgrupos, com diferentes intensidades em seu crescimento no período considerado.

A exceção que se observa é relacionada ao grupo dos trabalhadores não remunerados, que apresenta um decréscimo relativo avaliado em -10,3%. Essa tendência de retração no subgrupo dos trabalhadores não remunerados é positiva, tendo em vista que significa uma redução relativa de parte da mão de obra que se encontrava trabalhando sem a devida remuneração. Os demais segmentos, embora assegurem elevações absolutas e percentuais conforme reveladas, estão inseridos em posições relativas inferiores no total dos ocupados, na conclusão dos estudos em 2010.

No estado da Paraíba, as análises referentes ao perfil dos trabalhadores ocupados, nessa dinâmica interna, desvela uma trajetória percorrida por seus elementos, apontando para uma direção, geral e tendencial, semelhante à ocorrida na Região Metropolitana de João Pessoa-PB, ou seja, considerando-se os anos selecionados de 2000 e 2010, o aumento dos empregados totais ocorre em grande parte devido ao aumento dos trabalhadores com carteira assinada, destacando-se também o aumento das outras atividades, em maior ou menor grau.

Percebe-se a involução relativa do segmento de empregadores e do grupo dos não remunerados. O decréscimo relativo dos empregadores atuando no estado não se transforma em fenômeno positivo para a sua economia. No que diz respeito à tendência de retração no subgrupo dos trabalhadores não remunerados, podemos enxergá-la como positiva, tendo em vista que significa uma redução relativa de parte da mão de obra que se encontrava trabalhando sem a devida remuneração.

As mudanças ocorridas na distribuição das classes de rendimento nominal médio mensal do trabalho principal, nos anos selecionados de 2000 e 2010, entre as pessoas ocupadas, mostra uma transferência de renda – em favor dos que estão na base da pirâmide social e em suas proximidades – no universo dos que recebem rendimentos do trabalho na Região Metropolitana de João Pessoa-PB.

Pelo índice de Gini, examinando-se os diferentes graus que separam os rendimentos do trabalho distribuídos na Paraíba, verifica-se uma redução nesses graus de diferenças. Em 2000, esse parâmetro era avaliado em 0,604 e, no ano 2010, em 0,580. Esses números traduzem um decréscimo relativo nos referidos indicadores de desigualdades citadas, em medidas próximas de -4,0%, ou uma taxa média de decrescimento em torno de -0,4% ao ano. Isso indica uma desconcentração nos rendimentos do trabalho, no modo em que foram distribuídos, por meio de suas classes.

No recorte temporal desta obra, os valores do salário mínimo real no Brasil conseguem manter crescentes o seu poder de compra. Descontada a inflação, eles propõem a exata configuração do que podem adquirir no mercado, em termos de sua cesta básica de bens e serviços. Esse crescimento do salário mínimo real é resultante de uma política econômica do governo direcionada à proteção do trabalhador e ao estímulo do consumo interno.

A dinâmica do salário mínimo situa-se em níveis superiores ao seu valor correspondente no ano 2000. Portanto se trata de uma dinâmica – em termos de suas variações – verificada acima da inflação. No ápice conclusivo do período, ele chega a valer 1,78 vezes, em termos reais, comparativamente ao período inicial da nossa pesquisa. Ao contrário do que se passa na década de 1990 – principalmente em sua primeira metade – os efeitos deletérios da inflação não interferem nos valores do salário mínimo. Pode-se afirmar que os aumentos outorgados a essa variável, a partir do ano 2000, foram sempre superiores aos aumentos verificados na alta geral dos preços, até ao ano selecionado de 2010.

CAPÍTULO III

Ao se analisar as estruturas produtivas da Região Metropolitana de João Pessoa-PB a partir de informações agregadas, como a da composição setorial do emprego organizado, verifica-se uma similitude na configuração e trajetória desveladas no período, quando se confrontam com o movimento assumido, ao longo do tempo, na análise dos valores adicionados brutos para a sua economia. A mobilidade dos recursos produtivos tende para uma dinâmica, originando-se no setor primário, passando pelo secundário e indo aportar no setor terciário. Nesse processo de composição e mobilidade dos recursos produtivos, no ano 2010, o emprego formal total acresce em 131.723 postos de trabalho, relativamente a 2000.

Os municípios de João Pessoa, Bayeux, Cabedelo e Santa Rita, circunvizinhos que são, constituem-se na formação da principal mancha urbana em nossa unidade metropolitana. Naquele conjunto de municípios, a presença do emprego formal no setor terciário, constituído pelo comércio, pelos serviços e pela administração pública, é determinante. Em todos eles, o desenvolvimento das atividades na administração pública apresenta-se como uma tendência marcante, mas o município de João Pessoa tem a hegemonia nesse item, por ser a capital da Paraíba e concentrar em seus limites, parte relevante da estrutura administrativa estadual, municipal e federal. Dentre os mencionados núcleos urbanos, cabe o destaque à Santa Rita, no interior do seu setor secundário, para as atividades da indústria de transformação.

Na referida mancha urbana existente, com as mudanças no emprego industrial total em 2010, emerge uma nova radiografia socioeconômica na estrutura do emprego organizado. O município de Bayeux abandona sua especialização na indústria têxtil para colocar sua hegemonia em atividades na indústria de calçados. O município de Cabedelo acresce às suas atividades de alimentos e bebidas, da indústria química e de madeira e mobiliário os esforços do trabalho humano na indústria dos minerais não metálicos. A cidade polo, João Pessoa, mesmo diminuindo de tamanho sua indústria têxtil, não deixa de ser forte nessa atividade, bem como em alimentos e bebidas. O núcleo urbano de Santa Rita acresce à sua constelação de fatores produtivos as atividades da indústria química. Nos demais municípios do nosso recorte espacial, os recursos antes destinados à indústria têxtil e parte dos que estavam nas atividades de alimentos e bebidas são transferidos para a indústria química e para os minerais não metálicos.

Ao se considerar a análise sobre determinadas classes do salário mínimo na mancha urbana, destaca-se em 2010, o grande percentual das pessoas de 10 anos ou mais com níveis de renda extremamente baixos (*"mais de ½ a 1 salário mínimo"*) nos municípios de Bayeux (27,3%), Cabedelo (20,9%), João Pessoa (20,5%) e Santa Rita (27,4%).

No nível de rendimento (*mais de 5 a 10 salários mínimos*), as diferenças existem e são registradas em Bayeux (0,9%) e Santa Rita (0,9%) enquanto em Cabedelo e João Pessoa, a concentração de trabalhadores assim remunerados ultrapassa os 5%, com certa folga.

No contingente visto como nível sem rendimento (*a classe de pessoas definida como sem rendimento*), os dados refletem uma grande concentração de pessoas ali situadas, registrando-se em Bayeux, 27,4%; Cabedelo, 34,7%; João Pessoa, 32,0%; e Santa Rita, 37,6%. No entanto, assinale-se a presença de um importante componente nessa faixa de rendimentos, a saber, a inclusão de pessoas que recebem somente em benefícios. A implicação positiva, nesse caso, é o aumento implícito no consumo das famílias.

São escolhidos para análise alguns estratos educacionais específicos da população trabalhadora, entre 2000 e 2010, tais como: analfabetos, 5ª série completa fundamental, ensino fundamental completo, ensino médio completo, superior completo, mestrado e doutorado. De acordo com nossos estudos, à luz de informações da Rais, há mudanças importantes na dinâmica dos trabalhadores da Região Metropolitana de João Pessoa-PB, relativamente ao seu cenário educacional. No universo da força de trabalho empregada, 121.469 pessoas (89,1% do total) conseguem atingir a conclusão final de seus cursos, enquanto outras 14.824 pessoas (10,9% do total) não completam o curso de forma integral. Há inequívoca maioria de trabalhadores mais qualificados ao longo do período.

Não obstante esse panorama favorável, referente ao nível de escolaridade no emprego formal, é relevante uma ponderação mais acurada sobre as mudanças que vêm ocorrendo nas formas de organização da produção de bens e serviços e no modo como se qualificam os trabalhadores desde o final do século XX e início do terceiro milênio. Tendo em vista as diversas modificações por que passam a expectativa de vida das pessoas e a organização da produção de bens e serviços e do trabalho, ao longo do tempo, com as inevitáveis consequências no total de ocupações das atividades primária, secundária e terciária; emerge como uma necessidade o repensar dos sistemas de educação e formação dos trabalhadores para o transcurso do século XXI.

O exame da evolução do nível do emprego total com carteira assinada em 2003, 2007 e 2010 mostra que, em 2007 e 2010, no aspecto absoluto, apresenta-se mais elevado, relativamente a 2003, em quase todos os núcleos urbanos da Região Metropolitana de João Pessoa-PB. A exceção desse fato econômico-social ocorre apenas para os municípios de Caaporã e Cruz do Espírito Santo. Ambos experimentam um declínio no total de seus postos de trabalho. Esses casos isolados não representam obstáculos ao incremento do emprego formal total da região, que acrescem 111.718 postos de trabalho no período conclusivo dos estudos.

Confrontando-se os números do emprego formal total e da população total nos espaços da Região Metropolitana de João Pessoa-PB e do estado da Paraíba, verifica-se uma superior concentração relativa do emprego formal em relação à concentração da população, nos anos selecionados de 2003, 2007 e 2010.

No que diz respeito às informações do emprego industrial, elas demonstram que em parte considerável dos municípios verificou-se de 2003 a 2007, maior intensidade do aumento nessa variável, em comparação ao incremento do emprego total organizado. Entre 2007 e 2010, depreende-se o inverso: uma inferior intensidade do aumento no emprego industrial, relativamente ao incremento do emprego total organizado. Nesse cenário, embora continue uma ascendência no processo de evolução do emprego industrial, as taxas de crescimento apresentam-se mais baixas do que as do primeiro subperíodo.

Nos anos selecionados de 2003, 2007 e 2010, na Região Metropolitana de João Pessoa-PB, existe forte concentração da mão de obra industrial, tanto em segmentos ou atividades quanto na forma espacial. Em 2003, estão fortemente concentrados: alimentos e bebidas, indústria têxtil, produtos minerais não metálicos, indústria de calçados, borracha, fumo e couros, papel e gráfica e indústria química. Em 2007, destacam-se os ramos de: alimentos e bebidas, indústria têxtil, indústria de calçados, produtos minerais não metálicos, papel e gráfica e indústria química. Por fim, em 2010, os mais importantes são: alimentos e bebidas, indústria têxtil, indústria química, produtos minerais não metálicos, indústria de calçados e papel e gráfica.

Por sua vez, a concentração espacial da mão de obra industrial ocorre primordialmente, em municípios como João Pessoa, Santa Rita, Bayeux e Cabedelo. Na área contígua formada pelos referidos municípios há, sem quaisquer dúvidas, uma forte conotação nas atividades produtivas da indústria de transformação. Entretanto, fora desse perímetro limítrofe, é possível destacar outros municípios como Caaporã, Conde, Alhandra e Mamanguape, enquanto representações de significativos núcleos urbanos, que empregam a força de trabalho na indústria da unidade espacial considerada.

Os Gráficos 13, 14, 15, 16, 17 e 18 mostram, em cada ano, entre 2003 e 2010, a evolução do nível de emprego, segundo os setores produtivos mais importantes. As informações ressaltam a ascendência no emprego organizado total, com variações positivas e mais elevadas a cada ano. O comportamento do emprego industrial organizado apresenta uma dinâmica real de crescimento, entre 2003 e 2007, em níveis relativos mais elevados do que os do emprego total e, de 2007 a 2010, relativamente menos elevados do que os daquela variável; todavia consegue manter seus estoques em patamares superiores aos do início do período. O emprego organizado na construção civil apresenta uma dinâmica ascendente, atingindo 2,74 vezes a mais, relativamente ao seu contingente inicial.

A escalada ascendente e ininterrupta do emprego organizado no comércio – componente do setor terciário – situa-se em níveis mais elevados de emprego (1,84 vezes), relativamente a 2003. As informações referentes ao emprego organizado no segmento dos serviços – componente do setor terciário – no ano selecionado de 2010 refletem aumentos em 1,5 vezes mais, comparativamente ao ano 2003. A evolução do emprego organizado na administração pública – componente do setor terciário – da Região Metropolitana de João Pessoa-PB apresenta-se com características relevantes e, em 2010, atinge 1,4 vezes mais, comparativamente ao início da análise.

As fases ou movimentos das variáveis descritas nesta obra, na série dos anos analisados, são imanentes a ocorrências presentes na economia – níveis expressivos de investimentos na sua face real, de empregos e de produção – e nas políticas públicas implantadas na RMJP-PB, no estado da Paraíba e no país; naquele período selecionado entre os anos 2000 e 2010. Essas implantações de políticas e suas consequências relacionadas trazem em seu conjunto, de um modo geral, melhores condições para as sociedades residentes nos referidos espaços geográficos. Portanto se reafirma que as mudanças verificadas na estrutura das variáveis examinadas demonstram a ocorrência de crescimento econômico, naquela primeira década do século XXI.

CAPÍTULO IV

A Região Metropolitana de João Pessoa na Paraíba que obteve sua instalação inicial através da lei complementar estadual número 59, de 30 de dezembro de 2003; constituía-se pelos municípios de Cabedelo, Conde, Cruz do Espírito Santo, João Pessoa (capital do estado da Paraíba), Lucena, Mamanguape, Rio Tinto e Santa Rita; nove elementos de células-base, ao todo. Pelo advento da lei complementar estadual número 90, de 18 de agosto de 2009, o espaço territorial em análise foi ampliado, com a inclusão dos municípios de Alhandra, Caaporã e Pitimbu.

Com a necessidade de atualizar a presente obra e pelos critérios do IBGE, a RMJP-PB compõe-se por 12 (doze) municípios, que são: Alhandra, Bayeux, Caaporã, Cabedelo, Conde, Cruz do Espírito Santo, João Pessoa, Lucena, Pedras de Fogo, Pitimbu, Rio Tinto e Santa Rita; e está inserida na Mesorregião da Mata Paraibana.

A Tabela 23 apresenta o PIB a preços correntes da região metropolitana de João Pessoa-PB, ao longo dos anos 2002-2021 e a participação relativa dos setores econômicos e dos impostos arrecadados, em sua formação. Nota-se a supremacia relativa do setor de serviços, comparativamente aos setores da indústria e da agropecuária. Os estudiosos da ciência econômica afirmam que essa situação é característica da evolução nas economias modernas. A participação relativa da indústria e dos serviços, se elevam e a da agropecuária diminui, na formação do PIB.

Quando o foco é o PIB real aos preços do ano base 2002, naturalmente, encontra-se uma visão diferente do que ocorre com a dinâmica do PIB nominal. Isso, porque o PIB real está deflacionado, ou seja, não contém os preços de mercado, ao longo do tempo em análise. Assim, de dezembro de 2002 a dezembro de 2003, a variação relativa do PIB real é de 3,39%. Entre os anos 2003 e 2004, há uma queda no produto real de (-2,48%). Perceba-se que ocorre algo de semelhante na dinâmica do PIB nominal nesses mesmos anos, quando sua magnitude passa de 13% entre 2002 e 2003, para uma expressividade de apenas 4,9%, entre os anos de 2003 e 2004. Não há uma queda no produto nominal, mas uma desaceleração em sua dinâmica, naqueles anos. A variável do PIB real expressa sua dinâmica para os anos em pauta, com uma mudança negativa; apresentando uma variação relativa em movimento desfavorável, como descrito em linhas anteriores. Devemos atentar nesse caso, para o tamanho inferior do produto real em 2004, quando comparado com essa mesma variável em 2003. Também é em dezembro de 2006 (como ocorre com o produto nominal), que encontramos a maior variação relativa (16,04%) para o produto real, nesta série temporal analisada.

Ao chegarmos em dezembro de 2007, no início do segundo governo Lula, o produto real alcança uma variação relativa de 5,47%, em relação ao ano anterior. Sempre impulsionado por forças políticas e econômicas favoráveis ao crescimento econômico, atinge uma expressividade mais elevada em dezembro de 2008, com 11,42%. A sua dinâmica econômica, embora com desaceleração, apresenta-se em dezembro de 2009, com um aumento relativo de 7,73%. No mesmo diapasão crescente, a nossa variável aparece em dezembro de 2010, com uma expressão relativa de 5,33%, comparativamente ao ano anterior. Assim, ao término do segundo governo Lula, o PIB real da região metropolitana de João Pessoa na Paraíba, como consequência de forças produtivas locais e economia reflexo-periférica, reproduz o que ocorre no país, e alcança valores significativos. Por isso, ousa firmar-se em níveis elevados, na presente série histórica.

Os dois primeiros governos do presidente Lula, incluíram em seus objetivos principais, a busca sistemática pelo desenvolvimento econômico, envolvendo em sua organização, o cuidado pela população mais necessitada. Ou seja, estabelecendo socialmente as pessoas, junto às metas de crescimento econômico do país.

A dinâmica do produto real, conforme descrita em linhas anteriores no espaço territorial considerado em nossas análises, apenas traduzem as consequências de metas e objetivos do governo, entrelaçadas às ações de todos os outros agentes (tanto internos, quanto externos) da economia, entre 2003 e 2010. Ainda que essa situação de ascendência econômica esteja relacionada a um subconjunto brasileiro, podemos afirmar que são – de fato – consequências de forças governamentais, políticas e econômicas, tanto em âmbito local, quanto um reflexo das atividades que compõem a economia brasileira, como um todo. Ressaltando no contexto dessas atividades, as iniciativas do governo central, naquele período.

Na RMJP-PB, entre 2011 e 2014, – primeiro governo Dilma – observamos igualmente, altas variações relativas na dinâmica do produto a preços correntes. O destaque aparece em dezembro de 2012, com 16,58%, enquanto em dezembro de 2013 a expressão relativa do PIB nominal surge com a menor magnitude (8,89%), nesses quatro anos relacionados.

O produto real nesse mesmo período, apresenta uma evolução positiva, com destaque para o ano de 2012, quando se expressa com 10,15% em relação ao ano anterior. Em dezembro de 2013, no entanto, experimenta uma desaceleração em seu ritmo de crescimento e aparece com apenas 2,81%, destoando bastante da expressividade relativa, anteriormente apresentada. No entanto, volta a crescer em 2014, agora com taxas crescentes, tendo em sua evolução, uma magnitude de 8,07%.

No primeiro governo Dilma, apesar de toda uma mudança na política de governo, atendendo à novas exigências sobre a implementação de outro modelo econômico e a necessidade de fortalecer o setor industrial brasileiro, no sentido de atualização em tecnologias próprias, para fornecer a devida oferta à demanda interna; as mudanças realizadas no período, não surtiram um efeito desejado. Como vimos, paralelo a esses fatos econômicos, a dinâmica do produto real no âmbito da região metropolitana de João Pessoa-PB, parece acompanhar a trajetória do que ocorreu no Brasil, no mesmo espaço temporal.

O segundo governo Dilma Rousseff – com mandato para os anos 2015 a 2018 –, teve o seu curso interrompido por um golpe institucional, quando forças políticas de ultra direita no Brasil, descontentes com os rumos políticos em seu território, instigaram movimentos contrários às ações de sua administração. Esses movimentos repercutiram no país, culminando na abertura do processo de impeachment em maio de 2016, pelo presidente da câmara dos deputados à época, Eduardo Cunha. O processo foi concluído em agosto daquele mesmo ano, quando a presidente Dilma Rousseff teve o seu mandato cassado. Essas questões políticas interferiram significativamente, levando o país a um baixo desempenho econômico, naquele período.

Portanto, em dezembro de 2016 –na prática, o Temer no poder, desde a abertura do impeachment –, a variação relativa do PIB nominal no espaço geográfico estudado, em relação à 2015, apresentava-se com apenas 3,41%.

O governo Michel Temer, diante das conotações políticas referidas, assumiu oficialmente em 31/08/2016 e governou o Brasil, até 31/12/2018. Houve uma drástica mudança no seu programa de governo, em relação ao que fora aprovado para o governo anterior, com o PT à frente das ações políticas. E, a direção político-econômica seguida, a partir de então, encaminhou-se para tendências neoliberais; em geral, desfavoráveis ao trabalhador. Em dezembro de 2017 a variação relativa do PIB nominal na RMJP-PB em relação à 2016, foi de 6,61% e, em dezembro de 2018, relativamente à 2017, de apenas 2,39%.

O governo Bolsonaro, eleito por uma letargia popular em 2018, representou no poder executivo do país, uma política identificada com a ideologia de extrema direita. A sua administração no período de 2019 a 2022, não se importou com as aspirações sociais que se propagavam, no seio da população nacional. O que, seguramente, trouxe ao Brasil um rastro mais acentuado nas desigualdades. Assim, naquele governo, abre-se uma lacuna à implementação de políticas adequadas às necessidades de educação e desenvolvimento, dirigidas a melhorias da sociedade como um todo.

Em dezembro de 2019, o PIB a preços correntes na RMJP-PB apresentou uma variação de 6,23%, em relação a dezembro de 2018. A seguir, de dezembro de 2019 a dezembro de 2020, essa mesma variável expressou-se relativamente com apenas 1,17%; mostrando uma clara desaceleração no crescimento de sua magnitude. Entre dezembro de 2020 e dezembro de 2021, o produto a preços correntes da RMJP-PB cresceu 11,57%, mostrando um percurso diferente para a tendência de desaceleração, apresentada no ano anterior. Essa inversão na trajetória do produto nominal carece de um melhor entendimento, face à situação de caos na saúde, enfrentada pelo país, pelo espaço geográfico em relevo e pelo planeta. Estávamos diante da pandemia Covid 19, em seus momentos de auge e, naturalmente, houve gastos do governo. Estávamos também em período que antecedia as eleições presidenciais no Brasil, portanto, de pretensões políticas na reeleição do governo Bolsonaro. E, naturalmente, nessa outra situação, também houve gastos do governo. Em sendo assim, esses gastos governamentais tiveram influência direta, nessa expressão relativa da variável em pauta, ao final do ano 2021.

No Gráfico 19 estão representadas as trajetórias evolutivas dos produtos nominal e real da RMJP-PB, ao longo dos anos 2002 a 2021, século XXI. Nesses anos relacionados, assinalamos a presença dos avanços e das incorporações tecnológicas em suas dinâmicas econômicas, no espaço territorial em tela. Conforme destacado no presente estudo, a linha do PIB real, posicionada abaixo da linha do PIB nominal, expressa o fato de que, a primeira variável está deflacionada. Ou seja, o PIB real não sofre qualquer influência dos preços de mercado em suas variações, no período temporal escolhido para exames.

Ao focarmos nossa atenção na dinâmica do produto real a partir de 2014 (ponto máximo da variável), observamos nitidamente que sua trajetória – no percurso posterior até o ano selecionado de 2021 –, está abaixo daquele nível atingido. Significando que em 2015, no segundo governo Dilma, nos governos Temer e Bolsonaro; o nível do produto real, na economia do espaço territorial em destaque, não voltou ao nível atingido em 2014. A linha tracejada permite essa visualização, e alarga uma compreensão de que, os parâmetros econômicos examinados, em tendência, caminharam na direção apontada pela presente análise.

No emprego formal ou organizado na RMJP-PB, estão selecionados os anos de 2011 e 2019, para se identificar as mudanças nos setores genéricos da economia local; enquanto empregadas ideologias distintas, no governo brasileiro à época.

Na indústria de transformação, dentre os ramos produtivos existentes à época, apenas a metalurgia, material de transporte e a indústria química, permanecem com variações positivas. Todos os restantes são caracterizados por perdas, tanto absoluta quanto relativa. Todavia, convém anotar-se a importância do trabalho humano, em quaisquer das ideologias consideradas e, precisamente, o que existe de segurança característica para o trabalho vivo; e para o capital, na produção empregada pelo capitalismo.

REFERÊNCIAS

ACCARINI, J. H. **Economia rural e desenvolvimento**: reflexões sobre o caso brasileiro. Rio de Janeiro: Vozes, 1987. 224 p.

ANDERY, M. A. *et al.* **Para compreender a ciência**: uma perspectiva histórica. Rio de Janeiro: Garamond, 2007. 436 p.

ALONSO, S. F.; LIMA, J. S. **João Pessoa**: região ou cidade metropolitana? 1. ed. João Pessoa: [*s. n.*], 2014. 89 p. Disponível em: http://www.geografiaaplicada.com.br. Acesso em: 11 jul. 2018.

ALVES, J. S. Evolução do mercado de trabalho paraibano no período recente: mudanças e permanências. *In*: OLIVEIRA, R. V. (org.). **Qualificar para quê? Qualificar para quem? Do global ao local**: o que se espera da qualificação profissional hoje. São Paulo: Fundação Unitrabalho; Campina Grande: EDUFCG, 2006. 220 p.

ALVES, J. S.; ASSIS, R. S. **A dinâmica do mercado de trabalho paraibano nas décadas de 1990 e 2000**. João Pessoa: [*s. n.*], 2013, 25 p. (mimeografado).

ANTUNES, R. (org.). **Riqueza e miséria do trabalho no Brasil**. São Paulo: Boitempo, 2006. 527 p.

ARAÚJO, V. L. A economia brasileira sob o governo Bolsonaro (2019-2022): neoliberalismo radical e pragmatismo econômico. **Texto para discussão sobre o Desenvolvimento**, CICEF, n. 1, p. 1-31, jul. 2023. Doi: 10.29327/5286230.

BASTOS, V. L.; SILVA, M. L. F. **Para entender as economias do terceiro mundo**. 2. ed. Brasília: Universidade de Brasília, 2001. 224 p.

BENKO, G. **Economia, espaço e globalização na aurora do século XXI**. Tradução de Antônio de Pádua Danesi. São Paulo: Hucitec, 1996. 266 p.

BRASIL. Instituto Brasileiro de Geografia e Estatísticas (IBGE). **Censo Demográfico**. Brasília: IBGE, 2000.

BRASIL. Instituto Brasileiro de Geografia e Estatísticas (IBGE). **Estatísticas**. Estimativas da População. Brasília: IBGE, 2003.

BRASIL. Instituto Brasileiro de Geografia e Estatísticas (IBGE). **Contas Regionais** (Índice utilizado: IPCA). Brasília: IBGE, [entre dez. 2000 e dez. 2010].

BRASIL. Instituto Brasileiro de Geografia e Estatísticas (IBGE). **Censo Demográfico**. Brasília: IBGE, 2010.

BRASIL. **Lei de Diretrizes e Bases da Educação** (Lei n.º 9.394, de 20/12/1996). Brasília: Senado Federal, fev. 2010. 94 p.

BRASIL. Ministério do Trabalho e Emprego. **Relação Anual de Informações** (RAIS). Brasília: MTE, 2000. Disponível em: http://bi.mte.gov.br/bgcaged. Acesso em: 29 ago. 2018.

BRASIL. Ministério do Trabalho e Emprego. **Relação Anual de Informações** (RAIS). Brasília: MTE, 2003. Disponível em: http://bi.mte.gov.br/bgcaged. Acesso em: 29 ago. 2018.

BRASIL. Ministério do Trabalho e Emprego. **Relação Anual de Informações** (RAIS). Brasília: MTE, 2007. Disponível em: http://bi.mte.gov.br/bgcaged. Acesso em: 29 ago. 2018.

BRASIL. Ministério do Trabalho e Emprego. **Relação Anual de Informações** (RAIS). Brasília: MTE, 2010. Disponível em: http://bi.mte.gov.br/bgcaged. Acesso em: 29 ago. 2018.

CAMPOS, S. F. Alguns elementos constitutivos do sistema paraibano de inovação e o comportamento inovativo das grandes firmas industriais do Estado – Resultados preliminares para o período 1990-2003. *In*: CAMPOS, F. L. S.; MOREIRA, I. T.; MOUTINHO L. M. G. **A economia paraibana**: estratégias competitivas e políticas públicas. João Pessoa: Universitária/UFPB, 2006. 427 p.

CARVALHO, L. **Valsa Brasileira**: do boom ao caos econômico. 1. ed. São Paulo: Todavia, 2018. 192 p.

CAVALCANTI, G. A. Dinâmica interna do mercado de trabalho na Paraíba: análise do período 1983-1996. *In*: NETO, L. G. (org.). **Tecnologia, Estratégia Empresarial e Processo de Trabalho**. João Pessoa: Universitária/UFPB, 1999.

COSTA, E. **A globalização e o capitalismo contemporâneo**. 1. ed. São Paulo: Expressão Popular, 2008. 216p.

COSTA, L. M. B. **Governo Lula**: um projeto de Brasil. 1. ed. São Paulo: Editora Dialética, 2022. 200 p.

DICIONÁRIO DE ECONOMIA. São Paulo: Abril Cultural, 1985. 459 p. (Série Os Economistas: Consultoria de Paulo Sandroni).

DIEESE. Departamento Intersindical de Estatística e Estudos Socioeconômicos. **A situação do trabalho no Brasil**. São Paulo: Dieese, 2001. 354 p.

DIEESE. Departamento Intersindical de Estatística e Estudos Socioeconômicos. **Contrato n.º 001/2006**. São Paulo: Dieese, nov. 2006. Disponível em: https://www.dieese.org.br/relatoriotecnico/2006/estudoCaso1AConstrucaoCivil(PB).pdf. Acesso em: 24 set. 2017.

DIEESE. Departamento Intersindical de Estatística e Estudos Socioeconômicos). **Produto 3**. Estudo de Caso 1 A Construção Civil. São Paulo: Dieese, nov. 2006. Disponível em: https://www.dieese.org.br/relatoriotecnico/2006/estudoCaso1A-ConstrucaoCivil(PB).pdf. Acesso em: 24 set. 2017.

EHRENBERG, R. G.; SMITH, R. S. **A moderna economia do trabalho**. 5. ed. São Paulo: Makron Books, 2000. 793 p.

FIGUEIREDO, F. O. **Introdução à contabilidade nacional**. 9. ed. Rio de Janeiro: Forense-Universitária, 1982. 216 p.

FERREIRA, A. B. H. **Dicionário da Língua Portuguesa**. 5. ed. Curitiba: Positivo, 2010. 2.272 p.

FURTADO. C. **Teoria e política do desenvolvimento econômico**. 8. ed. São Paulo: Nacional, 1983. 344 p.

FROYEN, R. T. **Macroeconomia**. Tradução de Esther E. H. Herskovitz e Cecília C. Bartalotti. Revisão técnica de Roland Veras Saldanha Jr. São Paulo: Saraiva, 2002. 635 p.

GIAMBIAGI, F. *et al*. **Economia brasileira contemporânea**. 9. reimp. Rio de Janeiro: Elsevier, 2005. 425 p.

HARVEY, D. **Condição pós-moderna**. 13. ed. São Paulo: Edições Loyola, 2003. 349 p.

LIMA, J. S. **Transformações na estrutura produtiva e no emprego da região metropolitana de João Pessoa**. 2013. 212 f. Dissertação (Mestrado em Geografia) – Programa de Pós-Graduação em Geografia, CCEN, UFPB, João Pessoa, 2013. Disponível em: http://www.geociencias.ufpb.br/posgrad/dissertacoes/jurandir_santos.pdf. Acesso em: 5 set. 2018.

LIMA, J. S. **Região Metropolitana de João Pessoa-PB**: mudanças nos setores econômicos e no emprego. 3. ed. Curitiba: Appris, 2024. 292 p.

MARX, K. 1818 – 1883. **Grundrisse:** manuscritos econômicos de 1857 – 1858: esboços da crítica da economia política. Supervisão editorial de Mario Duayer. Tradução de Mario Duayer e Nélio Schneider (colaboração de Alice Helga Werner e Rudiger Hoffman). São Paulo: Boitempo; Rio de Janeiro: UFRJ, 2011. 788 p.

MELLO, J. M. C. **O capitalismo tardio**. 11. ed. São Paulo: Unesp; Campinas: Facamp, 2009. 152 p.

MOREIRA, I. T. **O desempenho recente do setor de serviços paraibano**. João Pessoa: [*s. n.*], 2013. 11 p. (Mimeografado).

MOREIRA, E.; TARGINO, I. Desempenho da agropecuária paraibana na década de 1990. *In*: CAMPOS, F. L. S.; MOREIRA, I. T.; MOUTINHO, L. M. G. **A Economia paraibana**: estratégias competitivas e políticas públicas. João Pessoa: Universitária/UFPB, 2006. 427 p.

TEIXEIRA, A. C. W. **Região Metropolitana**. Instituição e Gestão Contemporânea – Dimensão Participativa. Belo Horizonte: Editora Fórum, 2008. 205 p.

NERI, M. **A nova classe média**: o lado brilhante da base da pirâmide. São Paulo: Saraiva, 2011. 312 p.

NETO, E. D. S.; TARGINO, I.; BRASIL, P. M. Política de incentivos fiscais e geração de emprego na indústria paraibana. *In*: CAMPOS, F. L. S.; MOREIRA, I. T.; MOUTINHO, L. M. G. **A Economia paraibana**: estratégias competitivas e políticas públicas. João Pessoa: Universitária/UFPB, 2006. 427 p.

PINTO, G. A. **A organização do trabalho no século XX**: taylorismo, fordismo e toyotismo. 3. ed. São Paulo: Expressão Popular, 2013. 87 p.

PIKETTY, T. **O CAPITAL no século XXI**. Tradução Monica Baumgarten de Bolle. 1. ed. Rio de Janeiro: Intrínseca, 2014. 669 p.

POCHMANN, M. **O trabalho no Brasil pós-neoliberal**. Brasília: Liber Livros, 2011. 206 p.

POCHMANN, M. (org.). **Reestruturação produtiva**: perspectivas de desenvolvimento local com inclusão social. Petrópolis: Vozes, 2004. 350 p.

POCHMANN, M. **O trabalho sob fogo cruzado**: exclusão, desemprego e precarização no final do século. 3. ed. São Paulo: Contexto, 2002. 205 p. (Coleção Economia).

POLARI, R. S. **A Paraíba que podemos ser**: da crítica à ação contra o atraso. João Pessoa: UFPB, 2012. 368 p.

ROCHA, S. Crescimento econômico e renda. Como ficam os pobres? *In*: VELLOSO, J. P. R.; ALENCAR, J. *et al.* (col.). **Construindo sociedade ativa e moderna e consolidando o crescimento com inclusão social.** Rio de Janeiro: José Olympio, 2010. 346 p.

ROSSETTI, J. P. **Introdução à economia.** 8. ed. São Paulo: Atlas, 1980. 809 p.

SILVA, J. A. R. A globalização e os distritos industriais: a indústria de calçados da Paraíba. *In*: CAMPOS, F. L. S.; MOREIRA, I. T.; MOUTINHO, L. M. G. **A Economia paraibana**: estratégias competitivas e políticas públicas. João Pessoa: Universitária/UFPB, 2006. 427 p.

TARGINO, I. **O setor industrial paraibano.** João Pessoa: Colégio Objetivo, 2013. 25 p. Disponível em: https://www.passeidireto.com/arquivo/18433454/o-setor-industrial-paraibano-5-ivan. Acesso em: 10 set. 2018.

TARGINO, I.; ARAÚJO, N. M. U.; MOREIRA, E. **O DESEMPENHO DA AGROPECUÁRIA PARAIBANA NA DÉCADA DE 2000.** João Pessoa-PB: [*s. n.*], 2013. 35 p. (Mimeografado).